大学生

职业生涯规划

DAXUESHENG ZHIYE SHENGYA GUIHUA

主　编　陈浩明　孙晓虹　吕京宝
副主编　刘　怡　朱　佳　刘金华　葛锡颖

復旦大學 出版社

目　录

第一章
职业生涯规划概述

盖明者远见于未萌,而知者避危于无形。祸固多藏于隐微,而发于人之所忽者也。

——司马相如

学习目标

1. 了解职业生涯规划的要素与步骤
2. 掌握大学生进行职业生涯规划的几个阶段
3. 了解大学生进行职业生涯规划的必要性及意义
4. 了解大学生进行职业生涯规划的主要内容

机会总属于有准备的人。职业生涯规划的理论和实践同我们职业的成功密切相关。而大学生的职业规划更是个人走向职场的基础性准备工作,从跨进校门的那一刻开始,大学生们就需在规划中前行,并通过实践来完善规划,直至走上社会、人生之路。

第一节 职业生涯及其规划

阅读材料

哈佛大学的沙哈尔(Tal Ben-Shahar)教授曾是一位壁球好手、全国冠军。当年为了准备重要赛事,除了苦练之外,他还被要求严格节制饮食。开赛前一个月,他只能吃最瘦的肉类、全麦的碳水化合物以及新鲜蔬菜和水果。这对一个经常处于嘴馋状态的青春期孩子来说,简直是一种折磨。所以,可爱的沙哈尔也像所有的孩子一样暗暗发誓:一旦赛事完了,一定要大吃两天。果然,比赛一结束,他做的第一件事,就是直奔自己喜爱的汉堡店,一口气买下4只汉堡。当他急不可待地撕开纸包,把汉堡放到嘴边的刹那,却突然停住了。他意识到,过去的一段时间里,正是因为健康的饮食,使得自己体能充沛。现在,如果享受了眼前汉堡的美味,未来很可能会后悔,并影响自己的健康。望着眼前的汉堡,他突然发现,它们每一种都有自己独特的风味,可以说,代表着4种不同的人生模式。

第一种汉堡,就是他最先抓起的那只,口味诱人,但却是标准的"垃圾食品"。吃它等于是享受眼前的快乐,但同时也埋下未来的痛苦。用它比喻人生,就是及时享乐、不管未来幸福的人生,即"享乐主义型"。

第二种汉堡,里边全是蔬菜和有机食物,吃了可以使人日后更健康,但口味很差,会吃得很痛苦。牺牲眼前的幸福,为的是追求未来的目标,他称之为"忙碌奔波型"。

第三种汉堡是最糟糕的,它既不美味,吃了还会影响日后的健康。与此相似的人,对生活丧失了希望和追求,既不享受眼前的事物,也不对未来抱期许,是"虚无主义型"。

那么,会不会还有一种汉堡,又好吃,又健康呢? 一个幸福的人,既能享受当下所做的事,又可以获得更美满的未来。"好吃的"和"营养的"总是难以两全,更何况我们的一生。但是,难以两全并不等于不能两全。你要学会的是,懂得怎样的原料放在一起会既营养又好吃。而我们非常确定的就是,每个人都想成为第四种汉堡——"幸福牌"汉堡。

沙哈尔教授经过三十年的追访探索、研修请教,逐渐清晰了幸福应该是快乐与意义的结合。

"一个幸福的人,必须有一个明确的、可以带来快乐和意义的目标,然后努力地去追求。真正快乐的人,会在自己觉得有意义的生活方式里,享受它的点点滴滴。"

达到目标的快乐是"好吃的",从中找到意义就是"营养的",把它们组合起来,我们就会得到这一种"幸福牌"汉堡。

——摘自《意林》2011 年第 4 期

绝大部分人把工作视为生活的重要部分,而快乐与幸福感很大程度上取决于我们自己对工作、生活的满意度。工作对家庭生活和个人发展影响深远。什么是个人幸福感最强的工作？怎样找寻到这样的工作？这是我们需要探求的，要获得更高的幸福生活指数，需要我们掌握正确的生涯管理知识，并尽早运用于实践。

一、职业生涯及其规划的含义

1. 生涯

生涯，英文为"career"。"生"，与个人的生命相联系；"涯"，则有边界的意思。生涯是人生经历、生活道路、所从事的职业和事业的总括。国外学者对生涯的概念有多种解释。如美国著名生涯规划大师舒伯(Donald E. Super)认为，生涯指一个人终生经历的所有职位的整个历程。一般认为，生涯是指个人一生职业、社会与人际关系的总和，为个人终身发展的过程与实践。

生涯概念不断发展，综合诸多学者对生涯概念的陈述，较常见的是舒伯在1976年的定义，即生涯是生活中各种事件的演进方向与历程，统合了个人一生中各种职业与生活的角色，由此表现出个人独特的自我发展组型。

2. 职业生涯

人的一生，从出生开始就扮演着孩童、学生、劳动者、为人父母等各阶段的多项社会角色，这些角色的组合成就了每个人不同的生活方式，这样的发展历程就构成了"生涯"。职业生涯主要是指一个人一生在职业岗位上所度过的、与工作活动相关的连续经历。职业生涯是一个动态的发展过程，它反映了职业选择、职位变动、个人职业理想得以实现的整个过程。在这个过程中，个人决定了自己的人生价值，并不断地追求自我，实现人生目标，因此它是人一生中最重要的历程。

学者在探究职业生涯分类的过程中，把其分为了内职业生涯和外职业生涯两部分，这有助于实现职业生涯的发展目标。内职业生涯，是一种内在的固有的组合因素相互作用的结果，产生于他人无法替代的变化过程。个体在从事一种职业时需要运用自己的知识、经验、能力，同时考量其心理素质、承受力等，不同情况下的历练使个体在提升自身素质、获取职业技能方面有了更高的综合能力，这种变化过程中所获得的人生财富便是内职业生涯。外职业生涯，主要通过从事职业时的工作时间、地点、单位、内容、职务、环境与待遇等因素相互作用，是个人所经历的职位、所获得的物质财富的总和，它需要依赖于内职业生涯的发展而发展。因此，努力提高自身内职业生涯的影响要素，并将其广泛作用于外职业生涯的发展过程中，将使个人的职业生涯沿着既定方向顺利前行。

3. 职业生涯规划

职业生涯规划,指个人把其自身发展与组织发展相结合,对决定个人职业生涯的个人因素、组织因素和社会因素等进行分析,从而制定出个人在其一生的事业发展上的战略设想与计划安排。也就是说,个人的职业生涯规划,首先要了解个体的情况和特点,其次结合所在的工作环境、社会环境等外在因素进行分析,在知己知彼的基础上制定目标,然后将该目标细化为具有操作性的职业、工作单位、学习教育等辅助计划,最后规划出实现目标的每一阶段、每一步骤的先后顺序,所需要的时间、技能,使之成为切实可行的合理步骤以付诸行动。

二、职业生涯规划的目的

在现实社会中,个体希望自己的职业生涯能获得成功,实现既定目标价值。要做到这一点,就需对职业生涯进行规划设计。

1. 树立发展目标和方向

职业生涯规划,就是要帮助个体完成每一阶段的生涯发展任务,同时为下一个阶段的发展做好充分的准备。个人在不同阶段需要根据自身不同能力状况及所处环境条件等与时俱进地规划自己的职业生涯。

职业生涯规划所强调的是个体怎样规划自己的未来生涯发展,如何在每一个阶段作出合适的选择。职业生涯规划的目的除了帮助个体根据自己的兴趣特质、综合条件等找到一份合适的工作,开始职业发展,实现个人目标之外,更重要的是帮助个体了解自己的真正需求,找到自己的事业发展方向,从这个角度看,职业生涯规划就是"指南针",指引着人生的发展方向。

阅读材料

木板的故事

无边无际的太平洋中,一艘航船和一块木板相遇了。

"你要去哪里?"木板问航船。

"我要航行到墨西哥湾,你呢?"

"我,我也不知道我要漂向哪里。"

"什么,在广阔的太平洋中你却在漂泊?"航船有些着急。

"这又怎么样呢? 我已经从印度洋漂向了太平洋,还不是在走!"木板无所谓地说。

"可太平洋是你要去的地方吗?"

"哦，这你倒是提醒了我，其实我一直想去非洲的好望角。"

"没有方向的努力，只能是漂泊，永远也到不了自己要去的地方。"说完，航船向着墨西哥湾方向驶去……

——摘自《英语沙龙》2009 年第 7 期

2. 迈向理想的推动力

在明确了发展目标与方向后，我们在生涯之路的每一个阶段都在努力发挥自己的所长，向着理想迈进，职业生涯规划扮演着理想推动力的角色。

做个小实验：如果你有一张足够大的白纸，试把它折叠 51 次，猜想下它有多高。一个人的身高？一层楼？或者能有一座摩天大厦那么高？这个高度将会是 2.25×10^8 千米，大于太阳和地球间的距离。我们的人生，若缺乏规划，就像这 51 张白纸简单的叠加，今天干这行，明天又选择另一行，每一次的努力都毫无联系。即便每一行的工作都相当出色，但它们对于整个的人生来说也只是简单的叠加。若是认定了一个方向坚定地做一件事，哪怕这个目标很简单，比如背英文单词，每天的数量要求也不大，只要持之以恒，那么通过一定时间的积累，你会惊讶地发现，自己记忆的单词已经达到了很可观的数量。

"千里之行，始于足下"，在认定了目标与方向后，每天进步一点点，终将到达梦寐以求的高度，实现自己的职业目标。在我们的人生发展中，事业和生活是相辅相成的，有了职业发展的目标，生活就有了方向；有了向着这番事业追求的理想，生活也会更有动力。正如著名生物学家、复旦大学校友童第周先生的人生之路，他的"闻鸡起舞"、"水滴石穿"都是在其为学术研究而贡献一切的目标引领下，潜心研习而成为著名科学家。因此，在生涯之路前行的过程中，千万不要忘了"规划"这双看似无形而有力的手，它将始终助推你前行。

3. 少走弯路，规避各类"风险"

在我们确定了职业生涯目标，开始向理想迈进的时候，往往会不经意地产生一些看似麻烦的小插曲，如何规避各类可能出现的"风险"，使我们的生涯之路少些波折，多些坦途呢？

在一望无际的沙漠里，如果我们只是凭着感觉往外走，走了很久，走出来的也可能只是很多大小不一的圆圈，却很难真正走出沙漠。而一旦借助太阳、北斗星、指南针等参照物，走出沙漠的过程就顺利很多。在我们的人生之旅中，无论现在身处何地、多大年纪，生涯路都是从设定目标的那一天才真正开始的，而以前的日子，只是在绕着圈子寻找更多体验罢了。

缺乏长期的生涯规划，还可能在职业生涯的行进中陷入"机会成本"的泥潭。

何为机会成本？面对同时出现的两项选择，在确定选其一的同时，必将放弃另一项，被放弃事件所带来的可能的收益便是机会成本。根据实践了解及个人的兴趣所长，若在某行业摸爬滚打一阵后，欲转行从头开始，继续留在原行业可能会创造出的价值就成为机会成本，这个成本越高，想要坚定地变更选择的难度也就会越大。因此，对个人的职业生涯进行全方面分析与规划，作出整体安排，才能在风险中根据既定目标果断选择，勇敢前行。

案例： "三年前，我每天投简历十几封甚至几十封，也面试了几家诸如毕马威等名气很响亮的大企业，可还是没找到自己理想中的企业＋岗位，两者总不能结合到最佳，于是我放弃了择业，决定先找个工作做着，维持了生计，等有经验了再跳槽。"陈雷在回忆毕业找工作时的情景时，仍然印象深刻却又充满无奈。

"毕业后到了一家不足50人的国企证券小分公司，那时的工资只能维持最基本的生活。一年转正后，工资待遇总算有了些起色，但是感觉上还是很平淡。本来想跳槽的，但正巧由于公司人员流动性较大，某些职位出现了空缺，我被提拔为这家分公司的总裁助理，虽然工作很忙碌，但我却感觉很充实，这段时间我也就放下了改行的念头，感觉如果能就这么做下去也不错。"

谁料，某天变故就这么突然而至，"由于我们分公司人员流转量太大，总公司决定撤销我们分公司，我也被并入了另一地区分公司的营销部，内勤转销售的工作使工作业绩一直不冷不热。于是，我又有了换工作的心思，投完简历却发现失望总是大过于希望。虽然也有几家面试通过欲录用我的企业，可从行业风险和工作待遇来说，总感觉没现在的好，毕竟这里是国企"。

"现在我越来越感觉到，刚毕业的时候一定要摆正自己的位置和心态，的确可以先找一个工作积累些社会经验，先就业再择业，但不管是什么样的工作，最好都有个初步的打算，毕业就带着长远的眼光慎重选择自己的职业。如果每一次工作经历都是规划表中的一步，那么就可以少走一些弯路了。"

案例分析： 陈雷的遗憾就是缺少职业生涯规划，没有很好地确立自己的职业生涯目标，在社会上的发展遇到问题的时候，容易陷入迷茫。这在大学毕业生中有一定的代表性，告诫我们大学生要重视自己的职业生涯规划，重视自己的第一份职业，这是事业的起点，也是成功的起点。

三、职业生涯规划的特点

虽然每个人的生涯规划所考虑的因素不尽相同,呈现出的职业生涯之路也各有侧重,但职业生涯规划依然有一些共同特点:

1. 开放性

个人的职业生涯规划虽然侧重于职业,但也包括了生活、社会中多方面的角色和状态,它的包容性使之不只是局限于行业、岗位等狭义的职业定义,而表现出特别的开放性,吸收各相关要素以综合规划职业生涯的各个阶段。

2. 历程性

职业生涯是一个历程,是一个整体,每一时期、每一小步的成长与进步循环发展于漫漫生涯路,这样的历程性特点贯穿了个体职业生涯规划的整个过程。要以前瞻性的眼光运筹于帷幄之中,将一个个大计划分解为小方案逐步施行。

阅读材料

做一棵永远成长的苹果树

一棵苹果树,终于结果了。

第一年,它结了 10 个苹果,9 个被拿走,自己得到 1 个。对此,苹果树愤愤不平,于是自断经脉,拒绝成长。第二年,它结了 5 个苹果,4 个被拿走,自己得到 1 个。"哈哈,去年我得到了 10%,今年得到 20%!翻了一番。"这棵苹果树心理平衡了。

但是,它还可以这样:继续成长。譬如,第二年,它结了 100 个果子,被拿走 90 个,自己得到 10 个。

很可能,它被拿走 99 个,自己得到 1 个。但没关系,它还可以继续成长,第三年结 1 000 个果子……

其实,得到多少果子不是最重要的。最重要的是,苹果树在成长!等苹果树长成参天大树的时候,那些曾阻碍它成长的力量都会微弱到可以忽略。不用太在乎果子,成长的历程是最重要的。

——摘自《中国总会计师》2010 年第 3 期

你会不会也成为一个自断经脉的打工族?

刚开始工作的时候,你才华横溢,意气风发,相信"天生我才必有用"。但现实很快敲了你几个闷棍,或许,你为单位作了大贡献没人重视;或许,只得到口头重视但却得不到实惠；或许……总之，你觉得就像那棵苹果树，结出的果子自己只享受到了很小一部分，与你的期望相差甚远。

于是，你愤怒、你懊恼、你牢骚满腹……最终，你决定不再那么努力，让自己的所做去匹配自己的所得。几年后突然一反省，发现现在的你，已经没有刚工作时的激情和才华了。

"老了，成熟了。"我们习惯这样自嘲。但实质是，你已停止成长了。

之所以犯这种错误，是因为我们忘记生命是一个历程，是一个整体，我们觉得自己已经成长过了，现在是到该结果子的时候了。我们忘记了成长才是最重要的。

如果你是一个打工族，遇到了不懂管理、野蛮管理或错误管理的上司或企业文化，那么，提醒自己一下，千万不要因为激愤和满腹牢骚而自断经脉。不论遇到什么事情，都要做一棵永远成长的苹果树，因为你的成长永远比每个月拿多少钱重要。

3. 独特性

个体以不同的行业、岗位为重点而形成独特职业生涯，即便是相同的职业选择，在不同主体的支配影响下也会呈现略有不同的发展状态。每个人都有其角色生涯，个人所从事的职业、活动、经验历程是生涯关注的重点。独特性成为个体区别于他人职业生涯规划的重要特征。

四、职业生涯规划的要素与步骤

一份完整的职业生涯规划主要包括自我认知、社会认知、抉择目标、实施行动、评估调整等几部分要素（参见图1）。这几个部分相依相存、共同作用，使得我们所制订的生涯规划得以圆满而有效。自我和社会认知是基础，职业定位、抉择目标是核心，科学地实施行动是关键，评估调整则是重要保证。

```
┌─────────┐
│ 自我认知 │
└─────────┘
     │
     ▼
┌─────────┐
│ 社会认知 │◄─┐
└─────────┘  │
     │       │
     ▼       │
┌─────────┐  │
│ 抉择目标 │  │
└─────────┘  │
     │       │
     ▼       │
┌─────────┐  │
│ 实施行动 │  │
└─────────┘  │
     │       │
     ▼       │
┌─────────┐  │
│ 评估调整 │──┘
└─────────┘
```

图1 职业生涯规划步骤流程图

1. 自我认知

自我认知即"知己"，正如苏格拉底"认识你自己"的名言，它需要全面地了解自己，知道自己喜欢干什么，适合干什么，自己最看重的又是什么，自己的优势和劣势分别是什么。从这些问题中真正认识自己，从职业兴趣到个人性格

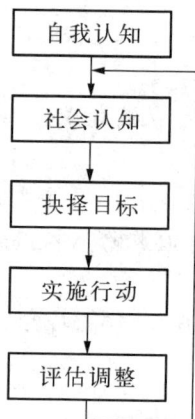

特质、价值观、职业能力，此外还包括个人受外界环境因素影响产生的潜移默化的观念、认识等。通过自我分析找出真实的自己，才能为个体的生涯规划提供最可靠的依据。

2. 社会认知

在生涯规划的前期步骤中，还需要社会认知，即"知彼"，全面了解职业舞台的特性。小到家庭环境，如家庭经济状况、文化背景、家人期望；大到职业环境，如岗位职业、企业发展、行业前景；甚至还有社会大环境，如政治、经济、文化政策等，都囊括于社会大认知这个要素里。知己与知彼间的适配关系如图2所示也是紧密不可分的，只有打好这两者的基础，才能明确自己的职业方向，进而寻求到切实可行的实施路径。

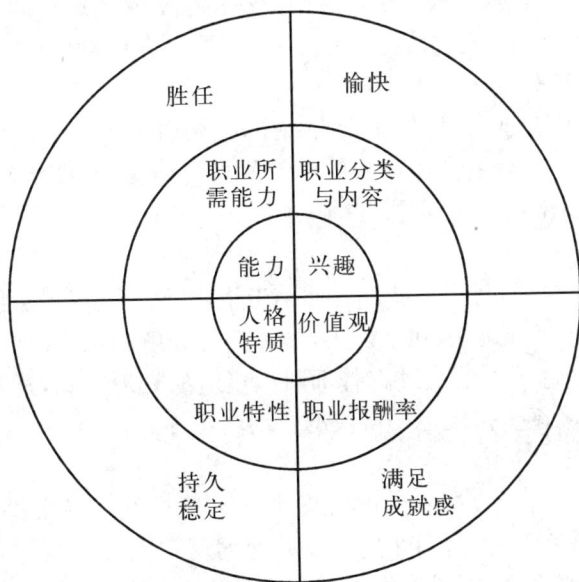

图 2　职业生涯规划中部分要素的适配情形

说明：内圈代表个人内在条件（知己），中圈代表职场世界（知彼），外圈代表适配情形。

3. 抉择目标

在知悉了自我及社会的相关环境概况后，我们就要为自己抉择目标了。在职场抉择目标时，我们可能会感受到身边支持者的助推力，当然也会面临一些来自不同方面的阻力甚至冲突，在这个抉择过程中就需要从长远规划出发，分析利弊，慎重决定。坚定了自己的目标才能使自己在下一步的行动中勇往直前。

阅读材料

只 有 两 步

一位禅师欲到普陀寺去朝拜,以酬夙愿。

寺院距离普陀寺有数千里之遥。一路上不仅要跋山涉水,还要时时提防豺狼虎豹的攻击。

启程之前,徒众都劝阻禅师:"路途遥遥无期,师父还是放弃这个念头吧。"

禅师肃然道:"老衲距普陀寺只有两步之遥,何谓遥遥无期呢?"

徒众茫然不解。

禅师解释道:"老衲先行一步,然后再行一步,也就到达了。"

——摘自《青岛晚报》2006 年 10 月 2 日

世上无论做什么事,只要你先走出一步,然后再走出一步,如此循环就会逐渐靠近心中的目标。如果你连迈出第一步的勇气都没有,成功离你永远只是可望而不可及。

在知己知彼、抉择目标后,我们开始游走于职场生涯。行动的过程要讲究科学、战略,要保持良好的心态和意志力,学习如何破解困难、如何勇于开拓职场。比如通过调查、筛选等方法合理选择面对困境时的处理方式,通过预测、远观和敢闯敢拼的斗志来逐步拓展下一阶段的行动内容等。

4. 评估调整

职业生涯规划的步骤在一生的发展中并不只是发挥一次作用就完成使命了,在不同的生涯阶段,它们都在周而复始地循环和完善。在每一次行动过后,进行科学客观的评估,将更利于作出下一步的规划调整。评估可以通过两分法明确前期生涯路的优点和短处;在过滤负面路径的时候再分析下如何会出现这些失败的,怎样从中吸取经验和教训;在自我反省思考的同时,征求师长亲朋的意见,避免"拉车不看路"的曲折。

五、职业生涯规划的常见误区

在阐述了生涯规划的目的与具体步骤后,有人可能还在疑惑:职业生涯规划真的如此重要吗? 那些不谈规划的人们不也生活得很好吗? 事实上,这是因为这部分个体对生涯规划的理解还存在着一定的误区而未能详解。下面我们将以两个典型的误区为例分析辨明,从而更多地了解职业生涯规划的作用所在。

1. 不知生涯、不谈规划也能生活得很好

阅读材料

人生的贝壳

　　在海边,有一个捡贝壳的小男孩。每捡一只,他都认为不是最好看的,便随手扔掉了。黄昏来临,其他孩子都捡了满满一篮子美丽的贝壳,而他却愁眉不展,篮子里空空的。

　　在生活中,有许多人就像那小男孩儿,为追逐自己认为最美好的,结果到头来竟一无所获。人们往往倾心于追逐和求索,忙忙碌碌,一路的好风光却未能欣赏。

　　屠格涅夫说:"人生的最美,就是一边走,一边捡散落在路边的花朵,那么一生将美丽而芬芳。"有的人给自己设定的目标往往太高,虽竭力拼搏却终无所获。也许他并不知道,他选择的本来就是无法企及的痴心妄想。现实的美好是永远的,而揣测的美丽往往只是幻想。总有人盲目地走过了一段年轻的岁月后,才恍然大悟,原来追求的那种最美,只是浪漫的梦幻而已。

　　人生的每一天,每一个足迹,都是值得留恋的。不要轻易丢失你的所获,在人生的旅途中,只要是一枚值得珍藏的贝壳,即使很小很小,也要把它放进人生的口袋,因为每一枚贝壳都有它的价值,只是身在此斑斓世界中的你未知罢了。如果永远都不知道如何规划取舍,那收获的终将只是一场空。

　　　　　　　　　　　　　　　——摘自《健康必读》2007 年第 2 期

　　一个人从小到大经历的成长过程是无声的生涯历程。也许他并没有主动给自己做过长远规划,但也许从自己下一件要干的事、下一顿要吃的饭开始,他就已经在安排谋划了。虽然你的日子过得不错,"车到山前必有路"的状况也可能曾经出现过,但有时候你是否也有彷徨迷茫? 是否有足够的动力让你每天激情四射地投入新的一天的生活与工作? 而你是否也想自己做得更好一些,日子能过得更红火些呢? 如果有过这些想法,那么请考虑规划你以后的生涯发展。形成生涯规划的意识,掌握生涯规划的步骤,并不影响你原有的生活节奏和风格,它只是让你用更积极的态度去对待人生,能够更多地发挥主观能动性,获得质量更高的生活。

　　还有的人认为:"生涯规划就是给自己树立远大理想,实现光宗耀祖的成功。而我只想平平凡凡做个普通人而已，不需要规划。"这些想法并未真正理解规划的意义。进行职业生涯规划，可以帮助你在这个舞台上实现成为科学家、艺术家或者一个称职的家庭妇女等的各类梦想，任何你所感兴趣的目标都可以成为生涯规划的方向。

2. 给职业生涯作了规划就可以一劳永逸了

有人认为："生涯路如此漫长，它真的是可以规划的吗？这世界计划没有变化快，很多事情既然无法预测，那么生涯也是不确定的，再规划也是徒劳。"有类似想法的人们轻易地把生涯固定成了一成不变的规划下的产物。在现实世界，我们的规划也需要根据内外情形的变化而不断修正，这也是规划步骤中评估调整的意义所在。在职业生涯的每一个阶段，个人可能偏重于不同的身份，这些角色的胜任需要良好的心态来适应生涯的变更与发展。

生涯规划并非一成不变，所规划出的奋斗路径也不是单一不变的，它并不保证肯定通向成功，生涯的很多选择都需要我们在前行路上继续斟酌。如果认为有了规划就可以一劳永逸了，那一旦到了岔路口就可能会茫然而手足无措了。在生涯规划中需要预测不同发展路径可能带来的机会成本与相应风险，确定抉择目标，通过科学的规划，达到对个人从事角色的应付自如，实现对个人认知的发展与身边环境的适应，这也是生涯规划的重要意义所在。

第二节　大学生职业生涯规划的内涵

一、大学生职业生涯规划的意义

1. 大学生进行职业生涯规划的必要性

大学生职业生涯规划主要指大学生一生中从职业准备到选择职业、正式就业，也包括可能出现的尝试创业等历程与行动的总体筹划。从跨进大学校门开始，认清自身职业愿望、主观条件与客观形势，确定明确的职业目标，打好基础，积极投入实践，练就过硬的职业技能与本领，寻找合适的就业机会，从第一份工作开始逐步走向事业的成功，这是较为理想的大学生职业生涯发展之路。这样的职业规划对同学们熟悉职业内容与环境，掌握职场生存的方法与技巧，采取职业行动，评估职业效果等都将有积极的指导作用。

在当代社会，大学阶段成为多数学生从学校人走向社会人的过渡阶段，同时有相当大比例的同学在毕业后选择直接进入社会工作，开始职业生涯。另一方面,经过长期的学习和积累,大学生们对社会有了一定的认识,思想不断成熟,知识的储备和生活的经验也在不断丰富,具备了相应的规划能力。因此,大学阶段成为职业生涯规划的最佳阶段,我们需要为进入社会做好充分的准备。

案例: 进入大学后,小洋觉得没有束缚的大学生活实在比压力重重的高中生活开心许多,于是十分惬意地享受起了这样的生活。"反正四年挺长的,对于未来,现在还不需要想太多,先让自己解放一阵再说,到时肯定会有出路的。"小洋如是告诉自己。渐渐地,小洋越来越沉醉于自己的悠然自得里,完全忘记了当初"只放松一阵"的想法。上网、旅游、谈恋爱,日子过得特别滋润,一切只由着自己的兴趣来,毫无目标可言。对于专业学习、外语研读、实习锻炼也是顺其自然,临时抱抱佛脚,能过得去就行。

转眼就进入了大四,小洋突然发现:保研,轮不到她;自己考吧,实力不够,考上的几率很小;找工作,投了那么多简历却犹如石沉大海中,偶尔有面试却也只是面试了一两次就没回音了,直到快毕业离校还没找到工作。除了感叹自己运气不好,小洋充满无奈地感慨:"如果我以前再用功点,能拿个奖学金什么的就好了;在英语或者其他方面有点特长,不再只做哑巴就好了;又或者简历上多些大公司的实习经历,能力再强一点,就不会像现在这样'无头苍蝇'般茫然了;如果可以让我重来一次大学……"

案例分析: 只可惜文中的小洋虚度了大学的美好时光,临近毕业时悔之晚矣。一切都只是"如果",错过的再也回不来了,没有规划的苦果只能由自己默默承受。在我们有机会可以选择,可以将"如果"变成现实的时候,请珍惜这样的机会,好好规划自己的未来,不要再后悔虚度曾经的光阴。

除了自身所处的时间阶段、个人条件等外,社会、企业等外在竞争因素也成为大学生进行职业生涯规划的催化剂。随着我国教育事业的发展和高校扩招政策的实施,大学毕业生数量剧增,各类行业企业对人才的要求越来越高,求职竞争日趋激烈,成为具备企业所需各种素质的复合型人才是职场制胜的关键。除了过硬的专业知识,其他比如团队合作能力、领导能力、独立面对挑战的能力等都成为竞争中企业较为看重的主要因素。这些能力、素质的培养与锻炼,要求同学们在上大学时就要有明确的发展方向,通过实践和社会活动有目的、有计划地提升相关的能力和素质,为走上职场做好准备。

从了解职业生涯规划的内涵到真正进入个人的实战阶段,我们对自己一生的职业发展道路进行规划时,不妨先问问自己:我想要从事什么职业? 在哪些地区和哪些工作单位从事这种职业？在这个职业队伍中我将扮演什么样的角色？我是否可以在这样的生涯经历中得到成长与发展，获得物质和精神上的共同满足？实践证明，通过对个人的职业生涯进行全方位的规划与设计，将可以使自己从树立明确的职业发展方向开始，努力地围绕这个方向，充分发挥自身的潜能，坚持不懈的奋斗，最终走向成功。

2. 大学生职业生涯规划对于自身的实际意义

大学生职业生涯规划使同学们在进入校园之初即明确自己的奋斗方向，制定恰当的人生目标。志当存高远，只有确立了目标，我们才能更清楚自己前进的方向，知道自己是为了什么而奋斗，我们在做每一件事、完成每一个任务时也会更有热情和动力。相反，没有方向和目的的生活，会使自己陷于浑浑噩噩的状态。

然而，制订一个既符合自身特点又适应社会需要的可行性目标并非一件易事。目标太简单，就起不到激励促进的作用；目标太远大又失去了实现的可能，不知从何下手。要制定出最合适的职业生涯目标，需要全面了解自己，洞悉社会变化趋势、掌握制定目标的技巧。

要实现成功，确立目标很重要，但行动更关键。只有目标而不付诸实践，终究只是梦想。目标的实现是漫长而艰苦的，需要付出成倍的精力和汗水。职业生涯规划将提供有效的工具和方法使我们能够激发自我潜能、突破障碍，在不同的发展阶段都能时刻对自己的过去、现在和未来有一个审视、评估、调整的机会。即便我们的人生充斥着许多不确定的因素，只要我们学会如何修正可执行的计划，完成好每一阶段的职业生涯发展规划，就能驰骋职场世界。

根据 2004 年北森测评网与劳动和社会保障部劳动科学研究所、新浪网组织的"当代大学生第一份工作现状调查"显示：50％的大学生考虑在工作一年内换工作，近75％的大学生会在两年内更换工作，33％的大学生选择"先就业再择业"，把第一份工作作为从学校到社会初入职场的适应跳板，还有 16.3％的同学对待第一份工作更是没有太多考虑，只是"跟着感觉走"地认为可以自食其力了，却不知真正需要自食其力的路还很长很长。

大学生进行职业生涯规划，将有助于把自己的理想进一步转化为现实的人生，把遥不可及的远大目标分解成具有可操作性的阶段性目标，把对未来职业发展的预期转变为具体的行动步骤。我们既要仰望星空，也要脚踏实地。通过对职业生涯的规划，可以帮助我们更早地意识到自己的人生目标，顺着规划的道路前行，一步一个脚印地走下去。

二、大学生职业生涯规划的整体思路进程

以现阶段"80后""90后"的大学生为例,其职业生涯道路看上去类似,但细究个人及各阶段的具体特征,规划的客体仍是各有侧重。为总结职业生涯规划中的共性,便于个体合理规划自己的职业生涯,实现各方面的均衡发展,下面探讨以他们为代表的大学生群体在各阶段的职业生涯规划的发展思路。

首先,在大学教育这个阶段,从通识教育到各个专业,选择很多。个人可以根据自己的兴趣爱好,形成对未来事业、职业的目标,投入学习中,掌握一定的专业技术知识为日后所用。但事实上,学校教育与实际从事的职业、工作有较大差异。大多数的学生在进入校园初期未必已全面了解了自身真正的兴趣与特长,未必明晰各专业设置的主要特点与发展状况,对未来社会的变迁也缺乏长远而敏锐的洞察力,因此,这个学习成长的阶段对个人职业生涯的影响也视个人的重视度不同而有所差异。如果没有这个阶段的初步规划,个人的职业取向就不能具体而细化,就难以顺利发展出合乎自身与现实环境的职业生涯探索阶段。

其次,在个人职业生涯最为重要的初入职场阶段,个体多处于事业发展的关键时期,也是职业生涯规划的重要时期。虽然经历了校园的知识熏陶,但刚出校门的职场新人对工作的本质、职业的内涵等了解不全面,有些人选择职业时受父母长辈、师长前辈的意见主导。如果未进行有效的前期职业生涯规划,等工作后发现现实和理想间有较大的落差,难以适应现有的工作岗位,再想调职、跳槽就变得不易了。这也就是现实社会中经常提到的30岁之前的不稳定时期,这也是个人在职业生涯中寻求自己期望的理想的实验时期。如能在离校前进行合理的规划,就不至于在就职过程中产生措手不及的迷茫状态了,反之,通过规划使自己尽快进入稳定的职场发展阶段,在一定程度上也必将使这段生涯之路发展得更加游刃有余。

再次,随着生涯路的不断前行,不少大学生群体们也许已经从"菜鸟"磨砺成了职场达人,在明确事业目标的指引下,无论是专业技术还是人际关系都有了相当的基础,正处于全力发挥特长、争作贡献的稳定发展时期。然而,一些不和谐的心理因素也会随之而来,如经过了知识、技能的全方位比拼后,某些表现更为优秀或获得特殊赏识的职场人,可能就会顺理成章地进入单位的核心层,更上一层楼而成为独当一面的主管等,但除了这小部分所谓的精英外,大部分职场人并没有那么幸运,因为职场金字塔的塔尖永远是极少数人能到达。于是,部分人在心理上一时无法调适,开始怀疑起自己的理想以及实现理想的能力,因此40多岁的职场人通常会出现职业瓶颈期。

我们以为,这样的思考阶段确实存在,也是大部分职场人所必须要经历的过渡休整期,个体将通过这个阶段的自身及周边现状来规划、分析与调整下一阶段的生涯发展路。比如,是否要重新评估自己的生涯目标及所从事的职业,是否需要改变工作环境,选择更适合自己发展的其他单位或是岗位;是否需要再给自己充充电,以获得更多的选择机会;是否需要调整自己的生活重心,将更多的时间和精力用于家庭、生活方面,而不是一味地追求事业。而此后的生涯发展是否会走弯路,最终决定又是如何,这一阶段的生涯规划便是最主要的因素之一。如果转行,那自己的专业知识是否具备,是否已有了从头再来的勇气;如果跳槽到同类其他单位,你的综合能力、人脉关系是否能够适应与长久;如果一旦失败了,家庭生活又将如何维持。毕竟,这个时期的自己未必还有初入职场的果敢与冲劲,境况也和那时迥异了。如果我们早有了规划,积累达到了一定程度的能力、财富、人脉,有了足够的心理准备和受挫力,那么面对短暂的困难也就没什么可畏惧的了,而且,这种考验和磨炼有助于个体进一步走向生涯的成熟与稳定。

最后,我们终于逐步迈向了生涯稳定发展后的衰退期。在前述瓶颈思考期的处理过程中,大多数人可能还是选择留在原来的行业和岗位上,即便没有被提拔晋升,也可能根据经验、资历的成熟而成为一名中级甚至高级职称工作者。此时,个体将运用他们多年来积累的专业知识、技术能力、经验判断力等从事顾问、指导等传授性工作,并将这样的贡献发挥到力所能及的程度。对于那些可能被忽视、冷落的工作者,考虑到即将到来的退休期,多数人依然会选择将这么多年任劳任怨的职业画上圆满句号。和即将面对的可能无事可做的退休期相比,为工作了几十年的事业选择退而不休,恐怕也是对自己最好的安慰与过渡了。这时候的很多职场人也会不可避免地产生无法调试的心理落差,若能较早规划,投入更多的时间、精力于生活中,享受天伦之乐与生活情趣等,那么,这种心理落差就不会如此难以面对,也就不会过于强烈地影响到自己及身边人了。

如上所述的生涯脉络根据多数职场人所经历的生涯各阶段而作出分析与规划,只是一个简单的模式进程。每个个体的生涯发展有一定的开放性与独特性,可供举一反三。将规划个人生涯的任务前置,将有利于排除个人职业生涯的不安心理及可能出现的局部障碍,使我们顺利度过人生的每个阶段并使之成为值得回味的生涯发展之路。

三、大学生职业生涯规划的内容

职业生涯是一个漫长又复杂的发展过程,规划的各个步骤在生涯前后阶段都有着密切的联系,共同决定着未来职业的发展趋向。不同年龄、不同发展阶段的自有特性都与职业生涯的选择与发展形成了相互依赖、相互影响的关系。不同个体的个性、心态、兴趣、能力、素质都不相同，即使面对同一环境所获得的现实机会也有很大差异，在一定程度上还将影响之后的发展走向。那么如何在大学阶段将个体特征与现实机会作一平衡呢？我们将对大学生职业规划的具体内容作一简单分析。

1. 适应准备期

大学生们从跨进大学校园，认识新生活之时开始，不免产生诸多的迷茫与不适应。大学的低年级成为职业规划的适应和准备期。在这个阶段，我们需要了解职业形势的相关信息，树立职业意识，调整好自己的心态，走出择业的误区，打好职业规划的基础，制定清晰的职业规划，为大学生活做好统筹安排。

这一阶段的规划安排更多的是用长远、发展的眼光来计划全盘，如果在实践中有需要变化调整的，即予以及时跟进完善。考量清楚自己想要什么、通过什么样的途径实现梦想，那么在之后的实际行动中就能坚定地披荆斩棘，斗志昂扬地冲向终点。

2. 锻炼转型期

到了大三、大四的高年级时期，我们已基本掌握了一定的专业理论与实践技能及学术研究能力。在深化专业的同时，我们更多地把精力投入实践锻炼中。走出课堂，兼职于社团或服务群体，尝试着打工，参与广泛性的社会活动等。在这些实践中，我们尝试着各种身份角色的转换，校园社团干事、家庭教师、餐厅服务员、社会志愿者等，我们在提高综合素质的同时，也在酝酿着毕业后的走向意愿，做好转型的尝试，以取得合格的职场入门资格。

在各种外界因素的诱惑与引导下，大学生们反复思量着：继续攻读研究生，出国深造还是找工作？是选择国企、外企还是民企？还是去政府机关、事业单位？这些都是在毕业前要面临的抉择。通过兼职、就业实习等形式，更多地了解了职业特点以及自身与该岗位的适配程度后，个人能力、心理素质、实践行动的转型都将在这个时期实现顺利过渡，我们越来越认识到：能够结合自己的兴趣，调动自己的热情，发挥自己的特长，实现自己的价值，便是最好的职业。

3. 就业磨炼期

处于就业起步阶段的大学生们，终于成为真正的职场人，从依靠父母资助转变为自食其力的劳动者，我们要在脚踏实地中磨炼自己，从身体到意志力直至综合素质。该阶段的主要任务是在角色转变顺利完成后，通过不断提高职业素养，尽职于本岗工作，成为用人单位的得力干将。我们在团队中建立起志同道合的人际网络，积累人脉，积累宝贵的生活与职场经验，这些是校园和职场的最大区别之一。不论是起步还是事业巅峰期,时刻用饱满的热情激励自己,同时也不排除寻求更好的发展机会。

4. 超越自我期

都说人生最大的敌人就是自己,当曾经的大学生成为老牌职场人,我们已经收获了经验与教训,成为单位的中坚,是就此停滞还是继续坚持终身学习,这需要相当大的勇气和明晰的规划方略。

典型的自我超越即自主创业。充沛的精力、冒险的精神、高昂的斗志、坚持不懈的毅力、果断的决策力、丰富的从业经历、高度的责任心……如果确定自己足够坚强地具有这些特质,发挥自主创业的精神开拓属于自己的事业,是挑战自我的上佳选择。寻找适合自己的创业项目,建立科学合理的经营管理机构,不再"借船出海",而是做自己的老板乘风起航,成为职场命运的主宰,我们的生涯将攀上事业的巅峰目标。从被管理者到管理者,再到创业者,大学生的职业生涯路在不断规划选择中实现了自我的肯定与超越。

阅读材料

职业生涯三境界

王国维说:"古今成大事业、大学问者,必经过三种之境界。"大学生的职业生涯也有类似对应的三境界。

"第一境:昨夜西风凋碧树,独上高楼,望尽天涯路。"——踏进大学校园,站在职业生涯规划理想的制高点上,展望实现梦想的艰辛之路,高瞻远瞩地制订计划,并坚定不移地告诫自己:路漫漫其修远兮,吾将上下而求索!

"第二境:衣带渐宽终不悔,为伊消得人憔悴。"——为了实现理想,早日达到规划中的目标,我们百折不挠、勇往直前,这是为梦想而奋斗的汗水与艰辛的真实写照。

"第三境:众里寻他千百度,蓦然回首,那人却在灯火阑珊处。"——经过了百转千回的磨难,我们依旧斗志昂扬地向前迈进,终有一天可以实现旋律优美、气势不凡、犹如天籁的交响乐般的人生理想。

——摘自《教育科学论坛》2010 年第 1 期

第二章
职业生涯理论

工欲善其事,必先利其器。

——孔子

学习目标

1. 了解职业生涯理论发展情况及其代表理论
2. 掌握职业选择理论,理解霍兰德人格类型分析
3. 掌握职业发展理论,理解舒伯的生涯发展理论
4. 了解职业生涯决策理论

20 世纪初,美国职业辅导的先驱弗兰克·帕森斯(Frank Parsons)提出了关于职业选择三大原则的理论,此后,多位心理学家、社会学家、教育学家等通过大量的研究和实践,继承并发展了多种职业生涯规划的理论与方法,形成了关于职业生涯的多个理论派别。

第一节 职业选择理论

职业选择理论主要以人与职业或是环境的匹配为重点,主要包括这样几种学说:差异取向的学说,强调个体的人格特质和能力倾向;现象取向的学说,主要强调个体的自我观念及其所引发的相关状况;情境取向的学说,强调个体在社会情境中的地位,特别是个体实现社会化的整个过程。该理论以帕森斯和美国

明尼苏达大学教师威廉姆逊(E. G. Williamson)的特质因素论、霍兰德的人格类型论等为代表。

一、帕森斯的特质因素论

特质因素论是最早出现的职业选择理论,由帕森斯于 20 世纪初提出,该理论提出的职业选择方法成为被广泛接受和采用的规划方法。"特质"主要指个人的人格特征,可以通过测验或者量表工具等予以测评,包括个性、兴趣、价值观等,以此反映出个人的潜能发展。"因素"主要指在事业上获得成功所必须具备的资格与条件。经过对工作要求特性的测评,可以将个人特质与之相适配,从而帮助个体找到最适合、最理想的职业生涯,这也是该适配理论的核心内涵所在。

1. 职业选择三原则

根据特质因素论的适配原则,帕森斯归纳了选择职业时必须注意的三大原则,即认识自己、认识外部世界、作出合理的推论。作出职业选择的关键就是将了解到的关于自我条件与职场的相关信息进行整合判断,以个人和职业的互相配合作为职业选择的最终目标,找到最有利于个人发展的职业,作出最佳生涯选择。

2. 特质因素理论指导下的职业选择三步骤

特质因素理论指导下的职业选择过程,可划分为三个主要步骤。

(1) 特性评价

每个人都有独特的人格特性、综合能力、为人处世的方式等,这些都可通过测试、事件反馈而显现出来。职业选择的第一步主要通过心理测试等测评手段分析个体的个人资料,如身体状况、脾气性格、兴趣爱好、能力素质等,同时还包括家庭因素等,从而获得较为全面的信息资料,以作出综合评价。

(2) 因素分析

不同职位的工作内容及资格要求一般都不相同,职业选择的这一步骤需要广泛收集目标职业的相关信息,如关于工作性质、福利待遇、工作条件、发展前景等职业特性;关于身体要求、年龄限制、学历要求、技能水平、专业能力等入职的门槛要求;关于职前培训、教育训练、抗压抗挫的心理承受力等入职准备要求。这些都是需要纳入分析考虑范围的外界因素。

(3) 人职匹配

在顺利完成前两个步骤的基础上,将个人特性评价与社会职业因素相比较,条件上相匹配的重点考察选择。如,对于需要专门技术和专业知识的职业,要求掌握该种特殊技能和专业知识的择业者与之相匹配;劳动条件相对较艰苦的职业,需要体格健硕、有吃苦耐劳精神的劳动者与之相匹配。同时,在特长、特性上也需要注意个体与职业的匹配,需要一定特长的职业要与具有该特长的择业者相匹配。如,个性上较为感性、有创造性、具有理想主义思想倾向的择业者,适合从事要求良好审美能力、表达能力的设计师、艺术创造等职业。总之,在这个适配的环节中,需要运用逻辑和推理来决定最佳的选择,要选择既适合自己特点又有可能获得该机会的职业。

二、霍兰德的人格类型论

职业选择学派中的又一重要理论成果即美国约翰·霍普金斯大学心理学教授约翰·霍兰德(John Holland)于 20 世纪 50 年代提出的人格类型理论。职业选择是个体经过内因外因的全面分析后作出的审慎选择,是个人人格的一种外在表现,这种个性特点在工作中表露无遗。某些职业满足了个体的需求和职业兴趣,于是个体被这些特定的职业所吸引,通过自己的职业选择和职场实践来表达自己的个人兴趣和价值观等。因此,相同职业的某些从业群体往往具有相同的职业特征,他们对很多现状情境会有相似的反应和处理方式,从而产生了类似的人际环境关系。比如某些人喜欢与他人充分沟通、密切互动的工作环境,另一些人喜欢安静工作,这两类人就分别形成了他们独有的社交、人际关系网。霍兰德根据个人对自我的审视、评价以及对其职业选择的偏好,将个体的人格属性与职场环境分别予以分类,并使他们互相适配。

1. 人格属性分类

根据个人的典型风格,霍兰德将人格属性分为了六大类型:现实型(realistic)、研究型(investigative)、艺术型(artistic)、社会型(social)、企业型(enterprising)、常规型(conventional)。需要指出的是,这个分类形成了如图 3

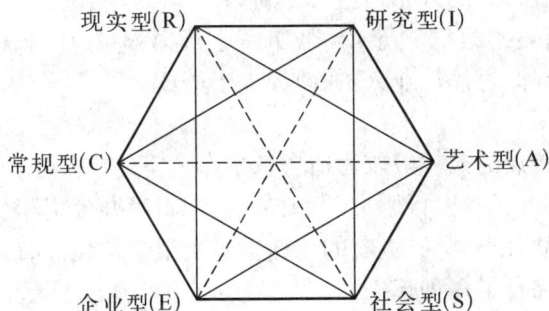

图 3　霍兰德人格属性类型分类图

所示的六角模型，但在现实生活中，很少有纯粹是某一个边角特性的人，人们的兴趣特征常常是几种类型按照不同比例组合而成的。因此，在分析个人的人格类型时，需要将其中两至三种倾向性较为明显的类型结合起来考虑。

2. 职场环境分类

与上述的个人风格类型相对应，霍兰德的人格类型理论将职场工作环境、工作形态也分为了同样的六种类型：

（1）现实型（R）

与具有现实型类型特点的人相适应的职业主要有手工、技术工作，运用机械等进行操作的技能性工作等。比如工程师、工程人员、机械技术人员、医疗技术人员，农、林、牧、渔等操作性较强的贸易、服务性职业等。

（2）研究型（I）

与具有研究型特点的人相适应的职业主要是科学研究和实验性的工作，他们研究自然界和人类的构成、变化与发展等，比如科学家、自然研究人员、信息研究人员等科学研究和专业技术领域方面的职业等。

（3）艺术型（A）

与具有艺术型特点的人相适应的职业多为从事艺术创作的职业，比如音乐家、画家、作家、诗人、舞蹈家、导演、戏剧演员、艺术指导、美术设计人员等艺术类职业。

（4）社会型（S）

与具有社会型特点的人相适应的职业多是通过说服教育、培训、咨询等形式来教育、帮助、服务他人的。比如教师、辅导咨询师、护理人员、社工、社会服务工作者等教育和社会福利事业中的相关职业等。

（5）企业型（E）

与具有企业型特点的人相适应的职业多为指派、劝说他人处理事务的各级管理者、各行业门类的组织领导者，比如商业营销人员、中介服务人员、企业经理、公关、法官、律师、媒体从业人员、政界人士等职业。

（6）常规型（C）

具有常规型特点的人一般较为适合从事办公室的事务性、内勤工作，比如总务人员、会计人员、出纳、银行职员、行政文员、编辑等办公室和行政雇员职业等。

和人格属性的分类同样，真实的工作世界也很少是纯粹的某一职场形态，大部分工作情境都综合了多种形态。人们总是在寻找适合自己人格类型的环境，锻炼相应的技巧和能力，面对不同的状况，扮演合适的角色，反映自己的价值观态度。这六大职业类型，按照一定顺序也排成了如图 3 的六边形（RIASEC）。

3. 两种分类所体现的特性

一个人的行为表现,是由他的人格特点和所处的环境特征交互作用而决定的。霍兰德的人格类型论在提出上述分类的同时,也对其特性作了进一步的研究与分析,主要提出了以下规律性假设,它既适用于解释人的个性分类,也可用于解释职场的形态分类。

(1)一致性

它主要指人格类型或职业环境六种模块之间的相似程度。比如,具有现实型(R)和研究型(I)类型特征的人在性格、行为上会有某些共通的地方,他们不太善于交际,他们更热衷于做事而非与人打交道,我们称这两种类型的一致性较高。反之,常规型(C)和艺术型(A)的一致性则偏低,他们的特点是截然不同的,具有常规型特征的人顺从性较大,而具有艺术型特征的人独创性更强。

六种类型占据了六边形的六个角,它们的一致性程度可以用在六角形上的距离程度予以表示(图3):各角间相邻类型彼此间具有较高的一致性,如RI、IA、AS、SE、EC、CR,图中用粗线条表示;而相隔一角的类型之间一致性居于其次,如RA、AE、ER、IS、SC、CI,图中用细黑线表示;分布在六角形上各个相对的位置,一致性低的,如RS、IE、AC,图中用虚线表示。

(2)区分性

它主要指个人人格特质或者个人所偏好的职业形态的清晰程度。比如,某些人或是某些职业环境的界定较为清晰,比较接近其中的某一类型,而与其他类型相似得比较少,这样的情况则表示区分性良好。反之,如果个人的人格特征与多种类型相近,则表示他们的区分性较低。一般而言,个人特性多趋向于非纯粹的综合性特点,但个体身上常会自然地突出某些代表个体个性的明显特征,通过分析这些特征来确定个体的人格类型特点以及其偏好的职业类型。

(3)适配性

它是指人格类型与职业环境类型的匹配度。不同类型的人希望有不同的生活和工作环境,比如研究型的人需要有研究型的职业环境,只有这样的环境能给予他所需要的条件等,这样的情况即为最佳的适配。

适配性是霍兰德人格类型论规律性假设中最为重要的一个假设。不同的人希望在不同的职业环境中工作、生活,人与职业适配得当就可以更好地通过自身条件发挥所长。比如A类型的人在A型的职业环境中工作,其适配性就高,个人能更稳定地工作于这样的职场环境;如果A型的人选择了I、S型的职业环境,则适配的程度就属于次高;如果A型的人选择了R、E的职业环境,则适配程度为适中;反之,如果A型的人选择了C型的职业环境,则适配的程度为最低。根据这样的适配规律,适配性的高低可用于预测个人对职业的满意度、职业的稳定性程度以及个人的职业成就。

第二节　职业生涯发展理论

随着对生涯理论的进一步深入研究,学者们发现个性与职业的匹配并不是一次就可以完成的,不论是个体自身发展的内在规律,还是社会生活变化产生的外在影响,人们的职业心理多处于一种动态的发展过程中。因此,职业发展理论也开始更为倾向于从动态、发展的角度来研究人的职业行为以及各个发展阶段。于是,动态的"生涯"概念渐渐取代了较为稳定的静态"职业"概念,生涯阶段的成熟度等成为研究的另一主要对象。自 20 世纪 50 年代起,美国著名生涯规划大师舒伯通过长期的研究,对生涯发展提出了较为系统的观点。此外,美国著名职业指导专家金斯伯格(Eli Ginzberg)的职业生涯发展阶段论、美国心理学博士杰弗里·格林豪斯(Jeffrey H. Greenhaus)的职业生涯发展理论也是该学派的重要代表。

一、舒伯的生涯发展理论

舒伯在 20 世纪 50 年代初提出个人生涯发展理论,并进行了长期的研究,系统提出了有关生涯发展的观点,其理论主要有以下几个方面。

1. 舒伯关于职业发展的基本命题

舒伯的生涯发展理论中,提出了关于"自我概念"的核心理念,是指个人对自己的人格特征、兴趣、能力、价值观等方面的认识。个人对工作与生活的满意程度,很大程度上取决于个人能否在工作和生活中找到展现自我的机会。因此舒伯认为职业生涯就是对自我的实践,个人通过职业选择来寻求自我概念的实现。

在对生涯的发展、测评、适应等方面做了大量全面的调研后,舒伯还提出了关于生涯发展理论的基本命题主张:

命题一:生涯发展是一个连续不断、循序渐进且不可逆转的过程。

命题二:生涯发展是一个有次序、具有固定形态的过程,因此每阶段的发展都是可预测的。

命题三:生命发展是一个经过整合的动态过程。

命题四:一个人的自我概念在青春期以前就开始形成,至青春期较为明朗,并在成人期由自我概念转化为生涯的概念。

命题五：从青少年期至成人期，个体的人格特质及社会的现实环境都会因为年龄、时间的增长而增加对人的影响力。

命题六：父母亲之间的互动关系、他们对职业成就的解释都将会影响到下一代对自己职业生涯及角色的选择。

命题七：一个人是否能由某一职业水平升级到另一职业新水平，是否有更好的发展前景和机会，将由个人的个性特点、兴趣、价值观、能力素质、家庭背景、个人对权势利益的需求、经济、社会环境状况等共同作用决定。

命题八：一个人会踏入某一职场世界，主要由下列因素共同影响，即个人个性能力、兴趣、价值观、个人的社会资源以及客观的社会职业结构、发展趋势等。

命题九：即使每一种职业对从业者都有特定能力、人格特质等的要求，但在一定范围内，仍然允许不同性格特征的人来共事。同样的，一个人也可以从事多种不同类型的职业工作，服务于不同的行业。

命题十：个人的工作满足感视个人能否适配于自己的人格特质和工作环境，能否将自己的能力、价值观适当地发挥出来而定。

命题十一：个人对工作满足的程度，常常取决于个人是否能将自我概念实现于工作中。

命题十二：对大部分的人来说，工作是人格重整的焦点，经过工作实践，实现理想与现实之间的逐渐融合。而对于另外小部分来说，家庭和社会因素是他们人格重整的中心。

2. 生涯发展阶段论

舒伯根据人的成长和心理发展过程，提出了成长阶段、探索阶段、建立阶段、维持阶段、衰退阶段这五个发展阶段，该阶段论为我们研究规划各个时期的生涯路起到了宏观的指导作用。

（1）成长阶段（出生到14岁）

这一阶段主要是儿童期的成长，发展儿童的自我概念、对自我的形象认识、对工作意义的认识、看待工作的正确态度等。人们开始用不同的方式来表达自己的需求，并在现实世界的磨合中不断修正自己的角色。在该阶段的初期，人们往往会幻想着自己扮演着某种角色，在此基础上发展后，逐渐形成了自己的独特兴趣，使之成为个人施展抱负的主要决定因素。成长阶段后期，个体的各方面能力得到锻炼，能力要素便成为人们决定某种活动的推动力。

（2）探索阶段（15岁至24岁）

这一阶段主要是青少年时期的初步探索。个体通过学校生活和社会实践等，对自我能力、角色适应性有了初步的剖析。在探索初期，我们考虑到自己的兴趣、需要、能力和机会，可能会作出暂时的决定，并在讨论与工作中进行尝试。开始就业或进入专项训练时期，更多地开始关注并结合现实世界，将一般化的职业选择变为个人特征下独有的特定选择。最后，我们基本确定将某行业作为长期职业，并验证其可能性与实际操作性，如果适配不恰当则尽快予以调整。这个阶段的职业偏好将越来越具体化、特定化，职业目标也初步确立起来了。

（3）建立阶段（25 岁至 44 岁）

这一阶段主要承担着成年后的工作者、家庭照顾者等角色。在找到自我特征与职业环境的统合后，主要促进职业的稳定，通过调整、稳固并不断取得上进。在该阶段初期，个体开始寻求安定的工作，如果工作不甚满意，未能达到最佳适配状态则将力求调整。当人入中年，工作稳固时，我们越发明白自己在整个生涯发展中的长远目标以及自己所处的应有位置。

（4）维持阶段（45 岁至 64 岁）

这一阶段，我们的事业发展可能已经达到顶峰，在经历了全力冲刺后终于开始渐渐放慢脚步，休闲者与普通公民的角色在该阶段显得更为重要了。我们在这一时期努力维持既有的成就与地位，将现有生活节奏向隐退的时光慢慢过渡。

（5）衰退阶段（65 岁及以后）

在经历了前述各阶段的风浪起伏后，个体的心理和生理机能开始日益衰退，当我们逐渐离开工作岗位后，将投入更多的时间于家庭中，个体在这个阶段将最大限度发挥休闲者和家长的角色作用。希望寻求新的生活方式来替代和满足个人的需求，充实自己的晚年生活。

3. 循环式发展任务

在后期的研究中，舒伯对于发展阶段的理论进行了进一步的深化。他把每个阶段都划分了不同发展变化的层次，这些阶段都将经历成长、探索、建立、维持、衰退等步骤，这种大阶段套小阶段的发展成为螺旋循环发展的模式，使各阶段的发展任务更紧密相连。

以大学生的生涯发展为例，从成为一名大学新生开始，我们必须首先适应大学生这一身份的转变和大学的新环境，经过"成长"和"探索"后，"建立"起较固定的如教室—食堂—宿舍三点一线的生活模式，然后将这种符合自身发展的模式"维持"于大学的学习生活之中，然后不久之后我们将面临求职就业的新任务，那些原有的、已经适应了的习惯将随着新阶段的到来而逐渐"衰退"。同样，在求职就业时期，我们又将进入一个全新的"成长—探索—建立—维持—衰退"的循环，如此循环往复，详见表 1。

表 1　生涯各阶段之循环式发展模式

年龄 生涯阶段	青年(14—25 岁)	成年(25—45 岁)	中年(45—65 岁)	老年(65 岁以上)
成长阶段	树立自我概念	学习建立人际关系	接受个人条件制约	发展非职业性的其他角色
探索阶段	寻找学习机会	寻找心仪的工作机会	迎接新挑战并努力解决	寻找退休离职后的休憩地
建立阶段	在初定职业中起步	积极投入工作，力求上进	发展新的应变技能	完成未完成的梦想
维持阶段	验证当前的职业选择	稳固职位，维持安定	加强自我，笑迎竞争	继续有兴趣的工作与生活
衰退阶段	减少休闲活动时间	减少运动的时间	集中精力于感兴趣的主要活动	减少工作时间

4. 生涯彩虹图

在舒伯的生涯发展各阶段中，我们分别扮演着孩童、学生、工作者、公民、家长、休闲者等各类角色，发展过程也构成了人的整个生涯。舒伯于 20 世纪 70 年代末提出了一个综合性的"生涯彩虹图"，形象地展现了生涯发展的时空关系，将各类生涯形态进行了生动的诠释。

你是否预期过在自己的生涯中，将扮演什么角色？各种角色的力度如何？你是怎么样决定参与到这些角色里的？在舒伯的生涯彩虹图中，我们每个人生活角色的强度都会随时间而变化，有些是通过生物属性而决定的角色，而有些则是个人的生涯选择。

二、金斯伯格的职业生涯发展阶段论

和舒伯的生涯发展理论相类似，金斯伯格对职业生涯的发展也进行了长期研究，提出了生涯发展的阶段性理论，并产生了广泛影响。1951 年，金斯伯格出版了《职业选择》一书，对青少年的职业选择过程和其中的问题作了深入的研究。他认为，职业在个人成长生活中是一个长期的、连续性的发展过程。每个人从童年时期就开始萌生职业选择的意识，之后，随着年龄、教育经历、生活阅历等的丰富，个体的职业选择也会表现出不同的特征。金斯伯格将个人的职业发展也分为了几个阶段，每个阶段都有不同的任务和特点。如果前一个阶段的职业发展任务不能顺利地完成，那么势必影响后一阶段的职业进步，延缓职业成熟期的到来,并可能最终导致出现职业选择的障碍。

在职业生涯的发展轨迹中,金斯伯格认为,职业选择的历程是从模糊的空想走向现实的前进过程,人们在这样的发展阶段中逐步走向成熟,因此,他将生涯发展分成了如下三个阶段,并对部分阶段予以了细化分析。

1. 空想阶段

11 岁之前的儿童时期为空想阶段,这个阶段的个体往往希望自己能快点长大,怀着理想化职业的憧憬。他们对看到或接触到的各类职业工作充满了好奇。在这个阶段,个体多带有强烈的感情色彩,思想较为盲目,并带有冲动性,对职业需求的内涵思想尚未形成,他们更多的是单凭自己的兴趣爱好,而不会去考虑自身的条件、能力水平和社会需要与机遇,完全处于幻想之中,因此,个体在这个时期表现得较为不稳定。

2. 尝试阶段

11 岁至 17 岁之间为尝试阶段。这个阶段与青春期有一定的重叠,个体在经过学习、生活等各种历练成长的同时,生理和心理迅速发育和变化,有自己独立的意识,价值观念开始形成,知识和能力显著增长和增强,初步懂得社会和生活经验,开始思考今后的职业道路及自己所面临的任务。开始形成自己的职业兴趣,并能客观地审视自身各方面的条件和能力。同时,他们开始关注职业角色的社会地位、意义,以及社会对某项职业的需要程度等。但是,此时的个体由于长期处于学校学习,对社会、对职业的理解并不全面,对职业选择考虑更多的还是自己的兴趣,难免具有一些过于理想主义的色彩。

这个阶段中,主要分别通过自身兴趣、能力、价值观导向对职业选择起主导作用,因此,该阶段又被分为三个不同的具体时期。

（1）兴趣期

11—12 岁的儿童对于未来职业的选择,个人兴趣占了绝对的优势。通过有意识地培养个体对某些职业的兴趣,期盼其将来能从事这些职业。

（2）能力期

13—14 岁的年龄段主要处于该时期。这个时期的个体不仅只考虑个人的兴趣,同时也开始注意到个人独立完成工作的能力与职业的关系。他们注重衡量自己的能力,并积极参加各种相关的职业活动,以检验和提高自己的能力。

（3）价值期

15—17 岁为价值观主导的主要时期。这个时期,个人的职业价值观逐步形成,开始认识到职业的社会价值。他们试图把兴趣和能力统一到自己的价值体系中去,以兼顾个人与社会的需要,通过职业价值性的比较来选择职业。这个时期也是职业形成最重要的时期。

3. 现实阶段

17岁至成人时期是个体逐渐走向成熟的现实阶段。个体在这一阶段步入社会劳动,更为注重和接受现实,并在现实环境中学会适应与改变,他们对职业的期望不再模糊不清,而是已经有了具体、现实的职业目标。事实上,他们正努力将自己的职业愿望和自身主观条件、能力、社会现实需求状况紧密结合起来,找寻合适于自己的职业角色,力求将主观因素和客观环境协调而统一。这个时期最大的特点是客观性、现实性。

个体在这个阶段的成熟与进步是循序渐进的,根据整个阶段的发展历程,该阶段也可细分为三个各有侧重的发展时期。

(1) 探索期

根据尝试阶段的成果,个体试图把自己的选择和社会的需要相联系,进行各种试探性的活动,探索各种职业机会的内涵架构,为自己下一步的职业选择做好准备。

(2) 具体化时期

经过尝试探索后,个体的职业化目标已基本确定,并进一步将该目标分解、细化,为实现这个目标而努力。

(3) 特定化时期

为了实现特定的职业目标,个体将开始更为专业、全面的努力,诸如准备升入更高一级的学府深造,或者打算接受专项训练等,依据自己选择的奋斗目标做好具体就业入职的准备。

通过如上各阶段性时期的细化阐释,我们发现,金斯伯格的职业发展理论对个体在成年期以前,即进入职场前的这段时间进行了透彻、具体的分析,包括个体职业观的变化、职业选择及影响因素等。但对于进入职业角色后,如何进一步调整和发展职业生涯,并不是金斯伯格研究的重点,需要其他的理论体系来完善。

三、格林豪斯的职业生涯发展理论

格林豪斯的研究侧重于不同年龄段职业生涯所面临的主要任务,并以此为依据将职业生涯划分为五个阶段:职业准备阶段、进入组织阶段、职业生涯初期、职业生涯中期和职业生涯后期。

1. 职业准备阶段

该阶段的典型年龄段为0—18岁。职业准备阶段的主要任务是发展职业想象力,对职业进行评估和选择,接受必须的职业教育。该年龄段的个体基本为中学毕业生,他们开始了解社会上的各种职业,并在理论和实践上对某些职业进行体验和评估,结合自己的目标和个人兴趣等进行大概的职业选择。同时,为了达到入职的门槛要求,需要接受学校教育、专项培训等,以获得基本的职业能力,取得相应的从业资格证书等。

2. 进入组织阶段

18—25 岁为进入组织阶段。其主要任务是在一个理想的组织中获得一份工作,在获取足量信息的基础上,尽量选择一种合适的、较为满意的职业。该阶段被视为"找工作—找到工作—找到合适的工作"这三步走的缩影时期。相比其他生涯发展阶段的理论,格林豪斯的理论在此阶段还着重突出了给个体提供工作平台的雇主及企业组织这一职场环境。现实生涯发展中,我们可能较多地关注内在职业倾向和外在职业信息,对雇主、企业的不甚了解和不尽满意常会导致频频跳槽的发生。个人在适应企业文化中与企业组织同步发展,与企业达成心理契约,这是职场新人发展合适职业的有力方式。稳固地服务于某一企业,与企业共同发展,这是锻炼和提升个人能力的有效途径。对于大多数职场新人来说,毕业初期经过一段时间找到工作,就职后进一步熟悉和了解所处的行业和职位,处于继续适应和学习中,如果对企业文化、行业、雇主不满意,可能就会选择离职换工作。因此,进入组织的时期往往是人们的职业体验期,在工作中了解自己真正的职业兴趣,评估职业,争取最适合自己的岗位。

3. 职业生涯初期

处于此时期的典型年龄段为 25—40 岁。职业生涯初期阶段的主要任务是学习职业技术,提高工作能力;了解和学习组织纪律和规范,逐步适应职业工作,融入组织;为未来的职业成功做好准备。对职业生涯的一般理解是开始工作即开始了自己的职业路,但从某种意义上说,不论是学习、生活还是工作,找到真正属于自己的兴趣,发现自己的天赋,满怀兴致地从事自己最期望的事业,这才是最理想的职业生涯。因此,在职业生涯初期,我们需要把自己和所在的行业、企业组织、职业相融合,这也是职场路上升职的必要基础,同时为职业的下一步做好必要的准备,努力前行或是转行跳槽。

4. 职业生涯中期

40—55 岁是职业生涯中期阶段。对早期职业生涯重新评估,强化或改变自己的职业理想;选定职业,努力工作,争取有所成就是这一阶段的主要任务。经历了十几年的亲历实践,对职业发展可能有了重新评估和选择的想法,如果肯定此前的发展路,则这种强化意识将转化为巨大的推动作用,鼓励自己在这个合适的岗位做出一番理想的事业来。反之，如果在评估重选中产生了诸多消极因素抵制当前的状况，则应尽早准备、未雨绸缪地转换职业为佳，毕竟，在这个年龄段，家庭、生活等各方面的责任与负担使我们的选择不容有丝毫的闪失。

5. 职业生涯后期

从55岁直至退休是职业生涯的后期。继续保持已有职业成就，维护尊严，准备退休，是这一阶段的主要任务。一方面继续发挥余热，另一方面也将对退休后的生活作出及时规划。年轻时的爱好、理想，未曾实现的愿望，都成为打发时间、寻找快乐的行动根源。

格林豪斯的职业生涯发展理论从个体的工作角度将职业生涯进程予以了阶段性划分，涵盖了个人的整个职业生涯，逻辑上也很清晰，但从实际可操作性上来说，却似乎略显单薄。实际应用中，我们往往结合其他细分阶段的理论分析与整合特点，将大阶段分解为其中的小步骤、小目标，以此带动生涯发展的大循环。

第三节　职业生涯决策理论

一、生涯决策理论的发展

每时每刻，我们都在不断地从各种可能的选择中挑选出我们所需要的和我们所喜爱的。生涯决策也一样，需要考虑到个体的价值观、兴趣、能力以及其在职业、教育、休闲方面的各种选择。我们需要重点关注的是"了解我是如何做决策的"。面对职场中纷繁复杂的多项选择时，有的人只对某一种职业感兴趣；有的人在选定某项职业后又朝令夕改；同一个人在不同的人生发展阶段，对不同的职业也会有不同的偏好。诸如此类决定生涯的原因问题，一直是生涯发展研究者们所关注的。探讨生涯选择的前因后果，就不得不研究生涯决策方面的理论成果。

决策，就是要在众多可行的方案中，选择最能令自己满意的方案的过程。这个过程看似简单，却蕴含着许多复杂的决策影响因素，如方案的客观性、科学性与个人的价值观等。我们在作抉择时，会把每个方案的利弊关系、决策后可能获得的结果等一一罗列，通过主观概念分析与价值观的评估比较，选择尽量为最大收益或最小损失的备选方案，这就是较为理想的决策过程。

在现实决策的过程中，我们经常会发现，有些个体似乎有很好的知识储备，对他们的各种选择也很了解，但却作出了很糟糕的决定。他们总是在不断地尝试"纠正错误"。还有一些个体,他们做了大量测验去了解自己的兴趣、价值观和技能,在计算机数据库和相关书籍上花费了大量时间,但他们却不能作出一个选择。在以上情况中,尽管他们为了更了解自我和职业知识而进行了大量努力,但都无济于事,因为他们缺乏关于如何制定决策的知识和技能。由此可见,良好的决策技能是实现理想目标的重要手段。

早期的生涯理论中,人们虽然认识到决策过程的重要,但却将此过程视为自然发生的。以帕森斯为代表的职业选择派学者认为,个人只要掌握了充分且正确的数据资料,就能在选择职业时作出正确的决定。他们较为强调资料的重要性,决策成为次要的必然结果。

随着生涯发展理论的不断发展,许多学者开始注意到,并不是只提供详尽的资料就能帮助个人作好职业选择,他们开始关注决策过程在生涯发展中的重要性,特别是决策过程中个人的行动,而不只是强调作决定前的资料搜集与整理分析。

生涯发展学家们不断肯定着决策过程的重要性,并将它视为求学深造、摸爬滚打于职场所必备的有效认知技能。于是,决策过程也由刚开始的配角地位逐渐成为众所瞩目的主角,在生涯发展中占据了日趋重要的地位,直至形成了生涯理论中的一个重要派别。

二、认知信息加工理论

认知信息加工理论作为职业生涯决策理论的重要代表,由盖瑞·彼得森(Gary Peterson)于1991年提出,该理论吸收了决策制定策略中各项理论基础并加以发展,提出了认知信息加工金字塔模型以及CASVE循环的核心观点,它们也是进行生涯决策时简单而行之有效的方法。

1. 信息加工金字塔

信息加工金字塔模型包括了作出生涯选择所涉及的各个阶段,主要由三级组成,如图4所示。

第一级:知识领域。该层级类似计算机中的数据文件整理、搜集过程,个体通过对性格、价值观、素质能力等的自我认知,以及对职场环境、职业教育等的职业认知这两个环节,来处理和加工相关信息,以帮助生涯问题解决和决策的制定。自我认知中,可以借助各种测评工具对自己的兴趣、技能、价值需求进行了解。职业认知中,主要通过职业信息的探索获得特定的职业、学校专业、企业组织等的相关实用信息。

第二级:决策技能领域。该领域类似于计算机的程序,主要包括进行良好

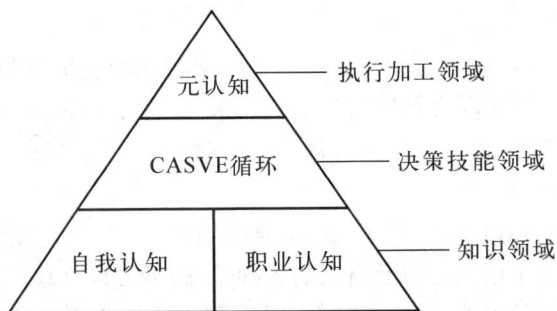

图 4 信息加工金字塔模型

决策的五个步骤,即 CASVE 循环,以指导个体如何进行生涯决策。

第三级:执行加工领域。该领域类似计算机的工作控制功能,在该领域中,个体将思考决策制定的整个过程,决定为实现目标而工作的时间、方式,解决生涯问题所采取的途径方法等。在该层级中还涉及了元认知的概念,认知是指人们的思维方式,人们对信息加工的过程,元认知则是认知的认知,是对认知过程的认知,也被称为反省认知,我们将在下文继续阐述关于元认知的相关技能。

2. CASVE 循环

在认知信息加工理论中,作出决定被认为是生涯发展的关键环节,该理论中的 CASVE 循环将逐一分析个体作出决策的具体过程。如图 5 所示,CASVE 循环主要是沟通、分析、综合、评估、执行这五个步骤的往返循环过程,以保证个体决策的顺利作出。

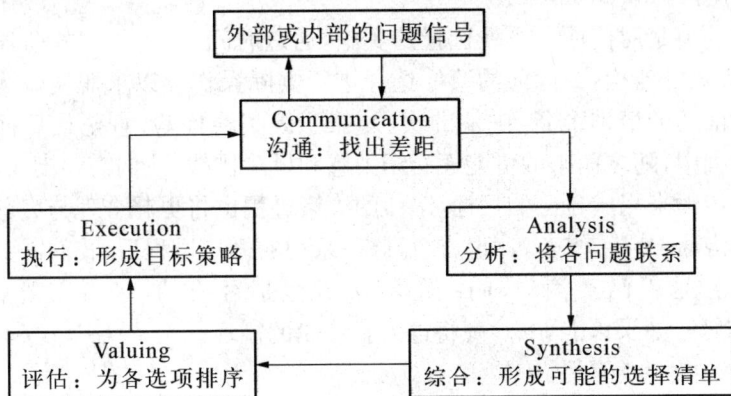

图 5 信息加工 CASVE 循环

（1）沟通（Communication）

通过沟通的环节，我们会发现问题信号，觉察到理想情境与现实情况之间的差距，并由内部至外部以代表性信号表现出来，个体由此关注到问题的不可忽视性，意识到"我需要作出一个选择"，并开始启动 CASVE 循环。

（2）分析（Analysis）

在发现问题后，我们需要思考、观察、研究，以更加具体地提出问题、考虑各种可能性的结果。要了解自己以及自己的各种选择，了解自己获得信息的步骤，以及平时作出重要决策的方式，建立起自我认知、职业认知这两个领域间的联系，找出自身择业观和社会需求之间的契合程度，对不同的选择进行评价和分析。

（3）综合（Synthesis）

综合阶段是扩大并缩减我们的选择清单的过程。我们要尽可能地扩展问题解决的选择清单，通过头脑风暴、全面撒网的方式以精心搜索各种选项。然后，要把这些选项予以综合，缩减选择清单到三至五项，主要向那些和自己的知识结构相一致的解决方法靠拢，使精简后的各选项都有助于问题的解决。

（4）评估（Valuing）

对各选项的综合评估将有助于作出最终的正确决定。以求职岗位为例，我们将详细列出不同选择的目标、工作地区、待遇、发展空间、工作环境、行业文化等具有一定影响力的项目要素，逐项分析，综合评估。我们可以根据当事人的道德观念对每种选择进行判断，可以问问自己，对我个人而言什么是最好的？对重要的他人而言什么是最好的？对我所处的团体而言什么是最好的？在此基础上，对综合阶段得出的各种选择进行排序，以此作出自己的最佳选择。

（5）执行（Execution）

执行环节是对前面一系列选择的实施，通过时间表、里程碑式阶段性目标、预算、流程等的建构，为此前的第一选择进行实际操作。以求职岗位为例，我们需要进行前期的培训准备，中期的实习、兼职等实践检验，直至最后面试入职。在这个过程中，随之而来的可能还有压力感和风险挑战，我们需要锲而不舍地用这些逻辑步骤来完成自己的目标，个体的决策过程也将更趋合理与完善。

通过沟通、分析、综合、评价、执行这一系列的循环过程后，我们需要审视、检验问题信号是否已经消失，问题的解决过程是否成功，是否需要启动新的 CASVE 循环，如果未能如愿，则将进入新一轮的循环。

3. 改善元认知的技能

我们在执行加工领域已经初步了解了元认知的概念，在这个决策制定的关键步骤中，提高对元认知的掌控技能是实现目标的重要途径。通常，元认知包含了以下三方面的过程。

（1）自我对话

自我对话即自己跟自己说话，这在很大程度上是一种重要的心理暗示，这些暗示也有正负消长作用之分，认为自己在某领域能胜任工作、有能力实现目标，有意识地进行自我对话是有必要的。积极的自我对话对决策的制定将产生一种积极的期待，它能强化个体积极的行动。如上考场、应对大型挑战前对自己说"我做了这么多准备，一定可以"，诸如此类的正面对话，将有效缓解挑战带来的心理压力。反之，消极的自我对话会对生涯决策有负面作用。比如，个体失意时对自己说"这本来很容易的，可是我却把它弄糟了"，这些负面的对话暗示会严重打击个体的自信心，导致在决策制定的前行路上犹豫不决，阻碍正确决策的顺利作出。

（2）自我觉察

自我觉察是对行为和情绪的觉察。个人认识到自己是任务的执行者，在从事信息加工任务的时候不仅要意识到自己的感受，更要关注身边人、团队的需要，以适时微调，作出于己、于大家都利大于弊的选择，平衡自身、他人及社会的各方利益。

（3）控制监督

控制监督认知的过程，将左右着我们的行为和情绪的步调。如了解什么时候前进或者停下来搜集更多的相关信息；对决策过程中可能出现的冲动性反应作出及时的权衡；意识到自己存在的差距并关注各项准备工作，提醒自己承诺的期限，这些都是受自我对认知的控制监督所影响。要使计划中的目标实现过程和实际行为步调相一致，需要把握好对认知的控制监督方式。

三、克朗伯兹的社会学习理论

社会学习理论是由美国阿尔伯特·班杜拉（Albert Bandura）于 1977 年创立，着眼于观察学习和自我调节在引发人的行为中的作用，重视人的行为和环境的相互作用。该理论探讨的是个人的认知、行为与环境因素三者及其交互作用对人类行为的影响，不再忽视社会变量对人类行为的制约作用，强调将个体放在自然的社会情境中研究其各类行为。他认为影响生涯选择的因素主要有：

第一，遗传因子与特殊能力，如身体的技能、外在障碍、内在素质、音乐与艺术能力等。

第二，环境情况与特殊事件，如社会的进步、社会机构的变化、劳动法规的各项细则、家庭的脉络资源等。

第三，学习经验，如对事物的认知与行为、观察式学习、工具性学习等。

第四，工作取向技能，如设定目标、职业选择中的情绪反应方式等。

美国斯坦福大学职业生涯规划大师约翰·克朗伯兹（John Krumboltz）汲取班杜拉的社会学习精华，继承并将该理论予以了新发展。在分析了生涯选择影响因素的同时，还提出了职业决策的具体步骤模式，主要分为以下七个过程：

其一，界定问题。认识自我，明确自己想要什么，厘清自己的需求和个人的限制，了解自己对此的优势和不足，在此基础上制定出明确的目标和实现目标的大致时间表。

其二，拟定行动计划。在明确自己的需求目标的基础上，分析可能达到目标的各种行动方案，制定达到目标的流程。

其三，澄清价值。界定个人的选择标准，澄清自己的价值观要求，明确自己最想要的是什么，并将该标准用于评估测量各项备选方案。

其四，找到可能的选择。通过搜集资料，找到可能的备选方案以实现目标。

其五，评价各种可能的选择。依据自己的评价衡量标准，逐一评价各种可能的选择，分析比较各自利弊，找出可能的结果。

其六，系统地删除。有系统地删除不合适的方案，挑选最合适的选择。

其七，开始行动。开始执行行动方案，以尽力达成预定的目标。

克朗伯兹的生涯社会学习理论特别强调社会及自身遗传因素对自我决策的影响，个人在作出职业选择时不仅要考虑"我想要什么"的个人因素，还需要兼顾到"我可能得到什么"、"我能够做到什么"的社会、遗传性因素的影响。在这个选择过程中，学习的重要性也表露无遗，职业决策被视为一种可以习得的职业技能，这种技能是可以通过教育和学习来提升的。

第四节　其他职业生涯理论

一、鲍丁的心理动力理论

20 世纪 50 年代后期，随着人本主义心理学的兴起，职业生涯理论中出现了两个比较有影响力的派别，分别是"需要论"（Need Theory）和"心理动力论"（Psychodynamic Approach）。这些理论重视人的需要、个体的职业价值观在职业选择中所发挥的作用，以及人们的早期经验和职业动机对走向职业成功的影响。

职业是个体用于满足其个人需要的一种方式，可以想象，如果一个人可以自由选择自己的职业,那他会选择可以让自己快乐且不会焦虑的职业机会。在这样的选择过程中,个人早期经验所形成的适应习惯、需要等都成为重要的心理动力来源。

美国心理学家鲍丁(E. S. Bordin)等人在 20 世纪 60 年代后期提出了他们关于职业选择和职业指导的研究成果。该理论强调内在动力和需要性动机因素在职业选择过程中的重要影响,认为社会职业都能归入代表心理分析需要的、分属于不同范围的职业群。这样的理论分类除了由于文化水平所限或是经验因素阻碍等无法自由选择的个人之外,适用于其他所有的职业群体。人们早期经验所形成的适应性、习惯、需要等将影响个人的能力、兴趣、价值观态度的变化,并进一步影响到其日后的职业选择及职业行为。这种理论观点即"心理动力论"。

鲍丁主张工作可以带给人们内在的满足感,个人在潜意识中都想通过工作来实现其个人的意义和价值。当个体认为某项特定职业能满足其现在或是未来的需求时,那么他就越有可能选择从事这项职业。在这些过程中,他们强调的更多的是个体的心理需求。该理论作出了几个假设性论断:(1)职业选择的适当与否是自我功能的表现;(2)个人对于职业的价值观与态度,是由于认同作用的结果。

鲍丁等人在传统精神分析学派观点的基础上探讨职业发展的过程。他们将工作视为一种升华,个人的早期生活结构影响着未来的需要模式,这种需要的发展不可避免地受制于家庭环境等外部因素,而成年后的职业选择则取决于早期形成的这种既有需要。不同的职业、不同的工作机会所提供的各种价值和需求是不同的,心理动力论学者们更为关注个人需求与职业环境所能满足的个体需求间的一致性。如果我们选择的职业可以满足自己的心理需求和价值观要求,那么这样的生涯选择就是令我们满意、充满成就感的成功选择。

二、施恩的职业锚理论

职业锚理论产生于美国麻省理工学院的著名职业指导专家埃德加·施恩(Edgar H. Schein)教授领导的专门研究小组,该理论是在对商学院毕业生的职业生涯研究中演绎而成的。斯隆管理学院的 44 名 MBA 毕业生,自愿形成一个小组接受施恩教授长达 12 年的职业生涯研究,包括面谈、跟踪调查、公司调查、人才测评、问卷等多种方式,最终分析总结出了职业锚理论。

众所周知,锚,是使船只停泊定用的工具。职业锚,意指人们选择和发展自己的职业时所围绕的中心,当一个人不得不作出选择的时候,无论如何都不会放弃职业中的那种至关重要的东西或价值观。职业锚强调个人能力、职业动机和价值观这三方面的相互作用与整合。它是个人和职场环境互相作用的产物,在实际工作中又会不断调整。

职业锚理论又称为职业定位理论,准确的职业定位,是实现自我价值的关键。职业生涯规划是一个持续不断的探索过程。每个人都根据自己的天赋、能力、动机、需要、价值观等慢慢地形成较为明晰的与职业有关的自我概念,逐渐形成一个占主导地位的职业锚。在实际工作中,当个体经过职业生涯早期的工作体验后,重新审视自我动机、需要、价值观以及能力,逐步明确个人需要与现阶段之间的差距,了解自己的擅长之处及需要进一步发展的侧重点。对于那些相吻合的工作,个体会自觉或不自觉地改善、增强和发展自身的才干,以达到自我的满足和补偿。经过了多次的选择、比较、再选择后,个体在这样的不断整合过程中必将寻找到属于自己的"职业锚"。

职业锚问卷是国外职业测评运用最广泛、最有效的工具之一。它是一种职业生涯规划咨询、自我了解的工具,能够协助组织或个人进行更理想的职业生涯发展规划。职业锚理论实用性、操作性、综合性强的特点也使之成为职业生涯发展理论中较为重要的理论模型。

1. 对职业锚的正确理解

(1) 职业锚的发展以人们的工作经验为基础

职业锚产生于早期的职业阶段,个体在工作若干年后获得了一定的工作经验,也逐步明确了将要长期为之贡献的职业领域。个人在面对各种生活工作情境之前,也许并不真正了解自己的能力、动机、价值观和对职业选择的适应度等,正是这种工作经验产生、发展了职业锚。因此,从某种程度上来说,职业锚是由个体的实际工作体验所产生的,而并非取决于潜在的能力和动机。

(2) 职业锚不是预测,而是职业定位的确认

职业锚不是个人在工作或测试中体现出来的能力、兴趣、价值观,它不能提前进行预测,而是在工作实践中依据被证明的能力、需要等,经过确认和强化后选择的职业定位。

(3) 职业锚是个人能力、动机、价值观的整合

职业锚是个人在自我发展中逐步整合起来的,以此达到自我满足和补偿的效果。

(4) 职业锚不是一成不变的

职业锚是个人稳定的工作成长区,但并不意味着个人在此将停止变化和发展。相反,个人以职业锚为其稳定源,可以获得该职业活动的进一步发展,个人的社会生命周期和家庭生命周期也随之发展、变化。在此基础上,个人在职业生

涯的中期、后期等不同阶段，也可能根据工作任务、环境等的变化，重新选择和确定自己的职业锚。

2. 职业锚的类型

经过三十多年的发展，职业锚的定位已经成为个体职业发展、生涯设计的常用工具之一。从1978年施恩提出的五种职业锚类型，到90年代深入研究下总结的三种新的职业锚类型，现今，职业锚的锚位已经拓展到如下八种。

（1）技术职能型

技术职能型的人，追求在技术领域的成长、技能的不断提高，以及应用这种技术职能的机会。他们喜欢面对来自专业领域的挑战，具有相当明确的职业工作追求、需要和价值观，对自己的认可即来自他们的专业水平。技术职能型职业锚的人强调实际技术或某项职能业务工作，热爱自己的专业技术或岗位工作，注重个人专业技能发展，一般多从事工程技术、营销、财务分析、系统分析、企业计划等工作。

（2）管理型

管理型的人追求并致力于工作晋升，他们愿意担负管理责任，倾心于全面管理。独立负责一个部门，或是跨部门整合其他人的努力成果是管理型职业锚员工的追逐目标。与技术职能型员工不同，在管理型职业锚的员工眼中，具体的技术或职能性工作仅仅被看作是通向更高管理层的必经之路。他们会积极从事一个或几个技术职能区的工作，以此更好地展现自己的管理协调能力，争取获得更高职位的管理权力。

（3）自主独立型

自主独立型的人希望能随心所欲地安排自己的工作方式、工作习惯、生活方式等，他们渴望能最大限度地摆脱组织约束，追求能施展个人职业能力的工作环境，他们追求的是自由自在、不受约束或少受约束的工作、生活环境。

（4）安全稳定型

职业的稳定性和安全感，是安全稳定型职业锚员工的追求、驱动力和价值观。他们追求的安全稳定主要有两种：一种是职业上的安全稳定，如关心退休金、退休计划等的财物安全；关注是否可以在该公司企业的职场中获得稳定的成员资格，如国企、政府机关等的组织安全性较高，作为其成员的稳定系数也高。另一种安全稳定则是情感上的，如对公司企业、对老板的诚信、忠诚，以及由职场环境引申出来的情感上的寄托，包括实现家庭稳定、使自己融入团队所投入的情感等。

（5）创造型

创造型的人往往有自己独特的思想，希望用自己的能力去创建属于自己的公司、产品或者服务，他们愿意去冒险，去克服所要面临的障碍。追求创造型的人要求有自主权、管理能力，能施展自己的才干，创造性是他们的主要动机和价值观。他们的发展路径可能是先在别人的公司学习并积累经验，他们会选择合适的时机自己独立创业。

（6）服务型

服务型的人一直追求着他们所认可的核心价值，如帮助他人、改善人们的安全，通过新产品消除疾病等。他们时刻都找寻着这样的机会来实现自己的价值。

（7）挑战型

挑战型的人喜欢解决看似无法解决的棘手问题，战胜实力强劲的对手。他们的入职原因侧重于心理上的满足，因为工作允许他们去战胜各种所谓的不可能。新奇、变化、困难是挑战型职业锚的人所追求的终极目标。

（8）生活型

生活型的人希望自己所处的工作环境能够允许他们平衡个人的需要、家庭的需要以及职业的需要，能把生活的各个方面整合为一个全面的整体。在他们眼里，成功的定义远广于职业成功，对于如何生活、如何处理家庭事务、如何走好自己在组织中的发展之路都有独到的见解并付诸行动。

3. 职业锚的功能

职业锚在员工的工作生命周期中，在单位、组织的事业发展过程中，发挥着重要的功能与作用。

（1）有助于识别个人职业抱负模式，使企业获得正确反馈

职业锚是员工经过搜索、实践所确定的长期职业贡献区，这一搜索定位过程依循着员工的需要、动机和价值观而进行，如管理型职业锚的员工期望晋升更高的职位，获得更大的管理机会和权力，安全稳定型的人则追寻着地位的稳定、收入的高涨、环境的优越。这些都清楚地反映出员工个人的职业追求与抱负，使企业能获得正确的反馈信息。

（2）有助于企业为员工设置有效可行的职业渠道

职业锚准确地反映员工的职业需要及其所追求的工作环境，使个人与组织能够稳固地相互接纳。当组织获悉个人明确的职业抱负、发展信息反馈后，将更有针对性地设计该部分员工的生涯发展通道，而个人通过组织的这种有效生涯管理，进一步加深对组织的情感认同。这样的良性互动可使员工获得更为顺畅的职业渠道。

（3）有助于增长员工工作经验、提高工作技能

职业锚是个体职业工作的定位，一旦确定自己的职业锚，个人将在较长一段

时间内都从事着自己选择的这项事业,这不但能使员工在从事的此项职业中增长工作经验,同时,其职业技能也能不断增强,从而提高工作效率,提高组织的劳动效益。

(4) 为员工奠定中后期职业发展的基础

职业锚是员工在通过工作经验的积累后产生的,它反映了该员工的价值观和被发现的才干。当员工抛锚于某一种职业工作过程时,即开始了自我认知的过程。这种把职业工作与自我价值观相结合的过程,开始决定成年期的主要生活和职业选择,职业锚也就成为个体中后期职业生涯继续发展的重要基础。

4. 个人对职业锚的开发与应用

在了解了职业锚的功能的基础上,个人对职业锚的良好开发与利用,将帮助个体更好地实现自己的职业目标。

(1) 提高个体职业适应性

初入职场,新雇员经过认识、塑造、充实规划自我等诸多职前准备,经过一定的科学选择,进入企业组织,这本身代表了该员工个人对所选择的职业有一定的适合性。但是这种适合性,仅仅是初步的,是主观的分析、判断和体验,后期的职业适应即对职业工作实践的验证。

职业适应性受诸多因素的影响,例如个人对工作的兴趣、价值观、技能、客观的工作条件、福利情况,他人和组织对自己工作的认可及奖励情况,人际关系情况,以及家庭成员对本人职业工作的态度等。个人的职业适应性要求个体能尽快习惯、认可这些因素,在企业的具体职业活动中,将工作性质、类型和工作条件,与个人需要和价值目标融合,使自身在职业工作生活中获得最大的满足。因此,职业适应性强的员工就能在较长一段时间内稳定地从事某种职业活动,同时能保持较高的工作效率,有利于员工的全面发展。个体初入组织的职业适合过程,也是其搜寻、开发职业锚的过程,职业锚有助于提高自身的职业适应性。

(2) 发展职业角色形象

每个企业的人力资源配给情况常常通过职业计划表反映出来,即企业组织将各项工作分门别类进行排列,员工可以借助职业计划表所列的职工工作类别、职务升迁与变化途径,结合个人的需要与价值观要求,实事求是地选定自己的职业目标。一旦瞄准目标后,就将根据目标工作职能及其对人员素质的要求有目的地进行自我培养和训练,使自己具备从事该项职业的充分条件,从而在组织内树立良好的职业角色形象。

个人的这种职业角色形象,是员工个人向企业组织进行的自我职业素质的全面展现,是组织对个人关于职业素质的一种根本认识。它不仅包括诸如敬业精神、事业心、责任心、工作态度、职业纪律等道德方面的素质要求,还包括诸如个体所具有的智力、知识、技能是否胜任本职工作等能力素质的考量。个人职业锚的定位有赖于良好地发展各项职业素质要素,塑造符合职业发展的职业角色,以创造保障性的基础条件。

(3) 提高自我决策能力与技术

在个人的职业发展过程中,诸如首次择业、选定职业锚、重新择业等,都要求个体具有较高的自我决策能力与决策技术。决策能力的大小、决策正确与否,往往影响整个职业生涯的发展。自我职业决策能力,是个人习得的用以顺利完成职业选择活动所需要的知识、技能及个性心理品质。职业决策能力运用于实际的职业决策时,需要讲求决策技术,掌控决策过程。将具体的决策步骤予以细化,将更有助于完善整个决策的产生与发展。首先,搜集相关的职业资料和个人资料,并进行正确的分析与评价,可以是职业选择途径的后果以及可能性的分析与预测。其次,对个人预期职业目标及价值观进行探讨,澄清、明确和肯定个人主观价值倾向与偏好是解决现实中经常出现的观念不清又不定的良方。再次,将主观愿望、需要、动机和条件,与客观职业需要进行匹配和综合平衡,选择最适合、最有利、最佳的职业岗位,完成职业决策的顺利制定。最后,决策过程是要有主见性的,能适时、果断地作出各项决策。

案例:

"丰田"员工的职业锚

日本丰田公司对于一线岗位工人采用工作轮调的方式来培养和训练多功能作业员,这样既提高了工人的全面操作能力,又使一些生产骨干的经验得以广泛传授。员工还能在此过程中发现自己的优势,从而进行准确定位,找到真正适合自己的岗位。

在培养模式上,丰田采取 5 年调换一次工作的方式对各级管理人员进行重点培养。每年 1 月 1 日进行组织变更,一般以本单位相关部门为调换目标,调换幅度在 5% 左右。短期来看,转岗需要有熟悉操作的适应过程,可能导致生产效率的降低,但对企业长久发展来看则是利大于弊。经常性的有序换岗能给员工带来适度的压力,促使员工不断学习,使企业始终保持一种生机勃勃的氛围。丰田公司在员工职业锚的开发上给了我们诸多有益的借鉴。

三、整合理论——萨维克斯职业生涯适应力

随着各种生涯理论的不断深入发展,有不少学者开始研究生涯发展理论间的共通之处,希望能将他们作一个整合分析。美国生涯咨询大师萨维克斯(M. L. Savickas)对生涯发展的理论走向做了一个大的盘点。他提出了关于职业生涯适应力(career adaptability)的论点,突出了"适应"的重要性。适应是过去与现今观点差异之间最佳的整合,它并非全然舍弃过去的主张,只是期望更完美地诠释我们正在经历的各种生涯现象与问题。

生涯适应力作为一种新兴的整合理论,被视为在舒伯的"生涯彩虹图"生活广度、生活空间模型的基础上,整合了个体各种生涯角色的核心能力。它是个体对于可预测的生涯任务、所参与的生涯角色,以及面对生涯改变、生涯情境中不可预测之生涯问题所表现出的准备程度。生涯适应蕴含了人与环境间的互动,个体能够主动去适应发生改变的、新的环境,是个人主观能动性的积极表现。生涯适应力作为个体应生涯角色变化而采取的与之保持平衡的能力,具有三个典型的特点:其一,是可以培养的能力,通过生涯困境或危机的出现来彰显其能力;其二,是能帮助个体前进的能力,个体通过生涯适应力的调整作用,迈向曲折中的前进方向;其三,是个体与环境交互作用的结果,彼此影响并和谐依存。

在生涯适应力的理论建构上,以萨维克斯为代表的学者也一直进行着层层深入的探讨,2005年,萨维克斯在原有理论框架上做了进一步的修正和完善,提出了一个更为完整的建构模式,即以生涯关注、生涯控制、生涯好奇、生涯自信为主要内涵的个体生涯适应力四维度发展模式。

1. 生涯关注(career concern)

此维度强调的是对后续生涯、遇挫发展后的关注,个体试问"我有未来吗?"在该维度上可能出现的问题就是对自我生涯的不关心,认为它的持续性发展是可有可无的,在处理此类问题时则需要及时觉察、积极投入、做好充分准备,对生涯各角色都要保持高度的关注度和较强的适应力。

2. 生涯控制(career control)

此维度强调的是对生涯发展的控制力度。个体在确认未来的生涯后,必须对此有所掌控,"谁拥有我的未来"是生涯发展方向的关键。对生涯控制的不确定是该维度中的常见问题,"我的地盘我做主",要在充满自信的基础上有条不紊地处理各类问题,执著于已确认的生涯目标,掌舵前行,那么生涯适应中的诸多问题也必会迎刃而解。

3. 生涯好奇（career curiosity）

此维度强调的是在充满想象的空间里，确认未来的自己想要做什么。生涯适应过程中的种种新鲜事物常会激起个体反应各异的好奇心，如何将带有更多憧憬性色彩而未必真实的目标演变成具有实际操作性并能适合个体发展的生涯要求？生涯好奇对个体目标的选择性设定具有重要影响。我们可以尝试发掘自己的好奇心，即便是适度地冒险探究、询问定性，也将更有利于生涯发展各阶段能力的整合发挥。

4. 生涯自信（career confidence）

此维度强调的是个体对自己生涯问题解决能力的信心，确认自己能否做到，无形中给自己鼓励和支持的力量。生涯自信是了解生涯行为的重要指标，该维度也是在原来三维建构的基础上进一步增加、完善起来的。现实生涯中，相信自己能力的个体对潜在的威胁一般不会产生恐慌，也不会让自己的认知活动受到干扰。而那些认为自己不能对潜在威胁施加影响的个体则会感受到高强度的紧张，他们倾向于过多地考虑自己的缺陷并将无关的环境因素也当作威胁，这样的自我怀疑会使个体恐慌，并压抑和限制自己，结果削弱了自己的实际行为能力。这也是在该维度上出现的常见问题。坚持不懈地向着既定目标努力，勤奋、自信地处理可能出现的潜在威胁，是解决该问题的重要手段。

大量的研究发现，具有较高生涯适应力的个体，会用一种急迫而又健康的态度去处理工作中的损失，即使是在看不到转变的情况下也会去探测其他可能的机会，能预测变化并予以准备，慎重地处理各项临时性的工作，渐进式地完成现实的目标。因此，有研究者也把生涯适应力视为个体生涯成功的一个关键能力。在生涯发展的过程中，我们常常需要不断地搜集信息，通过导向性练习开展决策训练，并提高生涯自信，实现自己的生涯目标。

第三章
自我认知与探索

　　不论你生来聪明与否，要满足；不要漠视自己的天赋。随着天赋发展，你便会成功。

——〔英〕西德尼·史密斯

学习目标

1. 理解自我认知对个人职业生涯发展的重要意义
2. 了解自我认知的主要内容与原则
3. 掌握自我认知的常用方法
4. 了解气质、性格、能力、兴趣、价值观的基本概念及其与职业的关系
5. 掌握常见的测评方法

　　夜深人静的时候，我们常常问自己："我是谁？""我从哪里来？""我要到哪里去？"每年栀子花开的时节，看着学长头戴学位帽和师长道别，走向心仪的工作岗位，我们也禁不住开始思考："我这一生到底喜欢干什么？""我能干什么？"这表明我们已经在探索自我，在找寻自我了，这是生命历程中必须直面的问题。

第一节　自我认知与职业生涯发展

　　大学阶段处于个人职业生涯的探索阶段，而有效的自我认知是前提，只有充

分的了解自我,才能进行职业选择。

一、自我认知的主要内容

1. 自我与自我认知

（1）自我

自我是个体对自己存在状态的认知。相关研究者将其分为四个层面：

物质自我。是其他自我的载体,是一个人对自己身体层面的认识和看法,包括自己的体貌、生理状态等。

心理自我。是一个人的态度、信念、价值观及人格特征的总和,如我们常说的气质、性格、兴趣、能力等。

社会自我。是个人扮演的社会角色,包括个人在社会中的权利、义务等。

精神自我。是想象、描绘中的自我,期待自己成为什么样的人。

（2）自我认知

是对自己的洞察和理解,是一个自我剖析的过程,通常包括自我观察和自我评价。

自我观察。即对自己的感知、思维和意向等方面的觉察。

自我评价。即对自己的想法、期望、行为及人格特征的判断与评估。

在职业生涯探索期,需要我们不断进行自我认知,探索自己的优势与局限,了解目前的自己与未来自己的差距,认识个人的气质、性格、兴趣、能力等方面的特征,以选择最适合自己的职业。

2. 职业自我和人格

职业自我。是指自我概念在职业选择与发展中的反映,是对涉及与自身职业选择与职业发展有关因素的认识,比如自身因素、所处职业环境、自己所拥有的社会资源等。

人格。是指个体在行为上的内部倾向,是能力、兴趣、态度、气质和思维、情感在内的各方面的整合,表现为个体品质、特性和行为等个别差异的总和。

二、自我认知的意义与原则

1. 自我认知的意义

自我认知是大学生涯质量提升的基本前提。大学阶段是个人自我意识完善的重要时期,大学生活更为独立和自由。自我认知有助于意识到自己在生理自我、心理自我、社会自我、精神自我等方面与他人的异同,了解到自己的个性特征,明了自己的优缺点,以便有的放矢地去选择大学阶段所要学习、锻炼、提升的内容,为职业生涯做更充分的准备。

自我认知是职业生涯规划与发展的首要依据。大学阶段是个体职业生涯发展的准备阶段,只有充分、客观的自我认知,才能逐渐厘清个人职业生涯发展的方向,避免职业规划中的偏颇与盲目,提升职业生涯发展的成功率。

自我认知是人生目标确立的必由之路。我们常说,人生更重要的是过程,即在生命过程中,我们经历了什么,创造了什么,体验了什么。人生的成就除去外在的环境,我们每个人的发展水平很大程度上取决于自己的努力程度,而努力的目标、方向是否正确就尤为重要了。只有经过科学的自我认知,才能探索到自己的内在需求,确立合适的人生目标。

2. 自我认知的原则

(1) 系统、全面性原则

自我认知需立足全面而系统的角度,忌以偏概全,忌一叶障目。自我认知是复杂的,周哈里窗(Johari Window)模式根据自己知道—不知道和别人知道—不知道两个维度,将自我分为四个橱窗,即公开我、隐藏我、背脊我和潜在我(见图6)。

图 6　周哈里窗模式

公开我:属于众所周知的部分。

隐藏我:属于个人私密。

潜在我:无从知晓,但蕴藏着无限潜能。

背脊我:自己不知道,别人却一目了然。

一般而言,我们探索公开我和隐藏我比较容易,但背脊我和潜在我往往是盲点,需要重点探索。

(2) 客观、冷静性原则

自我认知需秉持客观、冷静的态度。如上所述,每一个自我都是一个复杂的世界,又因自我认知的观察者和被观察者重叠,再加上我们进行探索时会受到情绪、价值观、方法论的影响,因而要做到客观是不容易的。因为自我认识和评价的对象是自己,由于种种原因,我们有时很难做到冷静,尤其对自己的不足和缺点易屏蔽,这不利于自身职业生涯的长期发展。

(3) 动态、发展性原则

自我认知需坚持以发展、动态的眼光,忌回避变化,忌停滞不前。人是不断变化发展着的,对自我的探索要秉持科学发展观。随着知识、能力、方法的提升以及外部作用、人际互动,自我探索会渐趋深入,在进行职业生涯规划时,要注意过去我、当下我的区别,并预测未来我的趋势。

三、自我认知的途径和方法

伴随着人类活动,人们尝试着用各种方法进行自我分析、评价,以期获得一个综合、客观的自我认识。但任何一种方法皆有其局限性。建议在进行自我认知时,能结合自身情况,对相关方法进行有机整合,最终求得交集。主要方法如下。

1. 自评法

自我直接反省法。我们可以在日常学习、生活中,经常观察、反省自己的表现,以此总结自己是个什么样的人,包括个体的外在我、心理我、精神我等。

自我间接分析法。我们可以借助相关书籍、传记影片等,通过比较此中人物与自己,加强自我分析,以此发现自身的优缺点。建议在大学期间多加强人文社科类知识的积累,提升自我认知水平。

2. 他评法

"不识庐山真面目,只缘身在此山中。"人认识自己有一定的局限,故而,我们可以通过师长、同学、朋友等周围人,对自己分析评价,帮助我们自我认知。可以通过聊天等途径,请他们进行评估。为了获得更好的效果,我们需要尊重他人的评价,尤其涉及自己的不足时,更需冷静倾听、理性分析。

3. 测评法

在职业生涯规划和发展中,为了获得更客观的认知,我们常常利用职业测评软件进行标准化评估,即通过科学的方法和技术,对个人的个性特征、兴趣倾向、能力水平等进行系统的测量和评价,以期了解一个人的职业素质。职业测评也常用于社会用人单位招聘。

对于大学生而言,我们可以借助职业测评,帮助自己了解自己的性格、兴趣、价值观、能力等,这些将在本章后几节逐一加以介绍。

在使用测评法时,我们需要注意:

第一,对测评工具要加以选择。我们目前所见的测评工具,大多源自西方。而东西方在社会、文化等方面存在较大差异,因而我们应尽可能选择使用已针对

二、性格与职业

性格是每个人在成长过程中所形成的,在大学阶段自我探索及进行职业生涯规划时,我们要尽可能了解自己的性格特点,并予以完善。

1. 性格的含义与类型

这里性格的含义是指人对现实的态度和行为方式中表现出的心理特征。和气质的先天自然属性不同,性格主要是在后天环境中形成的,较大程度上反映出了人的社会特征。

性格的基本特征有以下几种:

态度特征。即体现在个体对社会、他人与自己的态度方面,如乐群/冷漠、谦虚/骄傲、自信/自卑等,对待学习、工作、活动方面,勤劳/懒惰、仔细/粗心等。

意志特征。即体现于对自己行为的自觉调节方式和水平方面,如果断性、自制性、坚毅性等。

情绪特征。即体现在个体依客观事物对人的不同意义而对该事物的态度方面,如乐观、坚定。

理智特征。即个体在感知、记忆、思维和想象等方面的特征。

2. 性格与职业的关系

(1)性格对职业的影响

一个人的性格影响着职业的适应性。某种性格适合于从事某种职业,而不同的职业对人有不同的性格要求。故而在设计自己未来职业生涯道路时,也要考虑自身的性格,尽量做到职业与性格的匹配。

性格与职业的匹配度,影响着个人职业的发展。一般说来,如果一个人的性格与职业的要求一致,会令其在岗位上游刃有余,也易取得较高成就并获得满足感,反之,会使其在工作中束手束脚,勉强为之而心情郁闷。如性格与职业错位,要么通过跳槽再度进行匹配,要么通过实践活动和自我修养提升等途径来改变自己的性格,努力适应工作要求。

(2)性格类型与典型职业

根据心理学相关研究,虽然性格的个体差异大,但仍可以按某种特征加以分类。我们在选择职业时,依据各自性格特点,尽可能进行"性格与职业"的匹配。这里收集相关研究成果,特此附上较为常用的职业性格测试,供大家自测。

提示语:以下测验根据人的职业性格特点和职业对人的性格要求两方面来划分类型,每一种职业都与其中的几种性格类型相关。请根据自身情况回答问

题,统计回答"是"的次数。

第一组

    喜欢内容经常变化的活动或职业情景。

    喜欢参加新颖的活动。

    喜欢提出新的活动并付诸行动。

    不喜欢预先对活动或职业作出明确而细致的计划。

    讨厌需要耐心、细致的职业。

    能够很快适应新环境。

第一组总计次数（   ）

第二组

    当注意力集中于一件事时,别的事很难使我分心。

    在做事情时,不喜欢受到出乎意料的干扰。

    生活有规律,很少违反作息制度。

    按照一个设计好的职业模式来做事情。

    能够长时间做枯燥、单调的职业。

    喜欢做有条件的重复性的事情。

第二组总计次数（   ）

第三组

    喜欢按照别人的指示办事,自己不需要负责任。

    在按别人的指示做事,自己不考虑为什么要做,只是完成任务就算完事。

    喜欢让别人来检查职业。

    在职业上听从指挥,不喜欢自己作出决定。

    喜欢别人把任务的要求讲得明确而细致。

    喜欢一丝不苟按计划做事,直到得到一个圆满的结果。

第三组总计次数（   ）

第四组

    喜欢对自己的职业独立作出计划。

    能处理和安排突然发生的事情。

    能对将要发生的事情负起责任。

    喜欢在紧急情况下果断作出决定。

    善于动脑筋,出主意,想办法。

    通常情况下对学习、活动有自信心。

第四组总计次数（   ）

第五组

　　喜欢与新朋友相识和一起工作。

　　喜欢在几乎没有个人秘密的场所工作。

　　试图忠实于别人且与别人友好。

　　喜欢与人互通信息,交流思想。

　　喜欢参加集体活动,努力完成所分给的任务。

第五组总计次数(　　　)

第六组

　　理解问题总比别人快。

　　试图使别人相信你的观点。

　　善于通过谈话或书信来说服别人。

　　善于使别人按你的想法来做事情。

　　试图让一些自信心差的同学振作起来。

　　试图在一场争论中获胜。

第六组总计次数(　　　)

第七组

　　你能做到临危不惧吗?

　　你能做到临场不慌吗?

　　你能做到知难而退吗?

　　你能冷静处理好突发事故吗?

　　遇到偶然事故可能伤及他人时,你能果断采取措施吗?

　　你是机智灵活、反应敏捷的人吗?

第七组总计次数(　　　)

第八组

　　喜欢表达自己的观点和感情。

　　做一件事情时,很少考虑它的利弊得失。

　　喜欢讨论对一部电影或一本书的感情。

　　在陌生场合不感到拘谨和紧张。

　　相信自己的判断,不喜欢模仿别人。

　　很喜欢参加学校的各种活动。

第八组总计次数(　　　)

第九组

　　工作细致而努力,试图将事情完成得尽善尽美。

对学习和职业抱认真严谨、始终一贯的态度。

喜欢花很长时间集中于一件事情的细小问题。

善于观察事物的细节。

无论填什么表格都非常认真。

做事情力求稳妥,不做无把握的事情。

第九组总计次数(　　)

请统计和确定你的职业性格类型,根据每组回答"是"的总次数,填入下表:

组	回答"是"的次数	相应的职业性格
第一组	(　　)	变化型
第二组	(　　)	重复型
第三组	(　　)	服从型
第四组	(　　)	独立型
第五组	(　　)	协作型
第六组	(　　)	劝服型
第七组	(　　)	机智型
第八组	(　　)	自我表现型
第九组	(　　)	严谨型

选择"是"的次数越多,则相应的职业性格类型越接近你的性格特点;选择"不"的次数越多,则相应性格类型越不符合你的性格特点。

下表为各种性格类型的表现及所对应的典型职业,供职业生涯规划时参考。

性格类型	特征、表现	典型职业举例
变化型	在新的和意外的活动或工作情境中深感愉悦,喜欢有变化的和多样化的工作,善于转移注意力	记者、推销员、演员
重复型	喜欢连续从事同样的工作,按固定的计划或进度、机械的标准办事,喜欢重复的、有规律的、有标准的工作	纺织工、机床工、印刷工、电影放映员
服从型	愿意配合别人或按他人的指示办事,不愿自己独立作出决策并担负责任	办公室职员、秘书、翻译
独立型	喜欢计划和指导别人活动或乐于对未来的事情作出决定,在独立负责的工作情境中感到愉快	管理人员、律师、警察、侦察员

续　表

性格类型	特征、表现	典型职业举例
协作型	在与人协同工作时感到愉快,善于引导别人,并想得到同事们的认同与肯定	社会工作者、咨询人员
劝服型	通过谈话或写作等使别人同意自己的观点,对别人的反应有较强的判断力,并善于影响别人的态度、观点、判断	辅导员、行政人员、宣传工作者、作家
机智型	在紧张和危险的情况下能自我控制沉着应付,发生意外和差错时能坦然自若、不慌不忙出色地完成任务	驾驶员、飞行员、公安员、消防员、救生员
自我表现型	喜欢表现自己的爱好和个性,依从自己的感情进行选择,能通过自己的工作来表现自己的思想	演员、诗人、音乐家、画家
严谨型	注重工作过程中各环节、细节的精确性;愿按一套规划和步骤工作,力求完美,严格、努力工作以显工作成效	会计、出纳员、统计员、校对员、图书档案管理员、打字员

资料来源:根据高桥、王辉《大学生职业发展与就业指导教学指南》及王兆明等《大学生职业指导》等归纳汇总成表。

在日常的学习、生活、工作中,我们不能简单地对一个人的性格作判断,性格有其复杂性。而进行性格探索,往往是个体发展与前行的基础。

三、卡特尔 16PF、MBTI 性格测试

1. 卡特尔 16PF 介绍

这里说的人格,吸纳了心理学家黄希庭教授的相关界定。人格是个体在行为上的内部倾向,它表现为个体适应环境时在能力、情绪、需要、动机、兴趣、态度、价值观、气质、性格和体质等方面的整合,是具有动力一致性和连续性的自我,是个体在社会化过程中形成的给人以特色的身心组织。美国心理学家、伊利诺斯大学教授卡特尔(R. B. Cattell)是以因素分析研究人格特质的著名代表人物之一。他认为,人格是有可能对某人在某种情境中的行为进行预测的东西,根据个体的人格特点,加上对情境因素的考虑,就可以预测一个人的行为反应的性质。

经过多年研究,通过对实证材料的因素分析,他确定了 16 种具有独立要素的根源特质(见表 3),并编制了卡特尔 16 种人格因素调查表(Sixteen Personality Factor Questionnaire,简称 16PF)。

表 3　卡特尔的 16 种人格特质

人格因素	定　　义	低分者特征	高分者特征
A 乐群性	热情对待他人的水平	缄默孤独	乐群外向
B 聪慧性	刺激寻求与表达的自发性	迟钝、学识浅薄	聪慧、富有才识
C 稳定性	对自己情绪的平衡与调整及表达	情绪激动	情绪稳定
E 支配性	力图影响他人的倾向性水平	谦逊、顺从	好强、固执
F 兴奋性	寻求娱乐的倾向和表达的自发性水平	严肃、审慎	轻松、兴奋
G 有恒性	崇尚并遵从行为的社会化标准和外在强制性规则	权宜、敷衍	有恒、负责
H 敢为性	在社会情境中感觉轻松的程度及冒险倾向	畏怯、退缩	冒险、敢为
I 敏感性	个体的主观情感影响对事物判断的程度	理智、着重实际	敏感、感情用事
L 怀疑性	喜欢探究他人表面言语举止之后的动机倾向	依赖、随和	怀疑、刚愎
M 幻想性	关注外在环境因素与关注内在思维过程两者之间寻求平衡的水平	现实、合乎成规	幻想、狂放不羁
N 世故性	将个人信息私人化的倾向	坦白直率、天真	精明能干、世故
O 忧虑性	自我批判的程度	安详沉着、有自信心	忧虑抑郁、烦恼多端
Q1 激进性	对新观念与经验的开放性	保守、服从传统	自由、批评激进
Q2 独立性	融合于周围集体及参与集体活动的倾向性	依赖、附和	自立、当机立断
Q3 自律性	认为以清晰的个人标准及良好的组织性对行为进行规划的重要性程度	矛盾冲突、不明大体	知己知彼、自律严谨
Q4 紧张性	在和他人的交往中的不稳定性、不耐心以及由此所表现的躯体紧张水平	心平气和	紧张、困扰

卡特尔的16种性格因素测验量表由187题组成，每一性格特质由10—13个测试题组成的量表来测量，共16个分量表。每一道题有三个备选答案，然后运用统计方法，把每种人格特征所得分数相加，换算成标准分。卡特尔16种性格因素测验量表具有较高的效度和信度，因而被广泛使用。我们借此可以了解测验对象在环境适应、职业选择、心理健康等方面的特点，从而帮助其全面了解自己的性格特征。该测试也常用于用人单位的人力资源配置和调整。

2. MBTI性格测试介绍

MBTI(Myers-Briggs Type Indicator)用于衡量和描述人们在获取信息、作出决策、对待生活等方面的心理活动规律和不同的人格类型表现。它是以瑞士著名的心理分析学家荣格的心理类型理论为基础，由美国的心理学家母女凯瑟琳(Katherine Cook Briggs)与伊莎贝尔(Isabel Briggs Myers)和一批心理学家、心理测量学家，对人类性格差异的长期观察和研究而编制的。经过长达50多年的研究和发展，MBTI性格测试已经成为当今全球最为著名和权威的性格测试。该测试广泛运用于自我探索、职业发展、人才选拔、团队建设、管理培训等领域，具有很高的效度和信度。对于我们高校学生而言，最重要的是通过此来了解自己的性格及MBTI与职业之间的匹配关系，促进自我理解、自我发展，找到适合自己的职业类型。

MBTI衡量的是个人的类型偏好即天生的倾向性，用四维度偏好二分法来评估鉴别一个人的类型偏好，每个维度偏好二分法均由两级组成。汇总相关资料，见表4。

表4　MBTI性格测试的人格类型表现

维　度	偏　好	指向的优势能力	喜欢和擅长的工作
精力能量指向	Extraversion 外倾型	行动迅速、反应灵敏 善于与人交往 善于表达、沟通 通过讨论和实践学习	能不断地和人互动，喜欢户外或可以到处走动的工作环境
	Introversion 内倾型	深思熟虑而后行动 专注于事及其深度 善于写作 通过阅读和思考学习	喜欢有一个安静的时间和空间，能集中精力的工作环境

续　表

维　度	偏　好	指向的优势能力	喜欢和擅长的工作
接受信息方式	Sensing 感觉型	专注于目前的事情 关注细节 通过改进，完善做事的方法 善于通过收集资料去说服或得出结论 善于运用自己和别人的经验	需要仔细观察、关注细节的工作
	iNtuition 直觉型	直觉和灵感 整体观强 创造新的方法、提出新的见解 善于解决全新的而且复杂的问题 善于建立理论、模型和框架	能经常去解决新问题的工作
处理信息、决策方式	Thinking 思考型	专注于任务 运用逻辑分析、了解问题和决策 大公无私，要求同事之间公平和尊重 执行力强，敢于批评 坚持原则	对数字、具体事物等运用逻辑分析能力的工作
	Feeling 感情型	专注于人际互动 以团队价值观角度思考和决策 要求同事之间和谐相处，互相支持 注重换位思考 关注维护团队的价值观和文化	服务他人，喜欢和谐、互助、宽容的工作环境
应对外界、生活态度取向	Judging 判断型	制订计划，设定时间表 设定目标，稳步推进 果断，迅速作出决定 严格执行计划，按时完成	有严格的系统和秩序的工作
	Perceiving 感知型	适应变化 随机应变，灵活调整 做事留有余地，富有弹性 紧急时刻表现出色	不断变化的工作或环境

　　MBTI测试可以帮助我们了解自我的性格及自身优势，在进行职业生涯规划时扬长避短，找到符合自己的性格特征所预测的行为的职业，从而最大限度上实现自身价值。具体测试见本书的附录1。

第三节　职业能力探索

我们或许都有这样的常识,要进入什么领域工作,就要具备相应的能力;要成为某行业出类拔萃的人物,就更应有其优势能力。在大学期间,我们应能尽早了解自己的能力系统组成,培养目标职业所需的能力,这样才能在求职时根据自己的优势能力进行职业选择。

一、职业能力

1. 含义

这里所说的职业能力是指一个人从事社会生产活动的能力,影响个体对职业的胜任度和职业活动效率,体现于职业工作中并得以发展。职业能力是个体在顺利完成各种活动中经常、稳固地表现出来的个性心理特点或特征。这里我们需要注意其内涵:

个体的职业能力高低反映在学习职业知识与技能时,体现为学习的效率及稳定性。

个体的职业能力高低反映在运用职业知识与技能解决实际问题时,体现为解决问题的顺畅、优化与否。

职业能力不仅仅指个体对某项活动的现有成就水平,也指向了个体具有的潜力,既包括人们现已掌握的知识技能,也反映个体未来可能达到的层次。

2. 分类

职业能力可分为两个层次:

一般职业能力。即人们在各种职业活动中必备的基本能力,是人们顺利地、有效地掌握职业知识与职业技能的保证,包括观察能力、判断推理能力、实际操作能力和语言表达能力等。

特殊职业能力。是从事某种职业活动所必需的并在活动中予以综合表现的能力,如企业家的经营管理能力等。

3. 多元智能

美国哈佛大学著名教育心理学家霍华德·加德纳(Howard Gardner)因提出智能多元论,被誉为“多元智能理论之父”。他认为每一个人都具备多元智能,在职业中是多种智能在相互作用。以下根据资料汇总了表5,同学们可根据自己独特的智能结构探索合适的职业。

表5　多元智能结构的特点与适合的职业

智能类型	特　　点	适　合　的　职　业
语言智能	能准确表达内心,擅长学习语言文字	作家、诗人、演讲家、节目主持人、语言学家、编辑、广告人、播音员等
音乐智能	能敏锐感知音调、旋律、节奏和音色	演奏家、作曲家、指挥、录音师、乐器制造师、机械制造师、钢琴调音师等
数理逻辑智能	能计算、量化、思考命题和假设并进行复杂数学运算,具有从事科学研究所必需的能力	数学家、科学家、物理学家、天文学家、统计学家、逻辑学家、工程师、侦探、律师、会计师、电脑程序设计员
空间智能	擅用三维空间的方式进行思维	建筑师、摄影师、雕塑家
身体运动智能	能巧妙操纵物体,善于控制身体动作	舞蹈家、演员、运动员、外科医生、机械制造师、服装设计师、手工艺匠等
人际交往智能	能有效地理解别人和具有与人交往的能力	外交家、教师、政治家、宗教人士、心理咨询师、职业生涯规划师等
自我认识智能	建构自我知觉的能力,善于计划和引导自己的人生	心理学家、哲学家、神学家等
自然观察智能	洞察自然界事物的形态并对物体进行辨认和分类	植物学家、生态学家、庭院设计师等

4. 职业能力及其对应的适宜性职业类型

我们常将所学知识、技能用于某种职业活动并进行类化迁移与整合。为了有更好的职业发展,我们应尽可能地选择适宜的职业。表6供各位择业时参考。

表6　职业能力类型及其适宜的职业类型

职业能力类型	特　　点	适宜的职业类型
操作型职业能力	以操作能力为主:运用专业知识或经验,掌握特定技术或工艺,并形成相应的职业技能与技巧的能力	打字、驾驶员、种植、操纵机床、控制仪表
艺术型职业能力	以想象力为核心:运用艺术手段再现社会生活和塑造某种艺术形象的能力	写作、绘画、演艺、美工
教育型职业能力	运用各种教育手段传授知识与思想或组织受教育者进行知识与态度学习的能力	教育、宣传、思政工作

续　表

职业能力类型	特　　　点	适宜的职业类型
科研型职业能力	以人的创造性思维为核心：通过实验研究、社会调查和资料检索等手段进行新的综合、发明与发现能力	研究、技术革新与发明、理论
服务型职业能力	以敏锐的社会知觉能力和人际关系协调能力为主：借助人际交往或直接沟通使顾客获得心理满足的能力	商业、旅游业、服务业等
经营型或管理型职业能力	以决策能力为核心：能广泛获得信息，并以此独立地作出应变、决策或形成谋略的能力	经理、厂长、主任等管理领域及各行各业负责人
社交型职业能力	以人际关系协调能力为核心：深谙人情世故，能够掌握人际吸引规律，善于周旋、协调，且能使对方通力合作的能力	联络、洽谈、调解、采购

资料来源：王兆明、顾坤华主编：《大学生职业指导》，苏州大学出版社，2008 年。

二、能力与职业生涯的关系

1. 能力对职业生涯的影响

在职业生涯选择与发展时我们需充分考虑自己的职业能力。

能力是职业选择的重要依据。一个人在考虑并决策未来所要从事的职业时，不应只关注自己的职业兴趣，更要考虑自己是否胜任。只有将自己的能力作为择业的依据，才能科学地进行人职匹配。

能力是职业发展的基本条件。一个人在职场需要找到自己合适的位置，并非所有的岗位都适合自己发展。否则既影响了单位工作任务的推进，也阻碍了个人的职业发展。

2. 择业与能力匹配的原则

正因为个体在能力方面的差异，所以我们在择业时，要考量不同职业、岗位，需本着适配原则进行，具体而言：

第一，注意扬长避短、集中优势。根据职业能力倾向，我们在进行职业生涯设计时，不仅考虑自己的优势、长处，还要考虑各种能力的组合以及这种组合与职业需求之间的适宜性，才能事半功倍。

第二，考虑职业层次与能力程度的契合。即使是同一职业，根据其所承担责任的大小会有不同的层次区分，对能力的要求也是不同的。

第三，加强能力提升，注意持续发展。我们在择业时，不仅要依据现有知识、技能，还要不断学习和锻炼，提升能力。

三、职业能力测评

职业能力倾向测验是我们了解自己能力倾向时常用的方法，对职业生涯决策具有重要的参考价值。一般而言，它有助于澄清两方面的问题：一是判断个体具有怎样的能力优势；二是测定个体在所从事的工作中的适应与成功的可能性以及未来发展潜能。

世界上迄今为止已经修订的成套或特殊的能力倾向测验有十多种，并在实践领域得到广泛使用，如 BEC 职业能力倾向测验（I）、BEC 职业能力（II）、一般能力倾向成套测验（GATB）、个人职业素质评价系统、行政职业能力倾向测验（AAT）、一般行政能力倾向测验（GAAT）、职业能力倾向测验、职业心理倾向测评系统等。

关于职业能力倾向测验方面，目前普遍使用的有两种。

1. 区分能力倾向测验（Differential Aptitude Tests，简称 DAT）

该测验初版于 1947 年，多次修订，最新版为 20 世纪 80 年代修订，称为 DAT－V 和 W 式，属多重职业能力倾向成套测验之一。其理论依据是人们有着多种不同的职业能力倾向，且这些能力倾向是可测量的。DAT 分为 8 个分测验：词语推理（VR）、数字能力（NA）、抽象推理能力（AR）、文书速度和准确性（CSA）、机械推理（MR）、空间关系（SR）、拼写（SP）、语言应用（LU）。

2. 普通能力倾向成套测验（General Aptitude Test Battery，简称 GATB）

这是美国劳工部 1944 年研究编制的，用于测量从事某种职业或活动的潜在能力。该测验对人的能力进行 9 个维度的划分：智能（G）、言语能力（V）、数理能力（N）、书写知觉（Q）、空间判断能力（S）、形状知觉（P）、运动协调（K）、手指灵巧度（F）、手腕灵巧度（M）。GATB 还从个人在完成各种职业所必要的能力中提炼出各种职业对个人所要求的最有特征的 2—3 种，通过测验，绘制个人能力倾向剖析图，并与职业能力倾向类型相对照。

能力倾向测验主要可以帮助我们在一定程度上解决人职如何匹配的困惑，即何种职业适于某个个体，某个个体适合从事何种职业；对于某一职位，什么样的人最适合。在进行职业生涯规划时，若遇到上述困惑，同学们可以到学校就业中心或心理中心进行相关测评。

第四节 职业价值观与职业兴趣探索

职业价值观与职业兴趣体现的是个人想从事什么职业、喜欢什么职业,这是在自我探索中非常重要的内容,是人们从事职业活动的基本动力。

一、职业价值观

1. 价值观与职业价值观

（1）价值观

价值观是人们用于区别好坏、分辨是非及重要程度的心理倾向体系,它反映人对客观事物的是非及重要性的评价。人们对各种事物在心目中存有主次之分,对这些事物的轻重、好坏排序则构成一个人的价值观体系,价值观体系是决定人们态度和行为的基础。

价值观具有以下特性:首先,价值观是因人而异的。一个人的价值观是从其出生,经后天家庭、社会环境的影响而逐渐形成的,由于人生经历不同,每个人的价值观也有差异。其次,价值观具有相对稳定性。价值观是随人们认知能力的发展,在环境、教育的影响下逐步养成的,一旦形成便相对持久稳定,在一定条件下也会发生变化。

价值观是人精神心理活动的中枢系统,对人的信念、理想等起着支配作用,是一个人人生与职业中最重要的精神追求、寄托、支柱和动力所在。价值观的作用表现为:对一个人自身行为起着定向作用;对一个人的行为起着调节作用;对一个人的行为动机有引导作用。

（2）职业价值观

职业价值观（work values）这一概念最早见于 20 世纪 50 年代舒伯的职业发展理论中。目前关于职业价值观的定义,学界尚未统一。一般认为,职业价值观是关于职业选择、职业生活的意义和职业等级等问题的价值评判,主要表现为职业价值取向、职业选择原则、职业活动报酬的期望。

人们在择业时总希望选择能满足自己的某种物质和精神需要的职业。关于职业价值观的分类,也有不同的流派。这里介绍较为常见的一种。美国心理学家洛特克（Milton Rokeach）提出了 13 种人类追求的生涯价值观:成就感,美感,挑战,身心健康,收入与财富,独立性,爱、家庭、人际关系,道德感,欢乐,权力,安全感,自我成长,协助他人。

2. 价值观与职业的关系

价值观影响着择业方向与岗位选择。人们一般是按照自己的需要、内在尺度对各种职业进行丈量、排序并形成不同的评价和取向,这就是择业观,它影响着个人的职业方向和具体岗位的取舍。

价值观影响着人们的职业生涯发展水平。价值观是人们从事职业的动力因素,个人愿意从事某一职业和岗位与否,是否全身心的投入,这关系到最终的职业成就。

大学阶段要积极进行职业价值观的探索。对于大学生来说,正处于职业价值观形成阶段,做好自我探索,对个人成长意义深远。同时要依据个人特质,处理好自我价值与社会价值的关系、长远发展与短期利益的关系。这是我们每一个人在走向社会时难以回避的一个问题。在毕业阶段,我们面对具体岗位可能会遇到左右为难的选择困境,要审视职业价值观,理性决策。

二、职业价值观测评

1. 职业价值观自测

职业价值观自测问卷

提示语:请你根据实际情况,评价下列题目中对你理想的工作而言其重要程度如何。1 很不重要,2 不太重要,3 一般,4 比较重要,5 非常重要。

第一组:

(1)你的工作带有艺术性。

(2)你的工作能使你的世界更美丽。

(3)你的工作结果应该是一种艺术品而不是一般的产品。

(4)你的工作需要和电影、电视、戏剧、音乐、美术、文学等艺术打交道。

第二组:

(5)你的工作能为社会福利带来可见的效果。

(6)你的工作使你能常常帮助别人。

(7)你为他人服务,使他人深感满意,你也就很高兴。

(8)因你的工作,经常有许多人对你心存感激。

第三组:

(9)你的工作能使同学、朋友、家人、亲戚等很有面子。

(10)在他人眼中,你的工作是很重要的。

(11)他人会因为你的工作而十分尊敬你。

(12) 你的工作需要经常在报刊、电视中被提到,且在人们心目中很有地位。

第四组:

(13) 你的工作薪酬很高。

(14) 只要努力,你的工资会高于同龄人,升迁或加薪的机会大于从事其他工作。

(15) 你的工作可以使你获得较多的额外收入,如经常发实物、提货券、有机会购买进口货品等。

(16) 你的工作有数量可观的夜班费、加班费、保健费或营养费等。

第五组:

(17) 你的工作赋予你高于别人的权力。

(18) 你的工作要求你把一些事务管理得井井有条。

(19) 你的工作需要计划和组织别人的工作。

(20) 在工作中,你可能做一个负责人,你信奉"宁做兵头,不做将尾"的俗语。

第六组:

(21) 你的工作使你有不断取得成功的感觉。

(22) 你能从工作的成果中知道自己做得不错。

(23) 你的工作成果常常能得到上级、同事或社会的肯定。

(24) 你的工作可以使你发挥自身的最大价值。

第七组:

(25) 你能在你的工作范围内自由发挥。

(26) 在工作中,你能试行一些自己的新想法。

(27) 在你的工作中,不会有人常来打扰你。

(28) 在工作中你不受别人差遣和约束,可以自主掌握工作目标、计划和程序。

第八组:

(29) 你的工作必须经常解决新的、看上去很有挑战性的问题。

(30) 你的工作是一项对智力的挑战。

(31) 你的工作需要敏锐的思考。

(32) 在工作中常常需要你提出很多新的想法。

第九组:

(33) 在你的工作中能接触到各种不同的人。

(34) 你的工作经常要外出、参加各种集会和活动。

(35) 你的工作会使许多人认识你。

（36）你的工作使你有可能结识各行各业的知名人物。

第十组：

（37）你的工作能使人感觉到你是团体的一分子。

（38）在你的工作中，能和同事建立良好的关系。

（39）你工作单位的同事和领导人品较好，相处比较随便。

（40）在你的工作中能和领导有融洽的关系。

第十一组：

（41）你的工作上下班时间比较随便、自由。

（42）你的工作单位有舒适的休息室、更衣室、浴室及其他设备。

（43）你的工作体力上比较轻松，精神上也不紧张。

（44）你的工作场所很好，比如环境整洁、灯光适度、空间雅致、温度适宜。

第十二组：

（45）不论表现如何，你总能和大多数人一样晋级、加工资。

（46）在工作中，你不会因身体、能力等因素被人瞧不起。

（47）只要你干上这份工作，就不会再被调到其他意想不到的单位或工种上去，也不会失业。

（48）在工作中不必担心会因为所做的事情领导不满意，而受到训斥或经济惩罚。

第十三组：

（49）你的工作内容经常变换。

（50）你的工作使你有可能经常变换工作地点、场所或方式。

（51）在工作中你经常接触到新鲜事物。

（52）你的工作风险较大，但可能在较短时间内为你带来收益。

将每组得分填入下表得分栏，并依次找出最高、最低的三项。各职业价值观的维度分数越高，表明你越重视这方面的回报。从中可以看出你个人的职业价值观倾向，了解自己的职业成就和价值观，并作为进行职业生涯规划的参考。

组别	得分	价值观	特点（目的与价值）	典型职业举例
第一组		美与艺术	不断追求美的东西，得到美感享受，进行艺术创造	画家、设计师、音乐家、舞蹈家等
第二组		利他、贡献	直接为大众的幸福和利益尽力，为社会作贡献	医生、警察等

续　表

组别	得分	价值观	特点（目的与价值）	典型职业举例
第三组		地位、声望	所从事的工作在人们心目中有较高的社会地位，从而得到他人的重视与尊敬	公务员、高层管理人员等
第四组		经济报酬	获得优厚报酬以有足够的金钱去获得自己需要的东西，生活富足	高薪职业
第五组		管理支配	获得对他人或某事物的管理支配权，能指挥和调遣一定范围内的人、财、物	部门经理、高级主管、校长等
第六组		成就感	不断创新并取得成就，得到他人的赞扬，或不断做自己想要做的事，追求自我实现	项目经理、公司管理等
第七组		独立性	能充分发挥独立性和主动性，按自己的方式、步调或想法去做，不受他人干扰	高校教师、科研工作者、作家等
第八组		智力	不断进行智力体操，动脑思考，学习以及探索新事物，解决新问题	研发人员、学者等
第九组		社交	能与各种人交往，建立比较广泛的社会联系和关系，甚至能结识名人	销售、市场、人力资源、咨询师等
第十组		团队融洽	希望在一起工作的大多数同事人品较好，相处愉快、自然，认为这是有价值的且获得满足	培训师、技术人员等
第十一组		舒适	将工作作为消遣、休息或享受的形式，追求比较舒适、轻松、自由、优越的工作条件和环境	办公室人员等
第十二组		安全感	追求工作安稳，不会因奖金、加工资、调动工作或领导训斥等经常提心吊胆、心烦意乱	教师、公务员等
第十三组		变异性	希望工作内容经常变换，使工作和生活显得丰富多彩	证券、投资类职业

资料来源：张武华、周琳《大学生职业规划与就业指导》等，略有调整。

2. 其他探索工具

除了标准化的测试外,我们还可以选择一些非标准化的工具,加强自我探索。这些工具往往以价值观探索为内核,并涉及其他个性倾向及心理特征,有助于我们进行更为全面的自我盘点与认知。常用的方法有生命线、生涯传记、故事述说、家庭职业图谱、句子完成等。这里介绍前两种。

(1) 生命线

我们每个人都有自己独特的生命线,但其共性在于每条生命线都从你所认为的人生开端开始,到你所认为的末端结束,包括过去时、将来时。通过画生命线,我们可以在过往的经历和未来的设计中了解自己看重什么以及自己把握决策的程度。

提示语:

——在生命线上,需要写上影响你个人人生的重要事件,并标出当下位置,按照你所设想的未来描绘将来时。

——生命线不一定是直线,可以根据你对某一时期的评价来画出不同的高度。然后在线上加上标志和数字(各事件关键词和所发生时的相应年龄),如:

★由你的决定引发的事件,＋由他人的决定所引发的事件,○不由任何人决定的事件(如死亡和海啸等)。

——圈出你认为是你的最佳决定所达成的事件,圈出你预见到的未来关键决定事件,再观察所画的生命线,你有什么发现?你认为怎样的决定影响你的生命线?在影响你人生的事件中,是你自己决定的吗?

(2) 生涯传记

生涯传记法常在自我探索时用于辅助了解个人的价值观以及兴趣等。

假想下在你人生暮年需要出版一本自传,你期望给谁看,传记书名是什么,并写出各章节的标题和大意。通过个人生涯传记的撰写,思考下你发现了什么,你认为什么是你生命中最重要的,对你的职业生涯规划有何启示。

三、职业兴趣

研究表明,如果一个人对某一工作感兴趣,就能发挥其全部才能的80%—90%,并能长时间高效率工作,反之,则只能发挥其全部才能的20%—30%,而且很难持续较长时间,效率低。如果我们翻阅名人传记,不难发现在各领域的杰出人士大多是依从兴趣出发而取得成功的。可见,兴趣对于职业生涯有着相当重要的影响。遗憾的是,一些大学生求学的道路上往往受到了社会导向、父母师长意志的影响,对自己缺乏充分认识,对兴趣的探索也未予以重视。在规划自己职业生涯时,需要弄清楚自己的兴趣类型,并据此选择最适合的职业。

1. 职业兴趣的含义

兴趣是个体力求探索某种事物的认识倾向,表现出积极的情绪反应。一个人的兴趣往往与其直接或间接需要有关,一个人若对某种事物感兴趣,就会产生接近这种事物的倾向,并不断参加相关活动。

职业兴趣是指个体对某种专业或工作所抱有的关注与喜爱程度,反映了职业特点与个体特点之间的匹配关系,是人们择业时的重要依据。若对某一职业活动感兴趣,我们便会积极思考、主动探索、不懈追求。

2. 兴趣与职业的关系

研究表明,职业兴趣一般要经历有趣—乐趣—志趣三个阶段。在有趣这第一阶段,职业兴趣是变化的、短暂的;在乐趣这第二阶段,职业兴趣往往专一而深入;在第三阶段则与个人的价值观结合在一起,便转为志趣。我们在职业生涯发展过程中,就是要探索有兴趣的事物,并发展成乐趣,最终确立为志趣,这将贯穿于职业活动的全过程。

第一,兴趣是个人进行职业生涯选择的重要参考依据。兴趣使得个体对某一职业予以优先关注和向往之情。只有当个体对某个行业、某一职业感兴趣,才会努力探索,迸发强大动力,发挥潜能。所以我们在进行职业定向时,要重视兴趣的影响作用。

第二,兴趣有助于个体更快适应职业环境和职业角色。戴尔·卡耐基(Dale Carnegie)说过,"我们做一件不愿意不高兴的工作,身体的各部分,都感到不安和无聊。反过来说,如果对于这种工作有兴趣、愉快,工作效率不但高,身心也感觉十分舒适"。在职业兴趣作用下,我们调动全部精力,以乐观态度面对所身处的职业环境,尽可能适应本职工作,进入职业角色。

第三,兴趣可以提高人们的工作效率。兴趣往往是一种无形的力量,能激发人的主观能动性和创造力,即使在旁人看来是枯燥无味的事,此人却兴味盎然,从而在获得满足感、成就感的同时提升工作效率。有学者指出,所谓的天才人物其实就是有毅力、勤奋、入迷和忘我的人,而他的出发点实际上在于兴趣。

第四,兴趣是个人职业生涯稳定发展及成功的保证。当个体在自己感兴趣的职业中,因其才能的展示而获得满足感后,即使遇到困难和挫折,也不会轻言放弃,非常执著,充满激情,职业发展相对稳定。

第五,在职场世界,个人须结合工作需要尽可能培养职业兴趣。在现实生活中,由于各种因素,不是所有人都能将兴趣与职业予以匹配的。我们在找工作过程中,会发现自己感兴趣的工作机会其实并不多。对某一职业的兴趣,个体在后天的实践中,可以从无到有、由淡到浓。此时,就应注意将个人与社会、现实与未来、物质与精神需求相结合,尽可能产生成就动机以提高志趣,也应注意到兴趣并非是职业生涯道路的唯一影响因素。

四、职业兴趣测评工具

通过职业兴趣测评,可以帮助人们明确自己的主观倾向,从而考虑、选择最适宜的活动情境并给予最大的能力投入,达成预期成效。

1. 兴趣自测

自我兴趣初步探索——兴趣岛游戏

提示语:我们乘船旅行,忽然轮船发生了故障必须搁浅,短期之内不可能有救助的船只过来,剩下就是登上附近的几个岛屿,假设我们要在某个岛上待一辈子或者较长的时间,你将如何选择?

A 岛——美丽浪漫岛。岛上遍布着美术馆、音乐厅、小剧场,街头竖立着雕塑、艺人,具有浓郁的文化艺术气息。当地的原住民还保留了传统的舞蹈、音乐与绘画,许多文艺界的朋友都喜欢来此怡情寻梦。

I 岛——沉思冥想岛。岛上人烟稀少,建筑物多僻处一隅,平畴绿野,适合夜观星象。岛上有多处天文馆、科博馆以及科技图书馆等。居民好沉思、求真知,经常与来自各地的哲学家、科学家、心理学家交流碰撞。

C 岛——现代井然岛。岛上建筑现代化,是标准的进步的都市形态,以完善的户政管理、地政管理、金融管理见长。居民个性冷静保守,处事有条不紊,善于组织规划。

R 岛——自然原始岛。岛上保留有热带的原始植物森林,原生态化,遍布了动物园、植物园、水族馆。岛民以手工见长,自己种植花果蔬菜、修缮房屋、打造器物、制作工具。

S 岛——温暖友善岛。岛上居民温良和善、乐于助人,社区大多自成一个密切互动的服务网络,人们重视教育,弦歌不辍,充满人文气息。

E 岛——显赫富饶岛。岛民热情豪爽,能言善辩,善于企业经营和贸易。岛上的经济高度发展,矗立着星级酒店、俱乐部、高尔夫球场。来往者多为企业家、经理人、政治家、律师等,衣香鬓影,夜夜笙歌。

请回答以下问题并与下表结果进行比对。

若你必须在 6 个岛中的某一岛从此生活一生,你第一会选择哪一个岛?

第二选择哪一个岛?

第三选择哪一个岛？

你宁死都不会选择哪一个岛？

岛屿	类型	喜欢的活动	喜欢的职业
R 岛	实用型 (Realistic Type)	愿意从事事务性的工作，喜欢户外活动，擅操作机器	制造业、渔业、野外生活管理业、技术贸易业、机械业、农业、技术、林业、特种工程师和军事工作
I 岛	研究型 (Investigative Type)	善于观点、理论处理，喜欢探索和理解、研究那些需要分析、思考的抽象问题，喜欢独立工作	实验室工作人员、生物学家、化学家、社会学家、工程设计师、物理学家和程序设计员
A 岛	艺术型 (Artistic Type)	乐于创造，喜欢自我表达，喜欢写作、音乐、艺术和戏剧等	作家、诗人、漫画家、演员、戏剧导演、音乐家、作曲家、乐队指挥和室内装潢师
S 岛	社会型 (Social Type)	乐于助人，喜欢团队合作，关注他人幸福，愿意帮助别人解决困难	牧师、教师、社会工作者、心理咨询员、服务性行业人员
E 岛	企业型 (Enterprising Type)	喜欢领导和影响别人，或为了达到个人或组织的目的而善于说服别人，希望成就一番事业	商业管理、律师、政治领袖、营销人员、市场或销售经理、公关人员、采购员、投资商、电视制片人和保险代理
C 岛	常规型 (Conventional Type)	组织和处理数据，喜欢有固定标准要求的、有秩序的工作或活动，愿在一个大的机构中处于从属地位	会计师、银行出纳、簿记员、行政助理、秘书、档案文书、税务专家和计算机操作员

资料来源：据高桥、王辉《大学生职业发展与就业指导教学指南》略作整合。

　　兴趣六岛探索游戏有助于我们了解自己的职业兴趣特点，选择与志趣相吻合的工作，其中的每一个岛屿对应了某一种典型的职业生涯类型。根据选择结果，需要注意第一个为主要兴趣，而第二、三个为辅助兴趣。这个游戏的依据是霍兰德的六种人格类型，他认为职业选择是人格的一种表现，而个人的兴趣类型也就是人格类型。表中的六种类型可以代表大多数人的特质，职业环境/氛围也分为此六种类型,两者之间的对应及适配程度,有助于我们加强对职业的归属感、工作的满意度及人生成就感。

2. 职业兴趣测评介绍

20 世纪初,美国推出了职业兴趣测验——坎培尔职业兴趣测验(Campell Interest Inventory),它从人职匹配角度将职业兴趣分为三类——"对数字、符号等工作的兴趣"、"对人及社会性工作的兴趣"、"对机械、操作等工作的兴趣"。后来随着对职业兴趣研究的不断深入,针对不同的使用对象产生了不少测验。目前世界上有几大较为流行的职业兴趣测试量表:霍兰德的职业自我探索量表(Self-Directed Search,简称 SDS)、库德职业兴趣量表(Kuder Occupational Interest Survey,简称 KOIS)、斯特朗—坎波尔职业兴趣问卷(Strong-Campbell Interest Inventory,简称 SCII),等等。

霍兰德职业兴趣测验应用最广,也最具影响。约翰·霍兰德(John L. Holland)为美国著名心理学家、职业指导专家,是职业咨询领域中里程碑式的人物。1973 年,他的《做出职业选择》(*Making Vocational Choice*)一书问世,书中详述了职业兴趣和职业选择理论。霍兰德在研究人们职业兴趣的异同中找到六个测查维度——RIASEC,这成为职业兴趣测验的基本依据。本书附录 2 中有该测验,同学们可以据此探索自己的职业兴趣。

总之,每个人的气质、性格、能力、职业兴趣与价值观各不相同,通过自我认知,探索职业生涯的目标,在大学阶段及未来的岁月里,我们都会经历"工作—职业—事业"的过渡,去追寻和实践自己的职业理想。

第四章
职业认知与探索

在职业生涯发展的道路上,没有空白点,每一种环境、每一项工作都是一种锻炼;每一个困难、每一次失败都是一次机会。

学习目标

1. 了解我国社会经济发展的总体形势
2. 了解目前我国大学生就业的现状、趋势,以及存在的机遇和挑战
3. 掌握职业的基本认知和职业的分类
4. 掌握职业认知的方法与途径等
5. 结合自我认知,积极进行职业生涯的规划

对于每一位在校的学生来说,认识职业环境、有意识地探索职场环境,是大学生们进行职业生涯规划和职业选择的重要过程之一。

第一节　了　解　社　会

职业是每一个人实现人生理想与生涯目标的重要载体,职业的环境直接影响着每一个人的生涯环境,而职业的环境与我国社会的整体经济、生产力的发展又有着不可分割的密切联系。

就业是民生之本,它关系到每一位大学生的切身利益,更关系到国家经济发展和社会稳定。就业问题受多种社会因素影响,国际环境、国内政治环境、经济

环境、法制环境、科技进步情况等,都从不同角度影响到就业的状况,也影响着职业的环境。因此大学毕业生就业问题和职业环境问题都必须融入整个宏观的社会环境中去加以分析和研究。

一、当前社会经济发展形势

1. 经济全球化为我国实现经济发展战略提供了机遇和挑战

当前,经济全球化已经成为全球社会发展的总趋势,对于每个身处其中的国家而言都既面临机遇,更面临挑战。从机遇的角度来说,它有利于我国吸收外资,加快经济发展的步伐;有利于我国引进先进的技术和设备,促进科学技术的快速发展;有利于我国学习先进的管理方法和经验,培养高素质的专业人才。但从挑战的角度来说,由于产业结构的调整,一些发达国家的产业转移和产业升级已经走在了前面,从而把传统产业和低层次的技术成熟产业转向发展中国家,这容易导致我国的产业同发达国家高层次的产业出现垂直分工,造成我国产业结构的低层次性和从属性,一些高污染、高能耗的产业被转移进来,给可持续发展带来严峻考验。此外,经济全球化加大了我国的经济风险,经济活动极易受到国际因素的影响,从而影响到我国社会的总体经济格局和宏观环境。如2008年发生的全球金融危机给我国经济带来巨额的损失,经济安全问题逐渐显现。

经济全球化作为一把双刃剑,它在带给我们无限发展动力和前景的同时,也带来了更多的风险和挑战。而这种优势和弊端共存的情况也同时影响着我们大学生的就业环境,因此,在认识就业环境之前,深入地了解我国的社会经济发展形势是当务之急。

2. 知识经济对人才提出了更高更新的要求

知识经济是以人的知识为主要生产要素、以创造性的人力资源为依托的经济,它是以知识和技术等软件为基础,以科学管理与决策为保证,以高科技产业和智业为支柱的经济。知识经济时代所需的人才与以往已经有了明显的不同,知识经济需要创造性人才,只有创新的思维、献身的精神和执著的追求才能符合新形势下的人才发展需要。

知识经济需要个性化人才,让每一位职业工作者的个性得到充分的发挥,个人的发展与社会的需求相符合,才能为社会创造出更大的价值。知识经济需要复合型人才,那些一专多能,有多种专业能力的新型人才必将更适应这个社会的发展。知识经济需要合作型人才,知识经济时代的价值观就是合作,和谐的人际关系、紧密的社会分工与协作,这些都是知识经济时代对高素质人才的必然要求。

总之,从宏观的环境来说,知识经济时代即知识就是力量的时代、科技是第一生产力的时代、充满竞争的时代。人才资源的开发特别是人才资源创造能力的开发,在这个背景下具有特殊的价值。在知识经济的时代,高素质人才将大有作为。然而如何使大学生成为高素质人才,在知识经济的宏观格局下如何充分发挥出他们的价值,如何适应这种职业环境的宏观趋势,这才是我们应该进一步思考的问题。

二、转型社会的大学生就业特点

我们已经看到目前我国社会正处于创新驱动和转型发展时期,而为了适应这样的社会变化特点,国内的教育体制也正在逐步发生改变,新的经济发展趋势和要求必然会带来对于人才和人力资源的崭新需求,要使得人力资源的优势在新形势下得以充分发挥,这些都必然要以高等教育的发展作为前提。大众化的教育模式,不仅在数量上,而且在结构上、质量上都对我国的高等教育体系产生了强烈的冲击,也提出了更高的要求,高校毕业生就业同样面临新的形势。

在这种社会转型的时期,大学生所面临的职业环境、就业情况也呈现出许多新的特点,我们需要厘清这些变化,以更好地应对新形势下对大学生就业的新要求。

1. 大学毕业生的就业从"精英化"走向"大众化"

阿根廷诗人、作家马丁·特罗(Martin Trow)的《从英才向大众高等教育转变中的问题》一文分析了英才、大众和普及三个阶段高等教育的特征,其中在英才教育阶段,高等教育是稀缺资源,而在大众化教育阶段,接受高等教育将成为相对多数人的权利。因此,大众化教育与英才教育阶段相比,大学生由"天之骄子"变为普通大众,他们一律要走向公平竞争的人才市场。这个变化的特点就意味着一部分大学生通过竞争进入社会的精英岗位,同时也必然会有一部分人从事与大众化相适应的普通基层工作。在已经实现了高等教育大众化的现今中国,大学生的就业已经不再是象牙塔里的"秘密通道",而是更加面向全社会、面向全体职业市场的公开性择业。

2. 大学生就业市场已经逐步转型成为双向选择的公开化平台

当高等教育处在精英教育阶段时,高等学校毕业生的供给小于社会需求,是毕业生的卖方市场。但随着高等教育迅速发展,大学毕业生的数量逐年增加,毕业生供给紧缺的时代早已一去不复返,大学毕业生与社会需求之间的关系由供不应求转为了供需平衡,甚至有时某些职业领域里还会出现供大于求的现象,大学生就业基本趋于市场化,价格机制在就业市场的调节作用越来越明显。毕业生与用人单位之间的选择关系也趋于双向选择,公平合理,每一位毕业生与用人方享有平等的选择权,就业竞争力的强劲与否完全取决于大学生个人本身的综合素质和业务能力。这个双向选择的就业市场的形成可以说是大势所趋,而且在可以预见的未来几年中,毕业生就业可能都将处于买方市场,求职竞争日趋激烈。

3. 高校毕业生就业向第三产业倾斜

从世界经济发展来看,随着科学技术水平的提高,第三产业的职业数量迅速增加,其就业人数的比重逐步提高。现代社会的第三产业是以知识和高科技为支持的,其中金融保险业、法律、审计、财会、投资、心理、职业教育等方面的咨询服务业,各类经纪人和中介机构,文化教育业等服务产业的发展,要求其从业人员绝大多数要获得相应学历,应该说,这些行业从业人员中的绝大部分是高校毕业生,他们的学历、知识储备和业务素养与第三产业的迅猛发展是紧密联系在一起的,而这也是大学毕业生就业"大众化"的一种表现。

4. 综合素质高、业务能力强的复合型人才将成为市场所需

我国经济社会转型时期的人才需求状况正在逐渐发生新的转变,一系列新的变革和发展也对大学毕业生不断提出了更新的要求。为了与未来的社会经济发展相适应,高校培养的人才需要掌握更多的知识技能,具备更高的素质和能力才能与不断发展的社会形势相匹配。可以看到,未来的社会中,具有较高的综合素质、较强专业能力的复合型人才将成为市场所需,而且较强的沟通能力、较好的团队协作能力、吃苦耐劳的精神和勇于开拓创新的素养也会成为市场紧缺人才的必备素养。

第二节　大学生就业环境

一、社会发展趋势与高校毕业生就业的基本形势

随着社会的不断进步,高等教育的不断发展,高等教育与职业整体发展的趋势越来越有着紧密不可分割的联系。随着大量新兴职业的出现,技术性职业将成为各行各业的主导,未来就业市场对劳动者技术素质的要求越来越高,就业者之间的竞争也日趋激烈。

1. 高校毕业生就业基本形势

(1)国内经济发展给毕业生就业带来机遇

目前我国经济保持快速健康的发展,GDP 年增长均保持在 8%—10%之间,

这一速度对就业产生强有力的拉动,使每年新增加的就业岗位达到 800 万个左右,为大学毕业生提供了基本的就业空间。但是我们也必须看到每年增长的就业岗位分别适应不同层次人群、不同地区、不同层次工种,虽然说就业岗位的总量每年还在呈现正态的增长,但这些岗位中适合于高校毕业生的岗位数量与每年的毕业生数量相比仍显不足,而且大学生就业存在着地区之间、专业之间的结构性不平衡,真正与高校毕业生的学历、技能相匹配的岗位仍是供小于求。在这样经济高速发展的情况下,对于高校毕业生就业而言是机遇与挑战并存,就业形势日趋严峻。

(2)国家重视大学生就业工作

就业是民生之本,毕业生就业率是衡量学校办学质量和水平的重要指标之一,也是大学排行和社会了解大学的重要考察指标之一。高等学校的主要功能是为社会培养各类优秀人才,正因为如此,我国政府关心和重视高校毕业生就业工作,不断出台各类政策法规保障毕业生顺利就业。2003 年 3 月,国务院办公厅转发了教育部等四部委《关于进一步深化普通高等学校毕业生就业制度改革有关问题意见的通知》;2003 年 10 月,教育部、公安部、人事部、劳动和社会保障部经国务院同意,联合发出了《关于切实做好普通高等学校毕业生就业工作的通知》。这些政策法规的出台,不但进一步明确了高校毕业生就业的各种工作流程和体系,也为确保毕业生顺利就业、择业提供了法律政策的保障,促进了就业和创业市场的形成。2008 年金融危机后,中央和各级地方政府都出台了一系列促进就业的托底政策,反复强调要将大学生就业放在更加突出重要的位置,以多举措帮助大学生顺利就业。

(3)市场经济给大学生就业带来的机遇和挑战

市场经济给大学生就业带来了机遇。首先,市场经济打破了计划经济格局中包分配的就业制度,赋予了毕业生自主择业的权利,在就业过程中可以充分体现个人的意愿,扩大了就业空间。其次,我国经济的持续增长,保障了大学毕业生的基本就业空间。但是市场经济也为大学生就业带来了挑战,一方面,市场经济改变了计划经济硬性分配的局面,淡化了大学生就业的干部身份,实行劳动合同制。另一方面,我国正面临城镇新增劳动力就业、农村大量剩余劳动力向城镇转移和下岗失业人员再就业"三峰叠加"的就业局面,这无疑加剧了就业市场的竞争,对毕业生就业择业构成一定的冲击和威胁。这也是高校毕业生必须正视的严峻问题。

(4)信息网络化给大学生就业带来了机遇和挑战

一方面,网络化改变了大学生的就业模式,通过网络能准确、全面地了解就业信息,加强与用人单位的沟通,鼠标一点,就能找到工作机会,据调查发现,网络应聘已经成为高校毕业生使用最普通的求职应聘途径之一。另一方面,信息网络化打破了地域限制,加剧了就业竞争,如全省、全国甚至全世界范围的优秀毕业生都能参与到就业竞争的行列中来,刚出校门的应届毕业生也可能要面对有多年社会工作实践经验的往届毕业生的竞争。

(5) 高新技术产业的发展对人才流动具有强烈吸引力

以电子计算机、生物工程、光纤通信、工程开发、海洋开发、新兴材料技术和新能源技术为代表的新技术革命将在新时期广泛深入地发展,开创出许多高新技术产业。新技术革命涉及领域广,任何一类专门人才或者一个专门人才,都不太可能单独面对新技术革命的挑战,必须综合各方面的人才,合理组合,分工合作。

2. 新的就业形势下毕业生必须处理好的几个问题

(1) 高校毕业生要正视面临的就业形势

高校毕业生已经成为大众阶层的普通一员,在社会需求总量增加不大的很长一段时期内,对同层次同专业的毕业生,名牌学校与普通学校之间培养质量和特色的竞争将格外激烈,毕业生整体求职成本和时间将扩大和延长,整体的薪酬水平会与市场需求联系更为紧密,这些问题都是高校毕业生必须面对的。

(2) 高校毕业生要正确认识自我,转变观念

高校毕业生要认识社会需求,认准就业的社会定位。不同层次、专业的毕业生在社会需求中应有不同的客观定位。只有合理适当的自我求职定位,才能帮助毕业生把握好机会,实现顺利就业。在当前就业竞争日益激烈的情况下,也要做好多次择业、多次就业的心理准备。

合理定位就业预期。在目前形势下,毕业生一次就业定终身的比例已经较小,要有多次就业的心理准备。一个人的职业要经历一个探索过程,多种不同职业生涯的经历,能帮助自己找到正确适合的职业轨迹。

能力是就业的关键问题。大学生就业选择中,个人的收入和发展前景成为主要诉求,用人单位与择业学生之间就这些问题进行交流也已为双方接受。由于市场供求关系的调节,毕业生价值实现的程度会出现区别:学历层次不同,收入发展差距各异;即使同一学历层次,不同高校、学科特色的强与弱,学习专业的冷与热,综合素质的高与低,都将导致实际收入有所差别。

这说明在毕业生就业中,首先要正确评价自己的能力,如专业水平、计算机应用能力、综合素质等各个方面的素养和技能,对自己适当的评价也将会影响到就业的质量。

高校毕业生要针对就业的新形势做好各方面的准备。其实对于高校毕业生而言,进入用人单位工作只是毕业的一种出路而已,出国、考研、自主创业都是不错的选择。在高校连年扩招、经济全球化和信息网络化等多重背景因素的作用下,毕业生更要充分关注期望、能力、就业方式等就业适应问题,相信自己。

二、当前我国大学毕业生就业现状及就业趋势

1. 当前我国大学生就业特点及现状

近年来由于高校毕业生人数的逐年增加,大学毕业生的就业形势日益严峻。与以往计划经济体制下"统包统分"的情况相比,目前的高校毕业生就业形势已经出现了许多新的特点。

(1)需求不平衡

虽然近年来社会对大学毕业生的需求在不断回升,但仍然存在着学科专业、学历层次、地区、院校、用人单位及性别之间的需求不平衡。

学科专业之间的不平衡

随着高新科技的迅猛发展和国家对基础建设投资的不断加大,计算机、通信、电子、建筑土木、机械自动化、经济学、管理类等学科专业毕业生需求旺盛,而法学、社会学、环境科学、轻工食品、农林工程等学科的毕业生社会需求较少。

学历之间的不平衡

研究生需求旺盛,本科生供需基本持平,而专科生仍然是供大于求,也可以说社会市场的需求状况与学历之间呈现出了一定的相互关系,即学历层次越高,社会供需比例越小。这也就造成了低学历的毕业生就业较高层次高学历毕业生难的局面。

地区之间的不平衡

东部沿海地区、经济发达地区以及一线城市对毕业生的需求旺盛,同时在这些地区寻求择业的毕业生人数也相对比较集中。而中西部地区的需求在近几年虽有所增加,但相应地奔赴中西部地区择业工作的毕业生人数却增加较慢。一些边远地区及经济欠发达地区的人才需求则略显不足。

院校之间的不平衡

重点大学、名牌院校的毕业生供不应求,现在一些"985"重点高校,"211"重点高校的毕业生是就业市场上的"香馍馍",需求旺盛,社会需求越来越转向名牌院校、热门专业。

用人单位之间的不平衡

虽然作为传统毕业生就业渠道的国有大中型企业的需求稍有回升,但吸纳

能力有限,而大型国企、外企和民企的需求量在增加。近年来随着国家政治体制的不断完善和发展,越来越多的毕业生开始选择公务员、事业单位等政府机关作为他们的择业目标,但这些政府机构的用人需求情况则更为保守谨慎。

性别之间的不平衡

由于部分用人单位在招聘时提出一些特定的性别要求,尤其是男生优先、不接受女生等情况的存在,导致了男女毕业生就业机会的不平衡。

(2)社会对毕业生的要求进一步提高

在就业竞争日益激烈的情况下,用人单位尤其是国内外一线企业,对毕业生的需求标准越来越高。他们不仅注重毕业生的综合素质,而且挑选其毕业学校和学历层次;不仅注重学生的自荐、面试和笔试,而且也非常重视学生在校期间的表现;不仅要求毕业生学习成绩良好,政治和思想道德素质高,而且要身心健康,具有事业心和团队精神,复合型及具有创新意识的学生受到用人单位的青睐。

此外,越来越多的用人单位为了选拔到优秀的毕业生,已经不仅限于参加校园招聘会,而是很早就进驻学校进行单独招聘,随时物色合适人选。总之,用人单位挑选毕业生已经从"数量型"转为"质量型",他们更加注重人才的素质、能力和品德。

2. 新形势下高校毕业生的就业趋势

随着我国改革开放的深入和社会主义市场经济以及知识经济的不断发展,大学生就业市场逐步规范化,目前我国高校毕业生的就业形势主要体现在以下几个方面。

(1)供求形势发生变化

随着大学的扩招,而社会的有效需求在短期内却增速有限,使得就业竞争更加激烈,用人单位的招聘要求也越来越高,市场供求关系日渐紧张,毕业生都必须正视这一供求关系的变化。

(2)无形市场发展加快

由于科学技术的飞速发展,人才争夺的加剧,计算机网络技术的广泛应用,择业自由度正在不断加大,毕业生更多的将利用无形市场——网络、电话、传真、视频等形式进行择业求职等活动。这些无形市场的迅速发展和扩张,使毕业生扩大了招聘信息获取和自我推荐的机会。

(3)就业市场更加规范

近年来,随着就业市场的相关规定不断完善,双向选择就业市场的不断放开,高校毕业生就业市场也将进一步完善,并不断向规范化、法制化迈进,公开、公平、公正的良好择业氛围在逐步形成。

（4）就业市场的功能更完善

随着大学生就业服务体系的不断完善，大学生就业市场不仅具有有效配置毕业生资源、交流供需信息的功能，而且具有就业指导和服务功能，即包括就业指导、服务咨询、就业推荐、就业培训、职业测评等一系列延伸性的功能。

三、当前社会经济发展热点与职业整体发展趋势

1. 当前职业发展的态势及特点

随着社会的不断进步，职业在不断地发展，新兴职业不断涌现，也有一些传统职业被淘汰。我国目前社会的经济发展情况和科技进步情况，决定了未来我国职业整体发展的趋势。

（1）社会职业种类越来越多

由于社会分工不断细化，许多新兴职业应运而生，已经远远超过了"三百六十行"。细化的分工决定了更多的职业种类将会出现，也意味着需要有更多种类的专业人才。

（2）社会职业结构变迁的速度越来越快

人类从农业革命到工业革命经历了数千年，而从工业革命到新的产业革命才 200 多年。现在从新兴产业革命到知识经济的变革，我们的时代正在更快地迎来新一轮的发展高峰，随着巨大的产业革命的发展，与之相适应的社会职业结构也必将快速调整。

（3）脑力劳动者职位在社会总额中所占比例越来越高

由于知识经济的迅速渗透，以往以体力劳动为主体的经济发展模式也在发生巨大的变化，更多高精尖技术岗位需要高学历、高层次的大学毕业生，脑力劳动者在人力资源市场领域里的比重会越来越高，所发挥的作用也将越来越重要。

（4）岗位所需的职业知识和技能更新周期加速，复合化程度提高

这些特征使宽口径、复合型、通用型职业的大学生择业余地较大，也使用人单位对大学生的非专业综合素质的要求空前提高。

2. 当前经济热点下我国紧缺人才需求状况

随着我国经济、社会、文化和科技的发展，我国的产业结构将发生很大变化。对于高校毕业生而言，必须具有前瞻性的眼光来分析未来的市场人才需求状况，根据职业市场的规律和特点来选择适合自己的专业以及择业方向。

据有关专家的预测，未来十年对人才有较大社会发展需求的行业主要有：电子信息技术、生物工程、航天技术、海洋开发与利用、新能源、新材料、信息技术、机

电一体化、农业科技、环境保护、工商与国际经济贸易、金融财务管理、律师等。

据预测,未来具有较大发展潜力的行业分别是:网络信息咨询与服务业,房地产开发业,社会保险业,家用汽车制造业,通信与电信业,医疗保健行业,旅游休闲及相关产业,建筑与装潢业,餐饮、娱乐与服务业。这些行业都与民生紧密相连,也应该成为高校毕业生择业的重要选择。

根据我国人事管理机构的统计,未来将占社会发展主导地位的几大行业是:会计类、计算机技术类、软件技术开发类、环境保护类、健康医学类、咨询服务类、保险类、法律类、专业公关类、市场营销类、生物化学技术类、心理学类、旅游类、人力资源开发与管理类。这些重要的行业都将会为大学毕业生提供重要的择业机会,也将成为毕业生求职的热门方向。

第三节 认 识 职 业

职业是人类在长期生产活动中,随着生产力发展和社会分工的出现,逐步产生和发展起来的,它是社会生产力进步的结果,同时又促进了生产力的提高,是社会发展的客观产物。

一、职业概述

1. 职业的基本概念

职业是劳动者能够从事的有报酬的劳动角色。

(1) 职业的定义

职业是指具备劳动能力的个体,运用自身的知识、技能与态度,从事社会生产服务,为社会创造物质财富和精神财富,并获取合理的个人报酬,以满足自身的物质与精神需求的持续性活动。

(2) 职业概念的内涵

一个社会职业一般具有以下基本内涵:获得现金或实物等报酬是职业目的;是一种与其他社会成员相互关联、相互服务的社会活动;在一定的历史时期形成;必须符合国家法律和社会道德规范。

与职业相对应的是职业生涯,根据职业的概念,职业生涯就是个人在人生中所经历的各种职位和角色。

(3) 职业的基本要素

职业名称:职业的定义和社会特征。

职业主体：从事一定社会分工活动的劳动者，必须具有承担该职业活动所需要的资格和能力。

职业客体：职业活动的工作对象、内容、劳动方式和场所等。

职业报酬：通过职业活动所取得的各种报酬。

2. 职业的社会特征

职业作为一种社会劳动力的表现，不但具有本身的属性，其社会属性也非常重要。

（1）产业性

国家的产业可以分为三类产业：第一、第二产业是物质生产部门，第三产业虽不生产物质财富，却是社会物质生产和人民生活必不可少的。在现在科学技术高度发达和经济发展迅速的情况下，第三产业的职业数量和就业人口显著增加。

（2）行业性

行业是根据生产工作单位所生产的物品或提供服务的不同而划分的，它是按企业、事业单位、机关团体和个体从业人员所从事的生产或其他社会经济活动性质的同一性来分类的。

（3）层次性

从社会需要的角度看，职业没有高低贵贱之分，但现实社会中由于对职业素质要求不同及人们对职业的看法或舆论评价不同，不同职业就有了层次之分。这种职业层次由不同职业在体力、脑力劳动中的付出、收入水平、工作任务的轻重、社会声望、权力地位等因素所决定。

3. 职业的社会功能

职业在人们社会生活中居于重要的地位，处理好职业问题对人一生的发展和维持社会正常运行具有重大意义。

对个人而言，职业不仅是个人经济收入的来源，而且也是促进个性发展的手段，是个人贡献社会的途径，也是获得名誉、权力、地位的来源。

从社会角度来看，职业活动构成了人类的社会存在，职业劳动创造的财富为社会的发展奠定了物质基础，职业也维持了社会稳定，职业结构的变化是推进社会发展的动力。

二、职业分类

职业分类是运用一定科学方法和手段，对社会全体从业人员所从事的各类经济活动进行分析和研究，按活动的性质、对象、内容、形式、功能和结果等进行类型划分和归类的工作。职业分类对于国家合理开发、利用和综合管理社会劳动力、提高劳动者的素质有着重大的意义。对于我们高校毕业生,了解职业分类也很有意义,了解社会职业领域的总体状况,增强毕业生的职业意识,做好职业认知,为自我的生涯发展规划打下坚实的基础。

职业分类的体系通过职业代码、职业名称、职业定义、职业所包括的主要工作内容等来进行确定,描述出每一个职业类别的内涵与外延。社会分工是职业分类的依据,在分工体系的每一个环节上,劳动对象、劳动工具以及劳动的支出形式都各有特殊性,而这种特殊性就一定程度上决定了职业之间的区别。世界各国国情不同,其划分职业的标准也有所区别。

1. 国外的职业分类

经济发达的国家,对职业分类的问题都比较重视,因为这是形成产业结构、产业组织以及产业政策的重要前提,也是从业者了解职业、认识职业特点并根据其对人的要求,结合自身情况切合实际选择职业的基本条件。

各国国情不同,划分职业的标准也有所区别。国外的职业分类一般有以下三种类型:

(1) 按脑力劳动和体力劳动的性质、层次进行分类

这种分类方法把工作人员划分为白领工作人员和蓝领工作人员两大类。白领工作人员包括:专业性和科技性的工作,如会计、建筑师、计算机专家、工程师、法官、医生、教师、社会科学家、作家等;农场以外的经理和行政管理人;销售人员;办公室工作人员。蓝领工作人员包括:手工业及类似工人,如木匠、砖瓦匠、建造工人、油漆工等;运输装置工;农场以外的工人,如饲养人员、建筑工人、垃圾工、伐木工等;服务性行业工人,如清扫服务工、洗碗工、私人服务人员等。

这种分类方法明显地表现出了职业的等级性。

(2) 按心理的个别差异进行分类

这种分类方法是根据美国著名的职业指导师霍兰德(John Holland)创立的人格—职业类型匹配理论,把人格类型分为六种,即现实型、研究型、艺术型、社会型、企业型和常规型。与人格类型相对应的是六种职业类型。这种分类把个性心理特征与职业类型两者有机统一起来,便于实现职业指导,也可以促使大学生根据自身的人格类型和职业兴趣来合理选择未来的职业。

现实型的职业主要是指通常运用手工工具或机器进行的熟练的手工工作和技术工作,如木匠、铁匠、机械工人等;

研究型的职业主要指科学研究和实验室工作,如自然科学家、计算机程序员、电子技术工作人员等;

艺术型的职业是指艺术创作方面的职业,包括音乐、文学等方面;

社会型的职业是指为别人服务办事的工作,包括教育和社会福利等方面;

企业型的职业是指那些指派领导他人去做某事的工作,包括管理、销售等方面;

常规型的职业通常指各部门主管日常事务的办公室工作。

(3)依据各个职业的主要职责或从事的工作进行分类

这种分类方法比较普遍,现以两种代表为示例。其一是国际标准职业分类。国际标准职业分类把职业由粗至细分为四个层次,即 8 个大类、83 个小类、284 个细类、1 506 个职业项目,总共列出了 1 881 个职业。其中 8 个大类分别是:专家、技术人员及有关工作者,政府官员和企业经理,事务工作者和有关工作者,销售工作者,服务工作者,农业、牧业、林业工作者以及渔民猎人,生产和有关工作者、运输设备操作者和劳动者,不能按职业分类的劳动者。这种分类方法便于提高国际上职业统计资料的可比性和国际交流。

其二是加拿大《职业岗位分类词典》的分类,它把属于国民经济中主要行业的职业划分为 23 个主类,主类下分 81 个子类、489 个细类、7 200 多个职业。此种分类对每种职业都有定义,逐一说明了各种职业的内容以及从业人员在普通教育程度、职业培训、能力倾向、兴趣、性格以及体质方面的要求,有较大的参考价值。

2. 我国的职业分类

改革开放以来,我国经济体制逐步向社会主义市场经济转型,计划经济条件下部门分割的职业分类越来越不能适应新的体制条件下的经济结构变动、劳动力市场发展以及就业指导服务、职业教育培训和人力资源配置的需求了,因此,建立起符合新时代要求的、全国统一的、新型的职业分类开始被提上议事日程。

1986 年,我国首次颁发了《职业分类与代码》(GB6565 - 86),并启动了编制国家统一职业分类标准的宏大工程。1992 年,在中央各部委的大力支持和协助下,原劳动部组织编制了《中华人民共和国工种分类目录》。这个目录将当时我国近万个工种归并划分为 46 个大类的 4 700 多个工种,初步建立起行业齐全、层次分明、内容比较完整、结构比较合理的工种分类体系。1995 年,原劳动部、国家统计局和国家技术监督局联合中央各部委共同成立了国家职业分类大典和职业资格的各种委员会,历时四年的辛苦努力,终于在 1998 年 12 月编制完成了《中华人民共和国职业分类大典》,并于 1999 年 5 月正式颁布实施。

《中华人民共和国职业分类大典》是我国第一部对职业进行科学分类的权威性文献。由于它的编制与国家标准《职业分类与代码》(GB6565 - 86)的修订同步进行,相互完全兼容,因此,它本身也就代表了国家标准。

《中华人民共和国职业分类大典》把我国职业划分为由大到小、由粗到细的四个层次:8 个大类,66 个中类,413 个小类,1 838 个细类。细类是最小类别,也就是职业。八个大类分别是:

国家机关、党群组织、企业、事业单位负责人,其中包括 5 个中类、16 个小类、25 个细类;

专业技术人员,其中包括 14 个中类、115 个小类、379 个细类;

办事人员和有关人员,其中包括 4 个中类、12 个小类、45 个细类;

商业、服务业人员,其中包括 8 个中类、43 个小类、147 个细类;

农、林、牧、渔、水利业生产人员,其中包括 6 个中类、30 个小类、121 个细类;

生产、运输设备操作人员及有关人员,其中包括 27 个中类、195 个小类、1 119 个细类;

军人,其中包括 1 个中类、1 个小类、1 个细类;

不便分类的其他从业人员,其中包括 1 个中类、1 个小类、1 个细类。

这八个大类的分类方法符合我国国情,简明扼要,具有实用性,也符合我国的职业现状。

3. 我国职业分类的基本原则

职业分类作为一项宏大的社会工程,其复杂性表现在既涉及国家经济管理、社会经济统计、劳动力市场运行和预测、职业和职业介绍、职业教育培训以及职业资格认证等,又涉及与企业生产经营活动相联系的企业内工种、职务、岗位和工作的设立和变化,同时还涉及个人的就业和从业发展方向的确定和变更、个人职业道路的选择以及个人职业能力的培养等各个方面。职业分类需要综合这些因素和变量,遵循一定的原则和特性进行有序、科学的统筹、划分。作为国家职业分类,当然要同时兼顾到宏观和微观层面,但是其侧重点是宏观层面,也就是说,主要反映和描述职业活动的社会性或者共性的特征。

基于以上的特征,总结和归纳国内外的实践,国家职业分类的基本指导原则包括以下几个方面。

(1) 科学性

也称客观性,这是最基本的原则。也就是说,职业分类要遵循职业活动的内在规律,客观反映社会劳动分工的实际情况。从宏观层次上看,职业分类首先要能够准确反映一个社会的产业、行业、职业三大主要层次的特征。我国职业所分的大类基本上反映了产业层次的特征,中类和小类反映了行业层次的特征,细类则反映了职业层次的特征。

（2）适用性

国家职业分类的确定要从现实实际情况出发，要充分考虑各个产业、行业、部门的工作性质、技术特点、劳动组织和工作条件状况，要适应我国现行的国民经济管理、经济信息统计、全国和地区性人口普查或劳动力调查、劳动力市场运行和管理、职业教育和职业培训以及职业指导和就业服务等工作的实际需要。

（3）先进性

国家职业分类要跟踪和体现社会经济发展、科技进步和产业结构的变化。在人类社会从工业经济时代向知识经济时代过渡、生产力急剧发展变化的大背景下，许多代表工业经济时代的传统职业日趋衰亡，而代表知识经济时代的新兴职业不断涌现出来。职业分类要及时反映这一大趋势，要具有时代感和前瞻性。

（4）开放性

国家职业分类是一项动态性很强的工作。国家职业分类要保持自己的开放性，随时可以根据国家经济结构、产业结构，以及企业生产经营活动的变动，及时增补加入新兴的、正在发展着的职业，删减或者调整旧的、已经过时的职业。

（5）国际性

研究和借鉴国际职业分类的通行做法，在总体结构框架方面和国际接轨，也是我国确定国家职业分类体系的一个指导原则。我国的国家职业分类在整体结构和分类方法确定上非常接近国际劳工组织提供的范本《国际标准职业分类》（简称 ISCO：International Standard Classification of Occupations）所提出的要求，这使得我国职业分类具有与国际接轨的适应性。

第四节　职业环境的探索与方法

一、认识职业环境

认识职业环境是大学生进行职业生涯规划的重要环节，旨在引导学生正确认识社会形势，客观分析职业环境，了解所处环境中的各种资源和限制，结合实际、认识自我，积极进行职业生涯的规划。职业环境探索是进行职业生涯规划的必然命题，起着承上启下的作用，进行自我认知之后，必然要认识职业环境，对职业环境有了基本的了解之后，才能进行个人的职业选择。

我们对于职业环境的认知主要分为四个层面，即社会环境、行业环境、企业环境、岗位环境，这四个层面也分别从宏观、中观到微观帮助大学生深入地了解所身处的大环境、小环境,对职业的充分认知有助于为职业选择打下扎实的基础。

1. 社会环境

职业的社会环境主要包括政治、经济、文化、法律、人才等各方面的发展环境,属于宏观层面的职业环境探索,主要目的是引导学生认识到社会环境对个人职业发展的重要性,从而能够顺应环境,规划自己的职业发展。

大学生进行职业规划和职业选择时,必须充分认识到社会环境对职业生涯的影响,注意分析社会环境的基本特点,了解社会环境的发展变化,还要认识社会环境中哪些条件是自己今后走向职业岗位的有利条件,哪些是不利条件。

（1）经济环境

经济环境是进行职业选择和职业发展的重要因素,具体来说,经济环境因素主要有:

经济形势

经济形势的变化对职业的影响是最为明显又最为复杂的。当经济处于萧条时期,企业的效益降低,对人力资源的需求减少,因而职业选择和职业发展的机会减少;当经济处于高速发展时期,企业处于扩张阶段,对人力资源需求量增加,职业选择和职业发展的机会增多。

劳动力市场供求状况

劳动力市场的供求状况对职业选择和职业发展产生重要影响。如果某类职业的人才供不应求,则职业选择和职业发展机会增多,相反,如果供过于求,机会则大大减少。

收入水平

社会对人力资源的需求是一种派生需求,当人们的收入水平提高时,对商品消费的需求会增加,企业扩大生产,从而增加人力资源的需求,职业选择和职业发展的机会增多;相反,职业选择的机会会减少。

经济发展水平

在经济发展水平高的地区,企业相对比较集中,优秀高端企业也比较多,个人职业选择的机会就会相对多,有利于个人的职业发展;相反,在经济落后的地区,个人职业发展也会受限。

（2）政治法律环境

我们生活在一个有政治制度和法律制度的社会里,这种政治法律环境对我们的职业选择和职业发展有着重要的影响。

政治环境

政治因素主要涉及国家的方针、政策,影响职业的政治因素包含教育制度、政治体制、经济管理体制、人才流动的政策等。

法律环境

法律因素是指中央和地方的有关法规和规定,如政府有关人员招聘、工时制、最低工资等强制性法规,现行的户籍制度、住房制度、人事制度和社会保障制度,这些因素都会对职业选择和发展产生重要影响。

（3）文化环境

社会文化环境包括教育条件和社会文化设施等。在良好的社会文化环境中,个人能受到良好的教育和熏陶,从而为职业发展打下更好的基础。社会文化环境还会影响人们的行为、道德等,反映着个人的基本信念、价值观和规范的变动。我国是一个文化大国,社会文化的复杂性也决定了个人职业选择和职业发展要考虑所在企业的文化因素。

（4）价值观念

一个人生活在社会环境中,必然会受到社会价值观念影响,大多数人的价值取向,甚至都是为社会主体价值取向所左右的。一个人的思想发展、成熟的过程,其实就是认可、接受社会主体价值观念的过程。社会价值观念正是通过影响个人价值观而影响个人的职业选择。

（5）人口环境

人口环境尤其是个人所在地区的人口因素,对职业选择和职业发展也有重要影响,其主要包括以下几个方面:人口规模、年龄结构、劳动力质量与专业结构、人口的城市化与人口老龄化等。

2. 行业环境

行业环境属于中观层面的职业环境,是在社会环境分析的基础上进一步引导学生从比较具体的行业方面进行认知和探索,帮助学生更好地了解和分析行业环境对职业发展的影响。

行业环境的探索包含以下十个方面的因素:

（1）这个行业是什么

要对行业环境进行探索,首先就要了解清楚这个行业是什么,从事什么样的工作内容和范畴。

（2）行业对生活和社会的作用以及发展前景

明确行业对社会和生活的作用,每个行业在社会中都是具有特定的功能的,在知道行业对生活和社会的影响之后,就可以在一定程度上了解它的发展前景和趋势,从而可以在选择行业和确定发展方向时有长线的准备,也是最大化行业的社会价值的一个方面。

（3）行业的细分领域

行业是大类,在行业内部还是有不同的分类,了解不同行业的分类有利于全方位了解行业。分类的标准决定了具体的分类,可以选择政府、协会的分类标准,以此为线可以很好地掌握厘清行业发展脉络。

（4）国内最著名的业内公司及介绍

当了解不同的行业细分领域以后,就可以找到此领域的标志性企业公司。标志性企业是此领域行业的代表,了解这些标志性企业,有助于大学生把握该行业的国际化方向。同时可以对比国内外不同标志性企业公司的差异,这有利于大学生了解行业核心竞争力,要注意的是要对每个行业标志性公司进行不同程度的企业探索,从而对自己的择业方向进行规划。

（5）行业的人力资源需求状况及趋势

了解某个行业都需要什么样的人才,大学生们在梳理了行业的需求状况之后就可以加速自己的职业选择,也为个人的职业定位做出了可能的探索。同时,还要对行业的未来要求做个整理和分析,便于自己站在未来的角度做选择。

（6）从事行业需要具有的通用素质和从业资格证书

每个行业都有一定的入行要求,这些就表现为通用素质和从业证书。从业证书是证明通用素质的一种手段,比如法律的司法考试。大学生在进行行业认知的过程中去了解和熟悉从事某行业需要的基本通用素质和从业资格,有助于大学生提早做好行业的从业准备,提早通过掌握通用素质和考取从业资格来作为入行的敲门砖,提高求职竞争力,增加就业成功的砝码。

（7）有哪些名人从事过或正在该行业工作

了解行业的标杆性人物也是了解行业的良好手段之一。每个行业都有其自己的代表人物,通过调研资料查找,了解标杆人物的奋斗轨迹、目前状态等,可以加深对行业的了解,也为自己进入行业提供了一个参考。

（8）行业的著名公司负责人或人力资源总监的介绍和言论

整理或访问行业负责人、人力资源总监等个人介绍、言论思想是职业探索的一种高端调研,对这些标志性人物的探访有助于通过个人了解企业、了解行业,更从一个侧面掌握行业发展状态和人才状况,也可以进一步拓展行业知识。

（9）职业访谈,一般职员、部门职员的基本工作状态

和行业高端人物的交流相对比较困难,对于大学生而言,与行业普通部门职员沟通访谈则相对要容易很多。这样的访谈,主要是帮助大学生去了解行业职

员工作的基本状态,在交流中验证和拓展对行业的了解,尤其可以加强对自己所希望从事的部门或岗位的了解,有助于大学生更有针对性地熟悉行业。

(10)校园招聘职位和对应届大学生的基本能力要求

作为在校大学生,校园招聘是毕业生求职应聘的最重要途径之一。因此,详细了解企业校园招聘中所列的岗位需求,近三年来该行业、企业的招聘状况,整理这些信息,对学生了解行业的校园职位、明确未来的努力方向都是很有帮助的。

3. 企业环境

企业环境属于微观层面的职业环境,在社会环境、行业环境的基础上进一步深化,目的是让大学生学会分析自己所要从事职业的组织环境、内部环境,使职业的选择建立在对企业的充分了解的基础上。

企业环境探索的具体内容包括以下几个方面:

(1)企业调研

从以下十个方面去了解企业:简介历史、产品服务、经营战略、组织机构、企业文化、人力资源战略、薪酬福利、人物员工、图片活动、其他文件等。

(2)发展阶段

企业的发展,如同人的生涯发展,也有诞生、成长、壮大、衰退直到死亡的过程。每个企业都有自己的企业生命周期,在生命周期的不同阶段,企业的发展战略、经营方针及人力资源制度都有着不同的特点。学生在了解企业的过程中去深入了解企业的这些发展阶段,也有助于更好地熟悉企业,为未来的职业选择确定方向。

(3)企业选择

大学生在进行职业定位和规划的时候可能会出现改变目标的情况,你可能会发现自己不喜欢目前所了解的企业,那么你就需要重新开始企业探索了,以便尽快确定自己真正所喜欢的企业。

(4)确定企业

在对企业进行了以上多方面的深入了解之后,大学生就可以作出喜欢一个企业的选择了,但在衡量"喜欢"上,我们有些具体的标准:熟悉企业调查信息,知道企业及其行业的最新活动和进展,能和企业领域的相关人士对话,明确企业的校园招聘,去喜欢的企业实习进一步了解企业等。这些都是大学生确定"喜欢"企业的标准。

4. 岗位环境

岗位环境也属于微观范畴,即对企业内部某个具体岗位进行探索和分析,了解该岗位的基本职责以及能力要求,为择业进行准备。

岗位环境探索具体包括以下几个方面:

(1) 岗位描述

岗位描述是对岗位的定义、工作内容以及要具备的素质的概括,这是岗位的基本内容,是理解一个岗位的最直观方面,包括:这个岗位是什么,这个岗位要做什么,这个岗位要具备什么样的素质等。

(2) 岗位晋升通道

岗位是在职能的基础上根据具体需要而分化产生的,所以在同一部门、同一职能上一定会有多个类似的岗位,而了解这个岗位能为自己轮岗、换岗、职位转换、升职等带来很大的方便。这包括以下两方面:和这个岗位相关的岗位是什么(拓展发展方向及轮岗、换岗做准备),这个岗位的职业发展通路是什么(晋升的方向)。

(3) 不同背景下的岗位要求

岗位的通用要求加上不同背景下的岗位理解构成了一个岗位的最终描述,大学生在求职时特别要考虑以下因素,因为这些因素才是制约个体在公司发展的关键,包括三个方面:不同行业对这个岗位的理解是什么(行业背景下的岗位要求),不同类型企业及企业所处发展阶段对这个岗位的理解是什么(企业背景下的岗位要求),不同领导和上司对这个岗位的理解和要求是什么(人为背景下的岗位要求)。

(4) 个人与岗位的差距

当大学生综合了解了岗位需求之后,就可以进行差距量化和差距补充了。全面、准确地了解自己是量化与岗位差距的前提和基础。差距是可以被量化的,如组织能力的强弱、英语口语的好坏、计算机能力的强弱等。只有进行了岗位差距的量化,才能为自己的职业规划和职业道路设计找到目标和方向,自己的努力也才更有针对性。

二、职业环境认知的方法

正如以上所叙述的,职业环境由宏观到中观到微观有各个层次,从社会环境、行业环境、企业环境到岗位环境,需要我们对每个层次的职业环境都有一定的了解和熟悉,也就是大学生需要在职业生涯规划的过程中去进行适当的职业环境探索。这种探索包含两个层面,一是进行职业描述,二是职业探索。

1. 职业描述

大学生在求职时,作为一个择业者,了解职业描述的内容,有助于更好地了解和认识相关的职业。

（1）职业描述的原则

职业描述需具备以下原则：

完整性。对职业的描述应该完整表达职业的所有要素，包括职业名称、职业主体、职业内容、职业报酬、职业技术等。

特征性。对职业的描述应该具体反映该职业所具有的典型特征，从而体现某一职业区别于其他职业的特点。

应用性。对职业的描述应为不同人员的应用服务，作为求职者，使用职业描述的目的就是为了实现有效的就业和职业生涯发展。

辩证性。任何职业对从业者都存在利与弊，对职业的描述应全面反映该职业对从业者的利弊，帮助求职的大学生更全面、客观、辩证地了解某一职位。

（2）职业描述的内容

对职业进行描述的文件通常我们把它称为职业描述，也就是通常我们所见的招聘简章，职业描述应该包括以下内容：

职业名称。指职业的符合特征，它一般是由社会通用称谓来命名。

职业定义。即对使用工具、从事的工作活动的说明。

受教育程度。指职业对从业者接受正规教育程度和年限的要求。

职业资格等级。反映职业胜任程度，每个职业的资格等级都有所不同。

职业能力特征。指从业者需要具备的能力素质。

职业人格特征。指从业者需要具备的人格特质。

技能技术。即从业者所必备的知识、技能基本要求，需要掌握的基本操作技术。

职业环境。即工作场所的条件。

职业报酬。通常是指工资、福利等。

针对某一特定职业，从业者如果能够了解这些职业描述内容，就能够有目的地选择职业目标、实现就业、选择培训和职业发展的机会。

2. 职业探索

个人进行职业探索是为了更好地了解行业、企业和某一具体岗位，从宏观、中观、微观各个层面去对职业做深入了解，为未来职业生涯规划打下基础。一般大学生进行职业探索的主要方法有以下五种。

（1）查阅

将个人希望了解的职业方向通过网络、书籍、期刊及有关声像资料，进行初步查阅。选定各种典型职业，进一步对其入门所需的基本条件如学历、资格证书、身体条件等进行查阅。

通过查阅使自己对做好职业所需要的各种知识、技能、生理条件及个性特征有一个初步的认识,对该职业的生存环境及发展前途以及个人循此发展可能取得的职业成就等形成初步印象。

查阅方法的优点是:方便、快捷、信息量大、成本低。缺点是:间接的、隔离的信息,可能与现实感受差距较大。

(2)参观

即到相关职业场所进行短时间的观察、了解。

通过参观,可以了解相应各种职业的性质、内容、职业环境及氛围,获得实质的职业感受。优点是能得到切身的感受,缺点则是无法对职业的实质深入了解,易被短时营造的氛围所迷惑。

(3)实习

即到职业场所进行一定时间的打工或教学实习、实践。实习是一种比较全面地了解职业的方法。实习可以更深入、更真实地对职业的工作任务、工作要求、工作环境及个人的适应情况进行了解、判断,可以了解工作的程序、报酬、奖罚、管理及升迁发展的各种信息,还可通过与工作人员的实地接触,感受职业对人的影响及人职匹配的情况。

(4)讨论

讨论意味着与别人分享对职业的探索结果。"理越辩越明",个人的探索总是有局限性的,与别人一起讨论感兴趣的职业问题,共享职业探索成果,会互相打消一些不现实或前景黯淡的东西,而共同发现一些更好的东西、更多的前进道路。

讨论需注意的要点是:不要把个人已经拿定主意、不会改变的事情进行讨论,也不要把自鸣得意的结果拿出来炫耀,应该把正在探索、有些迷茫、值得探讨的问题与别人共同讨论分享。

(5)访谈

通过和相关从业人员交流,了解相关职业的知识、技能、需求、待遇和发展前景,更重要的是与已有相关工作经历的人员交流,获悉他们对于工作的直观感受,能够帮助自己有更真切的感受。

访谈的好处在于结果比较客观,对工作的要求也比较客观;但不足之处是由于访谈对象的不同,结果可能差异较大,有的人对职业比较积极,赞誉较多,有的人则对职业比较消极,可能评价较低。这就需要大学生用自己的认知和判断去甄别,获取对自己有意义、有价值的访谈信息。

第五章
职业生涯目标

　　每走一步都走向一个终于要达到的目标，这并不够，应该每下就是一个目标，每一步都自有价值。

——〔德〕歌德

学习目标

1. 理解职业生涯目标的内容和意义
2. 掌握职业生涯目标分解的意义和标准
3. 掌握职业生涯目标设立的原则和方法
4. 掌握如何对职业生涯目标进行评估
5. 学会为自己制定职业生涯目标

　　古人云："凡事预则立，不预则废。"目标的设计对于一个人的成功极其重要，对大学生而言，没有设立职业生涯目标，学习、生活就失去了方向和动力，就容易陷入迷茫，就难以获得成功。

第一节　大学生职业生涯目标的设定

　　大学生职业生涯目标的设定，是大学生职业生涯规划的核心。

一、职业生涯目标的含义

　　职业生涯目标是指个人在选定的职业领域内所要达到的具体目标，是人在职业领域理想的具体化,它既代表个体的理想追求,也指引着个体的行动方向。

职业生涯目标属于"心理合同",是对一个美好愿景的展望,是为了实现一个美好目标要去做事的计划书,正是这份"心理合同",将会对一个人的一生起着决定性的作用。

二、大学生设立职业生涯目标的意义

大学生设立职业生涯目标能帮助学生认识职业发展,减少大学生在就业过程中的盲目性和不切实际,增强学生主体意识,明确目标,进而有意识地培养自身的能力,从而更加有效地完成学生从自身认识到自身实践的转化,实现自我的职业生涯规划。

1. 促进学生自我认识

通过生涯目标的确立,让学生在设立目标的过程中充分认识自我和了解自我,如兴趣爱好、优点、缺点等,在这个自我认识的过程中培养大学生的主体意识。唯有在全面了解自身情况的前提下,才能充分发挥主观能动性,实现自身价值的提升。

2. 促进学生自我实现

设立目标之后,需要大学生对其有步骤地实现。通过阶段性职业生涯目标的约束,使学生在职业生涯教育中不断准备,充分评估当前的形势,发现现实和目标之间的距离,采取相应的方法不断完善自己。

3. 促进学生对社会发展的了解

在职业生涯目标设立的过程中,应当让学生以各种实践的形式深入社会,了解社会。把自身发展的职业目标与社会实际情况相结合,调整自身发展,形成社会认知,为今后真正步入职场奠定社会基础。

4. 促进学生自身竞争能力的提升

通过设立职业生涯目标,可以使大学生逐步学会运用科学的方法、采取可行的步骤与措施,有针对地学习,并参与各种相关的培训和实践,充分发挥个人的长处,努力克服弱点,挖掘自身潜力,不断提高自己的职业竞争力。

案例:

哈佛大学的专业调研

哈佛大学 1953 年召集 100 位大学生,作了目标对人生影响的跟踪调查,调查对象是那些智力、学历和环境因素基本相同的学生。调查开始时的数据表明：27％的人没有目标，60％的人目标模糊，10％的人有清晰但比较短期的目标，3％的人有清晰且长期的目标。

25 年之后，再来对这些"年轻人"的生活进行调查。他们的状况如下：

3％有清晰且长期的目标的人，25 年来几乎没有改变过自己的目标，并且向着这个目标不懈努力，最后，几乎都成为社会各界的精英、行业领袖。

10％有着清晰但是短期目标的人，大部分生活在社会的中上层。他们的短期目标通过努力不断得以实现，生活水平稳步提高，成为社会各个行业中不可缺少的专业人士，如著名的医生、专家、学者、律师。

60％目标模糊的人，几乎都生活在社会的中下层面，虽然能够安稳地生活和工作，但是除此之外，没有其他特别的成绩。

27％没有目标的人，生活在社会的最底层，经常处于失业状态，靠领取失业救济维持生活，对整个社会和世界充满怨恨。

案例点评：一个人职业生涯的成败，很大程度上取决于职业生涯目标的设立情况。是否有生涯目标，目标是否清晰，是否科学合理，这对职业生涯来说是至关重要的。成功人士之所以成功在于他们很早就确立了生涯目标，并付诸行动，另一些人则举棋不定或浑浑噩噩、虚度光阴，难以取得成功。

二、大学生生涯发展的常见去向

大学生在毕业时的常见去向主要有签约就业、国内读研深造、出国等，建议同学们尽早确立自己的生涯目标，确定行动的方向，早准备，从容应对，成功的可能性就大。

1. 签约就业

签约就业是指毕业生通过了用人单位的考核，最终被录用，并与用人单位签订《就业协议书》，在毕业前由就业主管部门发放《普通高等学校毕业生就业报到证》，毕业生毕业后持报到证到用人单位报到。这是大学毕业生就业最普遍的一种方式。根据签约单位的类型，又分为国企、外企、民营企业、政府部门、事业单位、高校研究所等。

2. 国内读研深造

国内读研深造是指毕业生被高一级学历培养单位录取，可以通过免试直升的推荐入学或考取研究生入学。随着高校毕业生就业形势的日益严峻和研究生招生规模的增大，选择读研深造的高校毕业生也在逐年增加。许多大学生为了获得更多的知识和更高的学历，就为自己确立了进一步深造的目标。

研究生教育属于国民教育序列中的高等教育,又可分为两个层次:硕士研究生和博士研究生。目前我国研究生种类比较复杂,可以从以下角度划分:按培养模式不同,分为脱产研究生和在职研究生;按学习经费渠道不同,分为国家计划研究生、委托培养研究生和自费研究生;按照培养类别不同,分为科学学位和专业学位研究生。

3. 出国

改革开放几十年来,我国在教育领域与国际上的交流越来越多。如今有很多大学生,或为了开阔视野、增长见识,或为了寻求更好的教育条件、掌握先进的知识技术,在大学毕业后踏上了一条海外求学之路。随着我国经济实力的增强,国民的经济收入不断提高,出国留学人数也逐年上升。

从经济资助方式上来看,出国留学可分为以下三种形式:公派出国、申请奖助学金、自费出国。

4. 隐性就业/灵活就业

目前,高校针对不签订《就业协议书》、不通过领取《普通高等学校毕业生就业报到证》而直接与用人单位签订劳动合同的用工方式定义为隐性就业;将那种没有按照规范就业渠道获取固定职业的工作和生活状态定义为灵活就业。

第二节　职业生涯目标的分解

设定了大学生职业生涯目标后,如何才能促成职业生涯目标的实现呢?可以将其进行分解,根据目前与预期中的观念、知识、能力差距,将目标具体化,从而将目标量化成可操作的实施方案。

一、职业生涯目标分解的意义

目标分解帮助我们在现实环境和美好愿望之间建立起可以拾阶而上的通道,一直分解到你知道为实现你的目标今天要干什么、明天要干什么。如果你不知道明天应该干什么,你的目标永远只是一个美好的愿望,不可能变成现实。所以目标分解是实现目标非常重要的方法。

目标分解的真正意义是要找出接近或达到某一生涯目标所需要的条件与现状之间的差距。以下因素对目标分解有重要影响作用:环境条件和自身条件。对于大学生来说,自身条件具体可以分为知识、能力和素质等。有了对自身以及环境条件的了解之后,我们才可以为自己设计一套适合的职业生涯目标的分解方案。

二、职业生涯目标的分解标准

我们可以从以下三种途径来分解职业生涯目标。

1. 按性质分解

可分解为概念目标、操作目标。概念目标包括工作职责、自主程度、与他人交往、物质环境以及生活方式等方面。操作目标就是把概念目标具体化为某一特定的工作或职位。

(1) 概念目标

在确定职业生涯目标上,比较理想的是先确认长期的概念目标,即战略目标,它是自我考查与评价过程的结果,需要考虑人的需要、价值观、兴趣、才能和期望。它是将自己所偏好的工作环境放在某个5—7年的时间框架中的方案。也就是问自己这样一个问题:我希望在未来一个长时期内承担何种类型的工作? 从事哪些活动? 获得何种回报和承担哪些职责?

接下来就要考虑规划短期的概念目标,它是支撑职业规划战略的一种手段,制定时需考虑:什么样的工作经历使你有条件去实现这个长期目标? 你需要规划开发或提高哪些才能? 什么样的技能有助于实现下一个目标? 短期目标也应该与个人偏好的工作环境的主要因素相一致。

(2) 操作目标

操作目标就是把概念目标具体化为某一特定的工作或职位,首先就要对职场环境进行考查,即什么样的具体职位(或工作)才能给你提供机会,才能符合你的重要价值观、兴趣、才能和生活方式的要求。其次,选择哪个操作性目标应该是你自己的判断。最后,要作出选择不能脱离实际,要学会从雇主或潜在的雇主那里获得自己所需要的信息,分析后再作判断。

2. 按时间分解

职业生涯目标根据时间可分解为短期目标、中期目标、长期目标、人生目标。通常时间跨度如下:短期目标(1—2年)、中期目标(3—5年)、长期目标(6—10年)和人生目标(11年以上)。

长期目标需要个人经过长期艰苦努力、不懈奋斗才有可能实现。确立长期目标时要立足现实、慎重选择、全面考虑,使之既有现实性又有前瞻性。一般而言,大学生首先可根据个人素质与社会大环境条件确立人生目标和长期目标,把自己的人生理想写出来,主要包括以下几点:人生活动的重点是什么，为什么想做这些事情，打算怎样做到这些事情。然后找出重要的主要目标，从人生总体目标开始，找到实现人生目标所必须达到的主要目标，权衡是否真的很重要。

短期目标更具体，对人的影响也更直接，也是长期目标的组成部分，短期目标可分为日目标、周目标、月目标、年目标。在这里，需要注意职业目标要有前后连贯性。后期职业目标应该以前期职业目标作为基础，并且有所提高。在每个阶段要求有具体目标和要求、实施措施。可以根据环境变化制订和调整短期操作性目标，这样就能很好地将目标分阶段实现。

要区分最终目标与阶段目标。最终目标取决于一个人的价值观念和知识能力水平，是对环境、企业、自身条件、家庭条件作最大量分析之后得到的结果。有的人在 30 岁已能预见自己的最终职业生涯目标，但也有些人到退休时仍未能搞清自己的目标所在。

3. **按职业生涯发展分解**

可分解为外职业生涯目标、内职业生涯目标。其中，外职业生涯目标侧重于职业过程的外在标记，包括职务目标、经济目标、工作内容目标、工作环境目标、工作地点目标等；内职业生涯目标则侧重于在职业生涯过程中的知识和经验的积累、观念和能力的提高以及内心的感受，主要包括工作能力目标、学习新知识目标、工作成果目标、提高心理素质目标、观念目标等。

（1）外职业生涯目标

职务目标

许多人在确定职务目标时，定位很模糊。例如：对于一个新入职的大学生来说，"我在两年之内成为公司的培训主管"是可以的目标；但"在两年之内成为公司的经理"就是比较模糊的目标。我们必须明确是哪一类专业的职务。因此职务目标是专业加职务，如人力资源经理、负责销售的区域经理等。

例如，某管理人员 10 年职业生涯的职务目标是担任制药公司的经营总监。担任经营总监需要三方面的工作经验：组织建立商业渠道（商业销售部的工作），组织市场策划（市场部的工作），管理推广销售队伍（推广部的工作）。如果目前职务是推广部的地区经理，为了担任经营总监应分别在商业销售部和市场部工作，积累经验。因此职务目标可以分解为市场部经理或销售部经理，担任市场部经理之前还应做产品经理或广告经理。

在目前职务和目标职务之间建立拾阶而上的阶梯，并对每一个职务目标建立时间坐标。如：目前职务→功能科室经理→事业部副总经理→总经理。

经济目标

经济目标属于外职业生涯目标,比如要在 30 岁之前获得若干收益,40 岁之前赚取若干收入,经济目标往往比较量化和直观,它可以很直接地促进其他外职业生涯目标的实现。

此外,外职业生涯目标还包括对于工作内容、工作环境和工作地点等方面的目标。

（2）内职业生涯目标

通常,外职业生涯的这些因素是别人给予的,而内职业生涯目标都是通过自己努力获得的,且一旦获得,别人无法拿走。

工作能力目标

工作能力是对一个人处理职业生涯中各种工作问题的能力的统称。较好地发挥自身能力优势,需要具有对自身优势的评估能力、自身优势的发挥能力,如能够和上级领导无障碍沟通的能力、能够组织大型公共关系活动的能力、能够组织结构设计的能力等。

学习新知识目标

学习新知识是提高能力的必要条件,但这里还是建议把掌握知识目标与提高能力目标分别制定。简单地说,知识是指知道了什么,能力是指会做什么。知识变成能力的唯一桥梁是实践,实践中遇到的问题是学习的动力,学习到的新知识是对实践的指导。

工作成果目标

工作成果目标指发现和应用新的管理方法创造新的业绩、发表专业论文或著述、研制新的产品、取得专业领域的资格或地位等。工作成果目标既有外职业生涯内容又有内职业生涯内容。工作成果本身属于外职业生涯目标,如创造每年 1 000 万元的销售额。但在取得工作成果目标的过程中所获得的知识、经验以及提高的心理素质和能力属于内职业生涯目标。

提高心理素质目标

心理素质是指工作过程中遇到困难后,认真寻找真正的不足所在,并努力学习,掌握克服这些困难的方法,它可以通过情绪智力的培训加以提高,加强对自身的情绪控制和个人管理。提高心理素质目标,包括能够经受得住失败的挫折,经受住成功的考验,能够做到临危不惧、宠辱不惊等。

观念目标

观念主要是对人对事的态度、价值观,完善观念可以使自己更成熟、稳重。引导行为的主要因素不是知识,而是观念。只有树立正确的观念,才能走好人生之路。

第三节　设立职业生涯目标的原则和方法

职业生涯设定的原则和辅助工具很多,例如施恩的职业锚、霍兰德的职业匹配等大家熟悉的理论和方法。这里对设立生涯目标中被广泛认可的一种通用原则和应用方法进行介绍和说明,希望能够以此类推,让大家熟悉和掌握相似的职业生涯目标设定的原则和方法。

一、PE - SMART 原则

作为 SMART 原则的延伸和发展,PE - SMART 对原有的理论进行了补充和完善,在项目管理中被广泛应用。

SMART 原则中的"S"、"M"、"A"、"R"、"T"五个字母分别对应了五个英文单词:Specific(明确性)、Measurable(可衡量性)、Attainable(可达成性)、Relevant(相关性)和 Time-bound(时限性)。SMART 原则由管理学大师彼得·杜拉克(Peter F. Drucker)于 1954 年首先提出,它的首次出现则是在 1981 年 12 月发行的《管理评论》上,目的是为了有效地进行成员的组织,以及目标的制定和控制,追求达到更好的工作绩效。与泰勒(Frederick Winslow Taylor)科学管理相比较,彼得·杜拉克更加注重人的因素、目标因素、成果因素在管理过程中的作用。SMART 原则是为了达到高效管理和明确目的而提出的一种方法,目前在企业界有广泛的应用,也被称为目标管理的"黄金准则"。

PE - SMART 是在原有的理论基础上,叠加 Positively Phrase(正面词汇)和 Ecologically Sound(整体平衡)两个限定词来加深和强化 SMART 原则的效用。

下面就结合工作和学习中的现实案例,运用 PE - SMART 原则进行展示和说明。

1. 原则的分析解读

因为 PE - SMART 是在 SMART 基础上产生的,所以在解释顺序上先谈谈 SMART,再解释 PE,分别解释两个词中每个字母代表的意义。

(1) S——Specific(明确性)

明确、具体的执行方案并不一定会带来必然的成功,但是它会让你知道怎样才能成功。

处于职业选择阶段的大部分人都知道我要做什么。比如我要找工作，我要考公务员等。但是很多人会忽视在这样一个宏大目标下的每一个详细、明确步骤所对应的具体实施方案。是否能够拟定明确的方案并遵照执行，往往影响着最终是否能够顺利地达到目标。举个例子来讲，大学生甲和乙两人都想最终进入一家知名的 IT 企业工作。两人在了解过公司情况后，甲同学根据自己的特点罗列出企业所需人才条件的各项标准和要求，并按照这个标准调整自己的奋斗方向。乙同学觉得只要自己学业优秀就会被录取，只注重学业的发展，并没有进行针对性的准备，忽视了企业在其他领域的要求，结果可想而知。

（2）M——Measurable（可度量性）

可操作、可度量的操作步骤，在方案拟订初期会给你带来不便和困惑，但当一切梳理清晰之后，会让你达到目标的进程加快。

俗话说：一口吃不成胖子。每一个目标任务的达到，都需要一个个可实现的环节积累形成。这些环节的把握和制定不能只停留在思想层面，应该尽可能地把它写出来，变成实际可操作、可沟通、能发展的内容。只有经过缜密思考，把工作内容分解为可以被考量的目标内容，才能发挥具体的功效。

（3）A——Achievable（可实现性）

可实现性既是一种指标，又会是一种约束，只把可实现性与探索性结合起来，职业目标才会促成个人职业生涯的不断发展。

这是指制定的目标和计划不能超出自己或可支配资源的能力范围，变成不切实际的奢望。在日常生活中，"眼高手低"是刚刚进入职场的新人容易出现的问题。通过岗前培训、轮岗、MT（管理培训生）计划，一些企业通过企业和新员工之间的磨合较好地解决了这个问题。在大学学习期间，及时地了解和掌握企业就业环境信息以及就业政策，对自身能力作出合理的评测、客观评价，也有助于调整和改善人职匹配及职业目标的可实现性问题。

（4）R——Relevant（相关性）

要注意所提出的要求是否与自身具有高度的相关性，脱离实践主体、自我真实诉求的职业规划是毫无意义的。

这里的相关性是指职业发展诉求是否来自自身的真实愿望，这一点在大学生入学初期尤为重要，我们不建议大学新生一入校即进行职业规划工作，一方面他们对于专业、职业所包含的内容理解程度有限，另一方面，很多学生初次选择的专业并非出自其真实意愿，此时提出的职业规划容易出现偏差。一个比较稳妥的方式可能会是，在入学后接受比较系统的职业发展课程的培养，从发现自我开始，逐步转向专家指导下的自主职业规划过程。

（5）T——Time bound（时限性）

很多人对设定时限，被逼完成一项工作任务存在抵触。但高效地完成某项工作并回头审视时，往往会认可设定时限的合理性。这也是目标规划时限性的意义所在。

每一个美好的计划都需要承载在时间的尺度上，没有时间约束的规划只会是一纸空文。关于时限性或者时效性的原则，主要是为了推动在进程中的时间效率，把宝贵的时间节省出来。

（6）P——Positively Phrase（正面词汇）

正面词汇的运用可以使自己处于被激励的位置，与此同时，灵活掌握沟通、交往的技巧会使目标制定的过程充满乐趣。

作为对 SMART 原则的改进和限定，正面词汇这一原则的引入与心理学中正向激励有着千丝万缕的联系。正面词汇原则不仅只要求简单的表述方式转换，更多的是对目标制定者变通能力的考量。例如，对处在困境中的朋友说："我相信你能够战胜自己，取得成功，我和你站在一起。"或者："你怎么运气这么不好，我能体谅你。"两个语境下，前者的正向激励远比后者强得多。

（7）E——Ecologically Sound（整体平衡）

整体平衡一方面注重目标规划内部的协调和完整，另一方面也对把握全局的能力有着隐性的要求。

关注整体平衡，需要从两方面入手：一是关注项目内部 SMART 部分各项原则的均衡发展，避免结构性错误的产生。二是关注外部环境的影响，结合大环境制定合适的工作目标，避免错过合适的时机，使得职业目标的设定需要与就业环境的大背景相协调，只有这样，才能让职业规划的目标实现价值的最大化。

2. 原则把握需要注意的问题

了解了 PE - SMART 原则各自单项的内涵后，在实际运用过程中要注意以下三方面的问题：

（1）信息真实性

在制定职业生涯目标的过程中，信息的准确性对最终方案的制订有着决定性的作用。信息的发出和反馈必须是自身真实的诉求，而非来自第三方的意志。如：我妈妈让我去银行工作，我怎么才能实现这个目标？如果顺着这个思路，会误入歧途，要确立自己真实的职业生涯目标诉求，才能实现心中的理想目标。

（2）决策应由自己作出

最终的职业生涯目标应该由自己作出，而不是第三方。这不仅能提高自身的独立性，而且有助于提高执行过程的主动性，对目标执行原则形成更加深刻的认知,在自我承诺的基础上激发更大的行动热情。

（3）自我决策时的综合判定

很多人在了解和基本掌握 PE－SMART 原则后,会尝试自己进行规划和实践,对于方法的选择和准确性需要学会综合判定。

目前惯常使用的辅助方法很多,从最简单的利弊分析表到各种复杂的量表和方法,这些理论都在实践过程中被不断完善和修正。一些海外舶来的职业测评及目标拟定方法,尤其是简单套用的测评软件需要慎用。它们的理论及方法基于的样本来自不同的国情和人群,不能盲目信任某一种理论或者方法,测试者需要结合自身实际综合判定。下文介绍一种制定职业目标的方法——"ABCDEFGQ"目标单,仅供参考。

二、"ABCDEFGQ"目标单

与基于 SWOT 分析法形成的职业规划目标书相似,"ABCDEFGQ"目标单（以下简称目标单）也是职业目标规划过程中的一个有益工具。与前者注重态势分析不同,目标单更加注重职业目标达成过程中的可行性步骤,有利于指导具体行动的开展。

"ABCDEFGQ"目标单,包含可行的（achievable）、可信的（believable）、可控的（controllable）、可界定的（definable）、明确的（explicit）、属于自己的（for yourself）、促进成长的（growth facilitating）、可量化的（quantifiable）几个内容,通过具体到各模块的内容指引,推动在拟定职业发展目标时,把抽象的原则和目标转化为实际的操作步骤。

下面我们以一个具体案例来了解一下目标单在实际应用中的情况。

> **案例**：目标单
> 基本情况：学生张某,2008 年入学,修读计算机专业。2011 年 9 月开始进入大学四年级。
> 职业目标：考研。

基于 PE－SMART 原则,小张觉得自己考研的方向选择是正确的,但是对于怎么去操作不是十分清晰,这就需要借助目标单的方法来协助进行梳理。

通过认真考虑,小张对自己的情况作了如下的划分：

1. 可行部分

通过了解上一年度直升学生比例,以及平均绩点（GPA）的要求,他发现自己与直升的最低要求比较接近。往年招考的名额比较多,应该有机会成功。自己平均绩点低主要是因为刚进入大学的时候,没有很快适应大学的生活和学习方式,公共课程得分较低影响了整个绩点。而进入专业学习之后,专业课程的成绩还是不错的,通过自己的努力应该能够达成深造的目标,自己选择在原专业进行深造是可行的。

2. 可信部分

一方面自己所了解的数据来自教务和辅导员,通过与前几届考研成功的师兄师姐的交流,自己现在开始准备时间上是来得及的。另一方面,通过与研究生阶段拟申请的导师之间的交流,确信自己在科研过程中知识和操作能力会得到快速的成长。

3. 可控部分

随着第三学年课程的结束,在大学阶段需要修读的学分已经基本修完,大学四年级有大量空余时间可以用来备考。由于决定专心备考,因此不会受到 10 月份开始的招聘活动的影响。从时间上和备考节奏上都属于可控状态。

4. 可界定部分

由于报考的是本专业的研究生,需要复习的内容以及自己可能欠缺的知识点都能够比较清晰地得到界定,能够有目标地进行知识体系的修复及锻炼。

5. 属于自己的选择

与部分其他同学不同,考研是自己的选择,不是别人要求这么做,家人也尊重自己的选择。自身想通过考研进一步强化专业知识,在学习知识的同时,不断完善个人的能力,为将来更好的择业做准备。

通过以上的内容,我们可以看出,小张运用目标单的方法是在对自己的职业目标细分考虑之后,已经勾勒出了可以付诸实施的基本内容。在这一基础上,通过指导,小张把上面的内容缩减为一张比较直观的工作图表来具体展现实际工作的目标单(见表 7)。

表 7 张同学的考研目标单

项 目	内 容
可行部分	专业绩点较好,招考名额较多
可信部分	辅导员、教务员的咨询信息
可控部分	大四相对空闲
可界定部分	考研提纲,自己知识准备的不足

续　表

项　目	内　容
自身选择	考研是最好的出路
促进成长部分	和导师沟通下来,研究方向和内容有初步认识
可量化部分	准备考研进度时间表

通过以上的梳理,张同学的考研目标可能涉及的工作内容已经有了较为清晰的脉络,在目标单的指导下,制定详细的考研时间进度表,将帮助他从一个考研的构想转变成可信、可控的考研准备进程,职业目标的达成也会因为他的精心准备而变得触手可及。

第四节　职业生涯目标的评估

影响生涯规划的因素很多,有的变化因素是可以预测的,而有的变化因素难以预测。因此需要对设定的职业生涯目标进行合理的评估,建立选择—设立—执行—评估—反馈的机制,使得职业生涯目标更加贴合个人实际情况。

一、进行职业生涯目标评估的意义

进行职业生涯目标评估,是指在达到目标的过程中不断地总结经验和教训,修正对自我的认知和最终的职业目标。它的具体表现是:不时诊断职业生涯规划中的各个环节可能存在的问题,进而找出相应的对策,及时调整职业生涯规划,修订职业生涯目标。

可以说,进行职业生涯目标评估,是一个不断认识自我的过程,同时,它又是一个持续认识社会的过程,是不断优化职业生涯目标和职业生涯规划的合理手段。

进行职业生涯目标评估的意义也是显著的。它可以使得学生们在评估中加深对自己、对社会的认识,加强逻辑思考和判断的能力,进而得出更为合理的职业生涯目标和更为优化的职业生涯规划。这将有利于学生们尽快在社会上找准自己的位置,迅速融入社会,找到合理的职业生涯奋斗方向和路径,也有利于根据不断变化的自身实际情况调整职业生涯目标及人生目标。

影响职业生涯目标设定的因素有很多,并且这些因素还总是处于不断变化的状态。例如,在实践过程中,有人发现对自己某些方面能力的判断有很大的偏差,有人把目标定得过高而无法实现,有人把目标定得过低而起不到激励作用等。在此状况下,要使职业生涯目标设定得更优化,使职业生涯规划得更有效,就必须不断地对职业生涯目标进行评估。

二、职业生涯目标评估的原则

职业生涯目标评估,需要遵照一定的原则进行,这样才能保证职业生涯目标评估的合理有效。一般来说,进行职业生涯目标评估的原则包括以下几个方面。

1. 主动性

首先,对职业生涯目标的评估,需要发挥同学们的主动性。因为职业生涯目标是同学们自己的目标。只有发挥了他们的主动性,才能清楚而客观地认识到自我的情况,正确地认识各种制约因素,从而科学地制定出适合自己的职业生涯目标。

2. 可行性

职业生涯目标是根据个人自身条件和客观环境等因素制定出的一系列的分解目标,同时,还有很多伴随性的实施方案。职业生涯目标的设计,必须配有相应的实现路径,从而确保职业生涯目标能够有计划、分阶段地得以实现。

首先,应全面了解自己。一个有效、可行的职业生涯目标必须是在充分并且正确认识自身条件的基础上进行的,必须做到认识和了解自己。从性格、能力、价值观、兴趣爱好和潜力等多方面做好自我评估,还可以针对自己做一个SWOT分析,分析自己的优势和劣势,了解清楚自己能从事什么样的工作,还应问清楚自己到底想做什么样的工作,在职业选择时要扬长避短。

其次,要了解自己的专业。经过大学学习,同学们都会得到一定的专业训练,具备某一方面的专业知识和技能。而一般来说,专业都有一定的培养目标和就业方向,这就是职业生涯目标设计时的一个重要依据。在职场中,很多用人单位对毕业生的需求,一般首先看重的是候选人在某专业方面的知识和特长,而他们在进入职业生涯后的贡献,也大多是通过运用所学的专业知识来实现的。

此外,同学们在学习本专业的知识之外,还应尽量拓宽专业知识面,掌握或了解与本专业相关、相近的若干专业知识和技术,这将有利于更深入地理解本专业的知识,并在工作中发挥专业知识的作用。

3. 适应性

职业生涯目标的设定,不仅仅需要考虑到学生们自身的很多因素,还应考虑到社会环境这个大的客观因素,也就是要考虑到职业生涯目标的适应性。在进行职业生涯目标评估时,学生们需要尽量转变角色来进行思考,调整出一种职业化的状态,来尽量使自己的职业生涯目标适应社会的需求。

这就需要及时了解所在国家、地区的政治和经济发展趋势。了解职业及其所在行业在未来社会经济环境中的地位,以及在未来社会发展趋势中的走势等。

另一方面,社会一直在不断地演进发展着,这就更要求学生们在制定职业生涯目标之后,不断调整方式方法和指导理念,展开职业生涯目标评估,以便能够顺利地适应社会需求,从而促成职业生涯目标实现路径的通畅。

4. 持续性

职业生涯是长期的,职业生涯目标的实现也需要一个长期的过程。这就要求学生们在这个长期的过程中持续地对职业生涯目标进行评估。

进行职业生涯目标评估,所要解决的问题不仅仅是学生从入学到毕业,以及毕业后不久这短短几年时间的生涯规划,而是要通过持续的评估、修正,以完成对整个人生发展轨迹的设计。这就要求同学们在贯穿人生发展的每一个阶段,都要持续地了解和掌握与职业生涯目标相关的信息,持续地评估职业生涯目标,并不断修正职业生涯目标与配套的目标实施路径,以便优化自己的职业生涯规划,最终实现职业生涯目标和理想。

下面通过案例分析如何进行职业生涯目标的评估,来更加有效地达到目标。我们沿用第三节中小张的例子,他的职业目标是考研,并利用目标单的方法对实际情况进行了梳理。小张设立"考研"这一职业目标后,需要主动思考自身的性格、能力、价值观的实现以及兴趣爱好等是否与这一目标相适应;这一目标是否适应社会需求;达到这一目标后是否能更好地帮助他完成更长期的人生规划;如果该目标未能达成,如何应对等。通过评估确定该职业生涯目标的可行性、适应性,如果与自身实际情况出现背离,可以及时调整目标。在设立目标后进行全面而深入的评估与思考,能帮助小张更好地应对各种突发状况,更加从容地为实现目标而努力。

案例 1:

目标,我要向你靠近

1. 自我分析

人的一生在不断地根据他人和已经做过的事情来认识自己,有时会因为做错了事而讨厌自己,有时会充满理性和勇气去改变自己。我认为自己总的性格具有两面性:在自己平常的生活中,喜欢安静,总爱做自己应该做的事情;在需要与人交往的时候,我会很外向。曾经做过一个职业测评,它说我的性格是管理者类型,特征是富有责任感、工作效率高、关注结果、善于社交、注重实践、逻辑清晰,能客观公正地分析判断各类问题,并作出决定。随着环境的迁移和要求的不同,一个人的性格总在不断地变化中,在团队合作方面,我在上大学前不太喜欢与人合作,同时在实际的生活中也缺少团队合作的机会;但在大学上了一门名叫"素质拓展训练"的体育课后,我发现团队的合作能让我做到一些我不可能做到的事情,能给我惊喜,当然这其中需要彼此的信任、关爱与努力。

我没有什么特别的兴趣,只要是值得我做的、适合我做的事情都去做好。我不太适合做的是一些动手能力很强的事情,比如说开车。我也喜欢冒险。我的语言能力不是太好。外表看,我是一个经受不了风雨的女孩;但相反,我是一个独立性和适应性较强的人。我认为自己的观察能力、分析能力、感悟能力较强。另外,我需要特别加强的是人际交往能力、随机应变能力、学习能力、搜索信息的能力和自我管理能力。

我认为只要当一个人站在一定的高度时,她才有可能为更多的人做更大的事,我希望赚足够的钱来满足中偏上的生活需求。我不希望将来的工作过于轻松或简单,不喜欢体制不成熟的工作环境。另外,从大学生职业生涯规划课上我懂得了只有当自己处于企业的核心、能给其带来最大的效益时,才最能被人需要和重视。

2. 专业就业方向及前景分析

我的专业是社会学,它重视理论联系实际,常常搜寻和分析一些社会现象和社会问题以达到认识和解决的目的。社会学属于文科偏理的学科,其专业发展除了做特定的调查研究外没有其他特定的就业方向,但往届的毕业生通常也会考虑一些与研究、分析社会现象和问题有关的行业和岗位。

(1)政府部门。政府中的民政部、劳动部、计生委、共青团、政策研究室等相对来说是与社会学专业相符的部门。但公务员考试竞争激烈,同时,本科毕业生的工作层次较低,而政府部门中的人员流动机制也不很完善,所以要想进入政府部门和赢得升迁机会并非是一件易事。

(2)社区工作。一般指的是在街道办事处和居民委员会做事,现在的工资水平、声誉、权力、发展机会都不如政府部门,但有消息说在街道办事处或居民委员会就职的人员将会纳入公务员级别。虽说社区工作的门槛较低,但其实际的待遇不如公务员。另外,现在出现了专门的社区工作者,是指在社区党组织、社区居委会和社区服务站专职从事社区管理和服务的工作人员。

(3) NGO或社会工作。目前国内外的NGO在中国越来越多,譬如中国的儿童村、环境保护组织等、联合国的一些驻中国办事机构、福特基金会、绿色和平、美国教育基金会等驻中国办事处。而社会工作者即是指在社会福利、社会救助、社会慈善、劳动保障、残障康复、优抚安置、医疗卫生、青少年服务、司法矫治等社会服务机构中,从事专门性社会服务工作的专业技术人员,其主要职责是对各种社会问题和各类处于困境的社会成员进行专业化"诊疗",可有效弥补政府公共服务的不足。由于其从属的组织既不是政府也不是企业,故工资较低。而社会企业不是纯粹的企业,以公益性为主,兼顾商业性。

(4) 企业。大型公司中的市场营销、企业管理、公共关系等部门在招聘员工时会对具有观察能力的、思维活跃的社会学专业学生感兴趣。市场营销部是在以顾客需求为中心的思想指导下所进行的有关产品生产、流通和售后服务等与市场有关的一系列经营活动的部门;其中社会学专业的毕业生可以胜任市场开发和调查的工作。公共关系部是在行政管理和经营管理活动中与公众进行双向传播与沟通的部门。社会学专业的毕业生可以做一些掌握公众信息的工作。这两个部门的工作都需要较强的社会调查研究能力和较多的实践活动经验,个人的团队合作能力也比较重要。企业管理包括计划管理、生产管理、物资管理、质量管理、成本管理、财务管理和劳动人事管理。虽然社会学学生在这些工作上没有太多专业的优势,但只要综合素质较高,就会有机会获得相应的职位。这些企业的工资水平相对较高、福利待遇相对有保障,而且晋升机会较多。

(5) 传媒。包括在报纸、杂志、电台、电视台、网站中做编辑、记者、社会评论员等。一方面,国内的杂志和报纸近年来开始注重和流行做公众调查,需要会进行问卷设计的专业人才。另一方面,社会学专业的毕业生具有较开放、新颖的视角,可以作出切合实际、观点独特的评论分析。

(6) 研究机构。专门的研究机构分为两大类,一是带政府性质的各级社会研究所和专门从事市场分析的调查公司。社会科学院属于国家级别的研究所,其所需人才一般带有博士头衔,对专业知识与学术成就的要求比较高;

而其他级别的社会研究所普遍的效用性不高,这也间接地决定了它的工资水平和工作内容。现在国内外著名的调查咨询公司有 AC 尼尔森、益普索(Ipsos)、TNS、央视零点等;而其余的公司规模较小。随着中国经济的发展,调查咨询公司的业务量将会不断地增长,立足空间将会不断地增大。

3. 职业分析

(1) 我的职业选项

曾做过的职业测评显示了我的工作优势和工作劣势。工作优势是:全能型人才,工作高效,务实,信守承诺;能自我负责,又能很好地监督他人;能合理分配和处置资源,制定和遵守规则,主次分明,井井有条;适合在制度健全、等级分明、比较稳定的企业工作;善于操控局势以顺利完成任务;能很好地与人接触、善于交流与沟通,但不以态度取胜;处事客观,有很强的分析能力、推理能力。工作劣势是:容易急于作出决定;容易在一些小事情上大发雷霆;处理唐突事件往往有所欠缺;容易固执、专横,并让周围的人感到压力;不太喜欢听取下级的意见;不太懂得自我放松;对不喜欢的人,缺乏容忍性。我适合的工作类型要求热情开放、注重现实、注重分析能力、严谨的工作方式,但无明显适合的领域特征。而在另一个职业兴趣的测评中显示,我主要偏向于管理型,可以从事那些组织与影响他人共同完成组织目标的工作。

通过对两者的比较和融合,再考虑到自己的性格和价值观念,我从一些适合我的职业中选择和确定了我的职业目标:职业经理人。

(2) 我选择的理由

通过 SWOT 分析,我列出了自己的各方面的因素,见下表:

	优势因素(S)	弱势因素(W)
内部环境因素	1. 目标与标准设定的能力较强; 2. 计划工作的能力较强; 3. 清晰思考与分析的能力较强; 4. 职业操守和道德良好; 5. 拥有坚持不懈、吃苦耐劳的精神。	1. 决策与风险衡量能力较弱; 2. 缺乏管理艺术和经验; 3. 不是管理专业出身; 4. 学校名气与实力不如当地其他高校; 5. 需要花很大精力去得到资格证书。
	机会因素(O)	威胁因素(T)
外部环境因素	1. 可通过考试获得不同等级的资格证书; 2. 市场对管理型人才需求较大; 3. 中国经济总体在不断发展。	1. 各高校的毕业生竞争激烈; 2. 升迁要依靠实力,工作压力大; 3. 中国职业经理人的认证制度不完善。

（3）我的职业目标选项的工作内容和胜任条件

德鲁克认为，一个经理人有两项特殊任务。首先是增值效应，即他必须创造出一个大于其各组成部分的总和的真正整体，一个充满活力的整体，使得投入的各项资源能够转化为比各项资源的总和更多的东西。经理人的第二个特殊任务是他生活在两个时间中：在任何一项决定和行动中，他必须协调当前和长期的要求和平衡。德鲁克还认为，经理人的工作中往往有五项基本作业：A. 制定目标。在企业成果和一个人信奉的原则的实现之间平衡，在企业当前和未来之间平衡，在目标和现有条件之间平衡，需要分析和综合能力。B. 组织。分析所需的各项活动、决定和关系。对工作进行分类，把工作分解成各项可管理的活动；再把活动分解成各项可管理的作业。把这些单位和作业合成为一个组织结构，选择人员管理这些单位和执行这些作业，这需要分析能力和正直的品格。C. 激励和信息交流。把担任各项任务的人组成团队。通过日常工作实践、员工关系、报酬、安置和提升的"人事决定"、上下级和同事之间的信息交流进行，需要正直和综合能力，这时，正直比分析能力重要很多。D. 建立衡量标准。衡量标准不但专注组织绩效，还要专注于个人的工作并帮助他做好工作。对成就进行分析、评价和解释，并把这些衡量的意义和结果通报给他的上级、下级和同级。E. 培养人，包括培养自己。同样要求分析能力和正直品格。

而胜任职业经理人的条件：A. 他必须是一个出色的整合家、策划家；B. 他必须是一个优秀的宣传家、组织者；C. 他必须具备良好的职业道德；D. 他必须具备很强的个人魅力和宽广的胸襟；E. 他必须知道如何摆正自己在企业的位置。

（4）我与职业目标的差距

一个企业的拥有者绝对不会把他的财富交给一个没有能力、没有工作经验、不能得到他信任的人。而针对目前来说，我不具备职业经理人所应该拥有的魅力，即我没有管理经验，我没有关于管理的基本知识，我没有职业资格证书，我没有高学历和显耀的学校背景，我更没有可以利用的人际网络。

4. 我的实际职业目标的具体行动计划

为了实现自己的理想，我给自己的大学生活订了如下目标：

（1）外语方面。A. 英语。大二上学期到新东方去学四级，大二下学期学六级，大三上学期学雅思。B. 日语。大二把《标准日本语》的初级自学完，尽量在毕业之前考过二级。

（2）学业发展方面。A. 每学期的单科成绩都达到 80 分，争取奖学金等各种机会。B. 大三时申请交换生的资格（看情况而定）。C. 获得上研究生的资格（如果能出国做研究生，就会转为管理专业，但要考虑费用问题）。

（3）工作方面。（1）学校。打算在大二时竞选班干部和校会干事。（2）社团。参加 KBA 的社团活动和竞选成为 AIESEC 的成员。（3）企业。每个假期都去企业实习（从中小企业开始，再到大企业；并希望做管理人员的助理）。

（4）管理方面。在大二时参加职业经理人初级课程的学习，并获得其资格证书。

（5）投资方面。通过上证券投资学的公选课，掌握相关知识，学会炒股。

（6）今年暑假的计划。去印度班加罗尔的一家 NGO 做一个半月的实习，以获得不同寻常的工作经验，为达到今后的职业生涯目标做好铺垫。完成如下目标：掌握与出国相关的知识，增加自己的阅历；在 Child Rights Trust 里做好本职工作；做关于印度儿童权益方面的社会调查，写一篇调查报告；记录生活的点滴和感受城市的风情，准备为一本旅游杂志投稿；交到来自不同地区的朋友，扩大人际网络；提高自己的英语水平。

5. 结语

人生是自己的，态度决定高度。在实现目标的过程中，一定要掌握充足的信息，一定要经受住诱惑，一定要在困境中坚持，一定要做自己。目标，我要向你靠近；职业经理人，我一定行。

（何立力）

案例 2：

积跬步以至千里，积小流以成江河

没进大学之前，我以为上大学就意味着解放，但是不久我发现错了。高中的努力是为了考上重点大学，但目前就业形势严峻，大学的文凭仅仅是进入人才招聘市场的基本条件。俗话说，尽人事，听天命。对于我们可以控制的，理当全力以赴；对于不可控制的，我们应当坦然接受。转瞬间，就已进入大二了，就快有人叫我们师兄、师姐了。前几天还有人问我大一的这一年是什么感觉，呵呵，"感觉就是忽悠一下大一就过完了……"真的就是这样，没有给你一点挽留的余地。

刚上职业生涯规划课的时候,老师就曾说过要规划人生,我也想过,自己到底喜欢什么,自己到底对什么有兴趣,自己应该做什么,自己的目标在哪里……但是好像也只是个大概,仔细的或非常认真的考虑好像从未有过。而就因为自己规划得太含糊不清了,日子也是在一天天混;曾经的激情好像都不见了,如果一直这样过下去,我想那不仅是我的青春虚度,我的人生也会错失良机。我开始思考我的价值与我可以和应该做的事情,留意身边的每一个人、每一个细节来得到更多的机会。

1. 自我分析

我的性格具有两面性,喜欢安静,有时也喜欢热闹。喜欢画画,喜欢运动,尤其是打羽毛球、踢足球,也喜欢旅游。另外,我具有团队精神和协作能力、比较强的创新意识、动手实践能力及自学能力。但我有一个缺点,就是优柔寡断。

根据所做的职业测试所得的结果,我的性格属于职场模范类型,典型特点是低调、奉献、责任、实干、内向、安静、谨慎,依靠现实和实在的眼光观察认识世界,关注细节,以人为本,乐于奉献,有同情心,关心别人的感受,喜欢有规则、秩序的方式来生活。

我一直都是一个乐观的人,很热情、爽直,我觉得自己很不适合做公务员。我学的是软件开发专业,喜欢设计出一些对人们有价值的东西。

2. 专业就业以及就业行业分析

未来社会发展的最终趋势将是集体一体化,这就注定网络的链接必不可少,现在电脑已普及。网上购物、网络管理已很流行,服务器设备被广泛用于各大商场及商业媒体。但总的来说,其功能还不完善。因此,全自动化技术将成为网络管理的任务所在。

我所学的专业是信息与计算科学,毕业以后,可以在信息与计算科学、计算机信息处理、经济、金融等部门从事研究、软件开发,或者是在管理部门从事一些实际应用、开发研究或者管理工作。

(1) 行业分析(IT)。席卷全球的信息科技给人类的生产和生活方式带来了深刻的变革,信息产业已成为推动国家经济发展的主导产业之一。

(2) 职业分析(软件测试)。随着信息化的推进,越来越多的应用软件需要被开发,对软件测试人才的需求也越来越大。

(3) 地域分析。所处城市是省会城市,是全省政治、经济和文化中心,地缘优势明显。

3. 职业目标定位

(1) 职业定位的 SWOT 分析

	优势因素(S)	弱势因素(W)
内部环境因素	1. 精力旺盛、热情； 2. 忠诚、责任心很强； 3. 富于创新精神； 4. 工作和生活井然有序； 5. 能吃苦。	1. 缺乏自信； 2. 有时急于求成； 3. 过于重视上级对自己提出的意见； 4. 爱提意见，别人有点烦。
	机会因素(O)	威胁因素(T)
外部环境因素	1. 随着信息化时代的到来,对应用软件的要求越来越大； 2. 软件的本土化需要更多的专业人才。	1. 竞争激烈； 2. 自己能力不是很到位。

SWOT 分析总结：我国软件测试人才缺口很大,同其他职业相比,就业方面存在不小的优势。对于内部环境因素,我应当在以后的学习、生活中发挥优势,弥补劣势,让自己越来越接近心中的目标。软件测试学起来不容易,不过,我会努力去学,相信一定会有收获。

(2) 理想职业的工作内容和胜任条件

职位描述

软件测试工程师是软件生产过程中的质量管理者,不但要对软件产品最后的功能、性能负责,而且从软件的"需求分析"、"结构设计"阶段以及文档规范等诸多方面就开始对软件的质量加以保障,使生产出来的软件的功能达到设计之初的要求。

任职资格

软件测试工程师需要如下条件：计算机相关专业；精通软件测试理论,熟悉常用测试工具(LR、QTP、TD)的使用；熟悉 Oracle、SqlServer 数据库,精通 SQL 语法；了解.net、JAVA 等软件开发语言,有软件开发经验；熟悉软件工程、软件测试理论和方法；具有较强的沟通协调能力和团队协作精神,工作认真负责。

与职业选择目标的差距

不论是专业技能还是专业素养,目前的我与一名合格的软件测试工程师还有很大的差距。要成为一名能获得更大发展空间或者持久竞争力的测试工程师,计算机专业技能是必不可少的。优秀软件测试人员必须具有两三年的软件开发经验,并且与软件开发人员相比,测试人员不但需要一技之长,还需要掌握诸如操作系统、数据库、网络等多方面的知识。

4. 大学期间的学习计划

学习不仅是为了以后的工作,最重要的是它能让你终身受益。我一直坚信"活到老,学到老"的格言。无论怎样,学生最首要的任务就是学习,所以我对自己的大学生涯作出以下设计:

大学二、三年级。首先,要认真听课,保证学习成绩优秀。此外,学习中应当有所侧重,重点学习计算机方面的课程如数据结构、数据库、JAVA语言程序设计、面向对象分析与设计、操作系统、软件工程等。此后,要开始系统地学习软件测试方面的知识,阅读一些软件测试相关的书籍。其次,多参与活动,将所学知识运用于实践,初步积累编程和测试经验。在不断提高专业知识水平的同时,更应该多参与实践,培养动手能力,取得丰富的经验。为此,我决定利用寒暑假的时间争取到软件公司实习,为顺利就业增加砝码。最后,平时利用网络与软件测试从业人员交流,多去软件测试的论坛、贴吧,让自己在加入软件测试队伍之前对这个职业有更深更全面的认识,并且能在这个过程中积累人脉资源。

大学四年级。开始准备简历、求职信,学习面试和求职技巧,关注招聘信息,积极参加招聘活动,在本地找到心仪的工作。

5. 个人素质方面

(1) 改掉自己偶尔情绪急躁的毛病。

(2) 关心他人,真诚待人。

(3) 多参与集体活动,锻炼自己的组织协调能力。

6. 职业生涯规划实施方案存在的障碍

目前,我经济条件相对薄弱,作为未来的信息人士,我较少能接触到高科技产品,且时间较少。解决方法:我在校一直勤工俭学,利用假期时间做兼职。尽量将我的大部分开支投资到学业中去。

7. 本人对职业生涯规划的看法

俗话说："欲行千里,先立其志。"规划我的职业生涯,就相当于在人生之路上迈出一大步。一位哲人曾说过:"没有目标的人,就像是漂泊的船只,可能永远到达不了彼岸。"写过职业生涯规划书后,突然感觉像是在黑暗中看到了亮光,让我有目标可循,进而信心百倍,动力十足地去实现它,这乃是人生的一大快事。我不再盲目地、无目的地学习、生活,而是有计划、有步骤地生活。

8. 结束语

"积跬步以至千里,积小流以成江河",只要你不断积累知识、完善自我,具备真正的能力和实力,你永远都会是职场当中的胜者。大学不仅是知识的海洋,还是磨炼性格、完善自我、锻炼能力的熔炉。在这知识的海洋中,要找到自己的兴趣所在和职业理想,并为自己的梦想不懈努力,你的梦想终会实现!

(冯玉娇)

第六章
职业生涯决策

选择职业是人生大事,因为职业决定了一个人的未来⋯⋯选择职业就是选择将来的自己。

——〔英〕伯特兰·罗素(Bertrand Russell)

学习目标

1. 了解决策相关概念及基本原则
2. 了解职业生涯决策的影响因素
3. 掌握职业生涯决策的常用方法及基本步骤
4. 熟悉职业生涯规划书的基本内容

决策是管理学上的重要概念之一,它是指为了实现某一特定目标,采用一定的科学手段和方法,从多个可行方案中选择一个满意方案的分析判断过程。

而职业生涯决策是决策的一种,其概念最早来源于英国经济学家凯恩斯(John Mayard Keynes),他认为,职业生涯决策是当一个人选择目标或职业时,能使其获得最高的报酬,并将损失降至最低的选择方法。

现代意义上的职业生涯决策是指一个人选择职业目标或具体职业岗位时,对可能的结果作出价值判断的方法。这一价值判断涉及个人的人生价值观、职业价值观,以及性格、兴趣、能力等个人因素和职业需求、职业发展等社会职业环境。因此,职业生涯决策必须因人而异、因时而异、因地而异。

阅读材料:

世界著名男高音歌唱家帕瓦罗蒂 1935 年生于意大利摩德纳市郊一个并不

富裕的家庭。父亲当过面包师，母亲是雪茄烟厂的女工，但他们都酷爱音乐，尤其他的父亲是当地颇有名气的业余男高音。帕瓦罗蒂有着一副天生的好嗓子，自幼就与歌声结伴。因此，他非常渴望自己能够到音乐学院深造。可是，命运却没有给他机会，他被一所师范院校录取了。

在师范学院里，他的成绩非常优秀，他完全可以成为一个优秀的中学教师。而且，在当时的意大利，中学老师也是收入稳定并且十分受人尊敬的职业。但是，帕瓦罗蒂却有另外的想法，他爱好音乐，他希望自己能够成为一个歌唱家。

成为一个收入稳定的教师，是眼下就能够实现的人生目标，这对于贫穷家庭的孩子来说是最现实不过的，而成为歌唱家却是遥不可及的幻想。帕瓦罗蒂犹豫了，他既不想放弃教师的职业，又不想放弃自己的理想。他拿不定主意，就去询问自己的父亲该怎么办。

他的父亲，富有远见的老帕瓦罗蒂神情庄重地看着孩子，告诉他："孩子，人不能同时坐两把椅子，那样只会掉到椅子中间的地上。在生活中，你必须学会放弃其中的一把椅子。"

帕瓦罗蒂领悟了父亲的教诲，他果断地放弃了教师的职业，为自己选择了歌唱家这把"椅子"。

1955年，20岁的帕瓦罗蒂开始学声乐。1961年，25岁的帕瓦罗蒂在阿基莱·佩里国际声乐比赛中，因成功演唱歌剧《波希米亚人》主角鲁道夫的咏叹调，荣获一等奖。同年4月，他首次在勒佐·埃米利亚歌剧院登台演出《波希米亚人》全剧，从此开始了他光辉灿烂的歌剧生涯。

当人们问起帕瓦罗蒂成功秘诀的时候，帕瓦罗蒂总是这样告诉人们：选择和放弃是一件痛苦的事情，但却是成功的前提，人不能同时坐两把椅子。

——摘自《城市晚报》2010年10月19日

帕瓦罗蒂的经历告诉我们，人生会遇到很多十字路口，面临多种选择，很多时候需要放弃的选项难以割舍，这要根据实际情况作出取舍，不能什么都想做，什么都不想放弃，这样会适得其反，有所不为，才能有所为。

第一节　职业生涯决策的原则与策略

正确恰当地作出职业生涯决策，需遵循一定的基本原则和策略，这样才能事半功倍。

一、职业生涯决策的原则

1. 个性化原则

一个人在进行生涯决策时,一定要分析自身的特点,明确自己的发展需求,完全自主地作出适合自己发展的决定。

个性化原则应该包含两方面的含义,其一就是决策的作出需要根据自己的特点,包括自己的性格、兴趣、能力、人生目标等要素。因此,作决策之前对自身要有全面正确的认识和把握,明确自己的发展方向,在此基础上的决策才能充分符合自身需要,也才会避免随波逐流,适合你的就是最好的,盲目地攀比和羡慕只会迷失自我。其二,生涯决策的作出,应该完全是自己主观意志的反映,不应该受到他人的影响和引导,更不应该由他人越俎代庖。他人的意见或建议仅供参考,而最终的决定必须自己作出。

2. 群体无害原则

尽管职业生涯决策以适合个性化为重要原则,但是绝不意味着个体的生涯选择可以毫无顾忌。在社会生活中,共同的社会规范是为人处世的基本原则。因此,在最大限度地实现自己价值的同时,一定要遵循群体无害的原则,要做到不危害社会、不妨碍他人,要以遵守社会规范为基本前提。

3. 目标导向原则

目标导向,指任何行为都以是否对目标完成有帮助来考量,所有动作都以完成目标作为指导原则。目标导向理论认为,要达到任何一个目标必须经过目标行为(实现过程),而要进入目标行为又必须先经过目标导向行为(设计、选择和寻找目标)。

对人生而言,需求产生目标,它是前进的动力,是行动的灯塔。作为人生目标的一部分,职业生涯目标是指引人行动的方向。在职业生涯设计时,设定职业生涯目标是其中的重要一环,要根据自己的实际,确定职业生涯目标,并围绕着这个目标不断努力,逐步实现各个阶段的小目标,最终达到理想的彼岸。

4. 目标可操作性原则

生涯决策的最终目的是为了使个体过上自己向往的生活,实现自己的人生理想。职业生涯目标的选择是以自己的最佳才能、最优性格、最大兴趣、最有利的环境等条件为依据的。如果目标过大、过空、过于复杂,没有实现的可能,只会违背初衷,而且会因目标无法实现而徒增烦恼,所以目标一定要切实可行。

当然,生涯决策的目标也一定要有前瞻性,要志存高远,但绝不能好高骛远,要知道人的潜能是巨大的,只要能不断挖掘、善于利用,就能够取得一定的成就。

5. 目标可调整性原则

生涯决策的目标,是我们奋斗和努力的方向,要坚持不懈、持之以恒,才有可能最终实现。但是,同时也要认识到,决策的目标并非一成不变,墨守成规只会作茧自缚。毕竟,我们作出决策时的生涯目标,是根据当时个体的实际情况和现实环境作出的最优选择。而自身的情况和要求,乃至周遭环境仍然处在不断调整和变化之中。因此,我们进行生涯决策时,一定要有一定的弹性和回旋余地,这样才能做到游刃有余、进退自如。

除以上五条基本原则外,个体在进行生涯决策时,还要注意把自身的发展和祖国人民的需要紧密联系起来,与祖国、人民同呼吸、共命运,要有"天下兴亡,匹夫有责"的远大抱负,脚踏实地,演绎属于自己的绚丽多彩的人生。

二、职业生涯决策的策略

职业生涯决策是一个复杂、艰难的过程,把握一定的策略才能帮助我们决策时更加理性、更加合理。美国职业生涯专家斯科特(Susanne G. Scott)和布鲁斯(Reginald A. Bruce)于1995年认为决策风格是在后天的学习经验中逐渐形成的,并将决策风格划分为以下五种类型。

1. 理智型

以周全的探求,对选择的逻辑性评估为特征。理智型的决策者具备深思熟虑、分析、逻辑的特性。这类决策者会评估决策的长期效用并以事实为基础作出决策。理智型决策风格是比较受到推崇的决策方式,强调综合全面地收集信息、理智地思考和冷静地分析判断,是其他决策风格的个体需要培养的一种良好的思考习惯。但理智型的决策风格也并不是理想的、完美的决策方式,即使采用系统的、逻辑的方式,也会出现不能采纳他人观点的情况。

2. 直觉型

以依赖直觉和感觉为特征,比较关注内心的感受。直觉型的决策风格以自我判断为导向,在信息有限时能够快速作出决策。当发现错误时能迅速改变决策。由于以个人直觉而不是理性分析为基础,这类决策发生错误的可能性较大,因此易造成决策不确定性。

3. 依赖型

以寻求他人的指导和建议为特征。依赖型的决策者往往不能够承担自己作决策的责任,允许他人参与决策并共同分享决策成果,会受到他人的正面评价,但也可能因为简单地模仿他人的行为导致负面的反应。依赖型的决策者需要理解生活中重要的他人对自己的影响程度。

4. 回避型

以试图回避作出决策为特征。回避型的决策风格是一种拖延、不果断的方式。面对决策问题会产生焦虑的决策者,往往因为害怕作出错误决策而采取这样的反应。这往往是由于决策者不能够承担作决策的责任,而倾向于不考虑未来的方向,不去做准备,也不思考,更不寻求帮助。这样的决策者更容易受到学校等支持系统的忽略。所以,这些学生需要意识到自身的决策风格及其可能造成的危害,努力调整,增强职业生涯规划的意识和动机,才能从根本上得到帮助。

5. 自发型

以渴望即刻、尽快完成决策为特征。自发型的个体往往不能够容忍决策的不确定性以及由此带来的焦虑情绪,是一种具有强烈即时性,并对快速作决策的过程有兴趣的决策风格。自发型决策者常会基于一时的冲动,在缺乏深思熟虑的情况下作出决策。

第二节 职业生涯决策的影响因素

进行职业生涯决策时掌握一定的基本原则和策略可帮助我们在决策过程中少走弯路,但更重要的是,职业生涯决策的作出,必须考虑个体、环境等因素,这些因素会影响生涯决策的作出,有时甚至是决定性的力量。所以,职业生涯决策必须从自身实际出发,综合考虑个体因素、环境因素、社会经济发展等因素,只有这样决策才能更科学。

一、个人因素

个人因素是影响职业生涯决策的主要因素,毕竟决策的目标、目的、实现均与决策者本人息息相关。这些影响因素主要包括:思想道德素质、科学文化素质、心理素质和身体素质。

1. 思想道德素质

思想道德素质是指人在一定的社会环境和教育的影响下,通过个体自身的认识和社会实践,在政治倾向、理想信仰、思想观念、道德情操等方面养成的较稳定的品质。思想道德素质是最重要的核心素质,是一个人在社会上立足、成长、发展的根本。正确、高尚的思想道德素质可以使人们面对错综复杂的社会环境时始终保持清醒的头脑,很好地调节个人与社会、国家的关系,树立高度的社会责任感。

职业道德是在职业范围内形成的比较稳定的道德观念、行为规范和习俗的总和,它既是对职员在职业活动中行为的规范,同时也是单位对社会所负的道德责任与义务。职业道德素质是思想道德素质的重要组成部分,是关系到个体职业发展和成长的重要因素。

2. 科学文化素质

个人文化程度、能力、操作技能等素质是与个人职业发展息息相关的科学文化素质。

文化程度对个体的职业发展举足轻重。一般来说,随着文化程度的提高,求职者更多的将就业岗位选择放在研究、学术领域,如科研机构、高等学校等单位,而一般事务性、操作性岗位则对学历的要求相对较低。

能力包括一般能力和专业能力,前者包括组织管理能力、信息获取与分析利用能力、分析问题和解决问题能力、表达能力等;而后者包括专业知识的掌握情况、获取新知识的能力、专业实践技能、专业发展潜力等。能力素质的差距有时可以超过学历的差距,高学历并不代表高的素养和能力,它的优劣要经过实践检验才能评判。因而科学文化素养的因素是影响个体进行生涯决策时的重要因素之一。

3. 心理素质

心理素质一般包括个体的性格、兴趣、爱好、价值观、适应能力、人际交往能力、意志力等各方面。在现代竞争激烈的社会中,个体心理素质的高低有时会成为个体发展成败的决定力量,它左右着个体的职业生涯规划、求职进程、求职结果和职业发展情况,良好的心态无异于锦上添花,而不良的心态则犹如雪上加霜,因此,培养和保持良好的心理素质对个体的生涯选择举足轻重。

4. 身体素质

俗话说,身体是革命的本钱。身体素质,包括年龄、性别、健康状况等因素都会影响个体的决策。空有雄伟的抱负和火热的激情,没有强健体魄和健全心智的支撑,再好的理想也仅仅是空中楼阁。

此外,部分职业对个体的身体素质有额外的要求或标准,个体在进行职业决策时也不得不重点考虑。如从事临床医疗工作,要求医学类毕业生不能是乙肝等传染性疾病患者,即使是健康携带者可能也会受限。

二、家庭和成长环境因素

无论决策者的年龄多大,家庭成员以及与重要他人的关系,都会影响有效决策的形成。这种影响,可能是正面的积极推动作用,也有可能是负面的消极阻碍作用。对于年轻人来说,影响因素可能主要来自家长;对于稍年长一些的,可能来自配偶、情侣或者孩子。职业生涯规划专家通过研究家庭系统和生涯决策发现,那些与家庭其他成员高度融洽或密切相连的人,相对来说依赖心理会更加强一些,往往在决策中很难保持自己情绪和心理上的独立;另外,家庭成员之间如果关系紧张、冷漠,无法就权利、义务、价值观等达成共识,也可能妨碍个人的科学决策。

1. 父母的影响

作为与子女关系最为亲密、成长过程中最为相关的父母,他们对子女的影响是显而易见的。父母的相互关系包括婚姻状况、和谐幸福程度、相互尊重理解,父母的职业、受教育程度、生活阅历、社会交往、社会地位等因素都会影响着子女的身心发育与个体成长,也会对子女的职业生涯发展和选择产生影响。另外,父母对子女的教养方式也会对子女的行为方式、人生价值观、伦理道德的养成产生影响。

2. 经济状况的影响

家庭的经济状况会影响子女的成长和就业,一般来说,经济状况越优越,为子女健康成长所创造的物质基础就会越坚实,子女有更好的条件或机会接触更多的资源,对于他们开阔视野、扩展思路、提升理想境界都会有很大的帮助。而在家庭经济条件比较差的环境下,子女的成长环境和发展机会则相对较少,不但不能获得很好的机会接受比较多的教育,而且面临着一些不平等的成长历程。

当然,经济条件的反作用也不可忽视。如果过多仰赖于良好的物质环境,丧失了独立成长发展的动力,如同大多数"富二代"一样迟早会沉沦于纸醉金迷的生活中不能自拔。"宝剑锋从磨砺起,梅花香自苦寒来",贫困的生活条件有时也会激励子女发愤图强,培养他们自立自强、坚贞不屈的品格,这会成为他们人生的宝贵财富。

3. 亲友的影响

决策者周围的亲戚、朋友、同学的意见和建议也是重要影响因素之一。比如,在毕业求职季节,同班、同寝室同学的就业进展会让其他同学产生焦虑、攀比等不良心态,可能会干扰自身的决策,甚至会放弃原来所坚持的信念和职业生涯规划,但虚心听取他们的正确建议又会对决策带来很大帮助。

三、社会经济的因素

作为生活在现代社会中的一员,决策者也要考虑政治、经济、产业文化政策等因素。只有全面分析,权衡利弊,所作出的决策才有可能是正确的。

1. 政治因素

社会的属性、社会发展阶段、政治生活状况等要素都是不可忽视的情况，在一个和谐稳定、欣欣向荣、蓬勃发展的社会里，会给人们提供更多稳定、长远的选择。而在一个动荡多变、暗无天日的社会里，自身生存尚未可知，人生的发展就会曲折而多磨难。当然，对于那些志向远大、忧国忧民的人杰来说，时势造英雄，在面对国破家亡的危急时刻，挺身而出，救危亡于天下，往往能成就一番伟业。

2. 经济因素

经济基础决定上层建筑，一个社会经济的发展水平、发展速度、发展潜力都会对决策者产生至关重要的影响。

在西方发达国家，社会经济已经发展到空前水平，社会财富极大丰富，科技、人文、教育、卫生各领域水平也领先全球，劳动者的综合素质普遍较高，产业层次更多地集中于高端制造业、现代服务业等领域。劳动者在选择职业发展方向时，更多地看重自身利益的诉求，更多地看重周围的文化氛围、发展前景等因素。而在发展中国家或欠发达国家，劳动者首先考虑的是个人或家庭的生理需求，而把发展需求的满足等放在次要的位置。

经济因素对决策者的影响还表现在，经济发展出现波折起伏或面临经济危机时，人们更多地选择那些相对稳定的工作岗位，如公务员、事业单位编制人员、大型国企等；在经济欣欣向荣的时期，三资企业、中小型企业的吸引力则会增加。

3. 产业、人才政策因素

当前，高新产业、现代服务业、地区的重点发展行业，都是国家或各地区重点扶持的领域，上至中央政府、有关部委，下到各级地方政府都不遗余力，重点投入人、财、物，进行引导和推动。决策者要通过各种途径，多多了解相关的行业发展态势，把握主导优势产业，选择时要重点明确，才能确保方向正确。

同时，面对各地吸引人才的政策举措和保障措施，决策者也不可忽视，如户籍政策、奖励政策、配偶或子女安置政策、配套启动政策等，也要全面了解，做到决策前心中有数。

第三节　职业生涯决策的方法与步骤

个人在进行职业生涯决策时，应力求做到掌握全面信息，知己知彼，同时还需要借助一些常用的决策工具或方法，帮助我们化繁为简、去伪存真，在众多备选方案中把最优的方案选择出来。

一、职业生涯决策的常用方法

随着社会学、心理学、管理学、运筹学等相关学科的发展和应用,特别是一大批心理学理论在职业生涯发展领域的拓展和应用,职业生涯决策的理论和工具也日益成熟,为科学决策、理性决策提供了重要的支撑平台。下面将对当今发展得比较成熟可靠、简单易行的几种常用决策方法进行介绍。

1. 平衡单

生涯决策平衡单是一种价值量化决策方法,经常被应用于问题解决和职业咨询中,用以协助咨询者系统地分析每一个可能的选项、判断分别执行各选项的利弊得失,然后依据其在利弊得失上的加权计分排定各个选项的优先顺序,从而执行最优先或偏好的选项。

(1)平衡单的基本操作步骤如下:

① 列出可能的职业选项;

② 此项决定所要考虑的项目有哪些,包括个人物质方面的得失、个人精神方面的得失、他人物质方面的得失、他人精神方面的得失四个方面;

③ 分析各选择方案在每个项目上的得失,计分范围由—5分到5分,按照自己的真实想法进行评价;

④ 根据各个选项的加权数,合计各个选择方案的分数总和;

⑤ 排出职业选择的优先级,找出得分最多的方案,即是当前的最优方案。

(2)生涯决策平衡单示例表格

比如某同学在毕业时面临出国、读研和就业的三项选择,他综合考虑了各项影响因素和权重后,利用生涯决策平衡单(见表8)作出了自己的最终选择。

表8　生涯决策平衡单示例表

项目＼选项	权重	出　国		读　研		就　业	
		得分	加权得分	得分	加权得分	得分	加权得分
个人物质方面							
1.							
2.							
3.							
……							

续　表

项目＼选项	权重	出　国		读　研		就　业	
		得分	加权得分	得分	加权得分	得分	加权得分
个人精神方面							
1.							
2.							
3.							
……							
他人物质方面							
1.							
2.							
3.							
……							
他人精神方面							
1.							
2.							
3.							
……							
总分							

　　2. 5W 归零思考法

　　5W 归零思考法是一种简单易行的决策辅助工具。通过问自己 5 个问题，就可以帮助解决自己的职业生涯规划与设计中的决策问题。由于每个问题的前面都有一个英文字母 W，所以也简称 5W 法。这五个问题是：

　　Who am I(我是谁)？

　　What will I do(我想做什么)？

　　What can I do(我会做什么)？

　　What does the situation allow me to do(环境支持或允许我做什么)？

　　What is the plan of my career and life(我的职业与生活规划是什么)？

具体操作步骤:

(1) 准备 5 张白纸和一支铅笔及橡皮等工具,去除杂念静下心来,按照顺序依次回答 5 个问题。

(2) 回答第一个问题"我是谁?"静心去想自己是个什么样的人,有什么性格特点,按重要性进行排序。

(3) 回答第二个问题"我想做什么?"我最期望做什么,除了事业上的期望,对生活有什么期望,对家庭的期望,可以回溯到孩童时代人生初次萌生的第一个期望。对自己的几个期望做的事情排个优先顺序。

(4) 回答第三个问题"我会做什么?"要把自己会的、擅长的项目罗列一下,包括自认为还可以开发出来的潜能,把你所有会的项目按照擅长的程度进行排序。

(5) 第四个问题"环境支持或允许我做什么?"仔细想一想,你现在所处的环境能支持你做什么呢? 环境要从小到大罗列,包括单位、本市、本省、本国甚至其他国家。最后,按照重要性进行排列。

(6) 第五个问题"我的职业生涯该如何规划?"有了上面的四个问题,下面就好做职业规划了,第五个问题也会迎刃而解。

最后,把前 5 张纸一字排开,比较上面的答案,用一条线将相同或相近的答案连接起来,你可能会得到几条连线,其中不与其他线相交,而且又处在最上面位置的那条线就代表你的最优选择。

3. SWOT 策略分析法

SWOT 策略分析法,又称态势分析法,最早由哈佛商学院的肯尼思·安德鲁斯(Kenneth R. Andrews)教授于 1971 年在他的《公司战略概念》一书中提出。他把公司所处的环境分为内环境和外环境,其中内环境分析包括 Strength(优势)分析和 Weakness(劣势)分析,而外环境分析包括 Opportunities(机会)分析和 Threats(威胁)分析。SWOT 分析法经常被用于企业战略制定、竞争对手分析等场合,目前在心理咨询、生涯辅导、人力资源管理等方面也有较多拓展运用。

SWOT 策略分析法是一种能够客观而准确地分析自我的方法之一,利用这种方法可以找出对自己有利的、值得继续发扬光大的因素,以及对自己不利的、需要去规避的因素,发现存在的问题,寻求最优方案,找出解决的办法,并明确以后的发展方向。因此,SWOT 策略分析在个人职业生涯决策中可以很好地加以利用,以减少决策的盲目性和主观性。

```
                    ┌──────────┐
                    │  环境分析  │
                    └──────────┘
                    ╱          ╲
          ┌──────────┐      ┌──────────┐
          │  内部分析  │      │  外部分析  │
          └──────────┘      └──────────┘
           ╱      ╲          ╱      ╲
     ┌───────┐ ┌───────┐ ┌───────┐ ┌───────┐
     │ S 优势 │ │ W 劣势 │ │ O 机会 │ │ T 威胁 │
     └───────┘ └───────┘ └───────┘ └───────┘
```

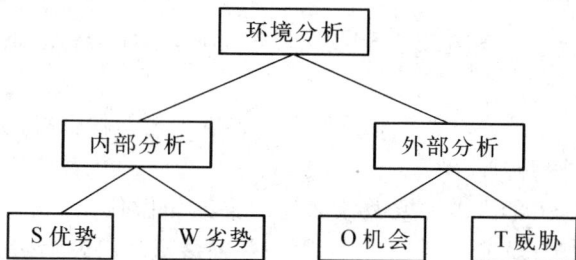

图 7　SWOT 结构分析图

（1）SWOT 分析基本框架

一般来说，在进行 SWOT 分析时，包括以下基本内容：

优势分析

只有客观全面地分析自己的优势所在，包括自己的能力、专业、学历、成功经验等，然后根据自己的优势选择职业并顺势而为，才能将自己的优势发挥得淋漓尽致，从而事半功倍，如鱼得水。

劣势分析

同样，要发现自己的劣势和最不喜欢做的事情。不知道自己的劣势在哪里，就会盲目高兴，会觉得天生能做好许多事情，从而沉浸在自我优势的圈子里，像井底之蛙，不知天到底有多大。找到自己的短处，可以努力去改正自己常犯的错误，提高自己的技能，放弃那些对不擅长的技能要求很高的职业。

机遇分析

环境为每个人提供了活动的空间、发展的条件和成功的机遇。特别是近年来，社会的快速变化，科技的高速发展，市场的竞争加剧，对个人的发展产生很大的影响，也提供了更多的选择和发展机遇。在这种情况下，个人如果能很好地利用外部环境，就会有助于个人发展的成功。否则，就会处处碰壁，寸步难行。

威胁分析

在社会中，我们也会面对各种各样的挑战和威胁。这是我们无法控制的外部因素，但是我们却可以弱化它的影响，这些因素包括：就业市场的不景气、就业竞争加剧、金融危机的影响等。

（2）SWOT 分析示例表格

决策者可以根据自己的实际情况，将个人的内部和外部因素实事求是地罗列到表格中，具体事项可以有多项，不一定仅仅局限于表格所列的 3 种。

表 9　SWOT 分析示例表格

外部因素 内部因素	机会(Opportunities) (1) (2) (3)	威胁(Threats) (1) (2) (3)
优势(Strengths) (1) (2) (3)	优势机会策略(S.O.)	优势威胁策略(S.T.)
劣势(Weakness) (1) (2) (3)	劣势机会策略(W.O)	劣势威胁策略(W.T.)
分析之后的整体结论:		

4. 生涯人物访谈法

生涯人物访谈,是通过与一定数量的职场人士(通常是自己感兴趣的职业从业者)会谈,而获取关于一个行业、职业和单位内部信息的一种职业探索活动。通过生涯人物访谈获得的信息可以检验和印证以前通过其他渠道获得的信息,并了解与未来工作有关的特殊问题或需要,如潜在的入职标准、核心素质要求、晋升路径和工作者的内心感受等,这些信息对于自己的生涯决策具有至关紧要的作用,但又是通过大众传媒和一般出版物得不到的。同时,通过生涯人物访谈,还可以增加自己的职场人脉,对于今后自己的发展会有所帮助。

生涯人物访谈的基本步骤如下:

(1) 自我梳理

包括对自己的进一步了解和评估,了解自己有助于深入地开展访谈,对自己了解越多,生涯人物访谈时就会越专业,访谈的效果就会越好。

(2) 选择访谈人物

结合自己的兴趣、技能、工作价值观、教育背景和已掌握的专业知识列出未来可能从事的 3—5 个职业,然后在每个职业领域寻找 3 位以上的在职人士作为生涯人物备选。生涯人物可以是自己的亲人、老师和朋友,也可以是他们推荐的其他人,或借助于行业协会、校友机构等渠道获得。

确定访谈人物后,首先要通过各种途径对访谈对象的有关信息进行详细的收集并熟悉这些信息;其次要进行预约,通过电话或邮件确定时间、地点等。

（3）准备访谈提纲

提前准备一份采访的问题提纲是非常必要的,题目量不宜太多,一般5—10个左右足够,题目尽量简洁明晰。以下提纲可供参考:

问题1:您是如何找到这份工作的?

问题2:您认为做好这份工作应该具备哪些知识、技能和经验?

问题3:您认为什么样的个人品质、性格和能力对做好这份工作来讲是重要的?

问题4:在行业内,先从什么样的工作岗位做起,能学到最多的知识,最有益于发展?

问题5:据您所知,从事这种工作的人在单位或者行业内发展的前景怎样?

问题6:平常在工作方面,您每天都做些什么?

问题7:您在做这份工作时,什么是最成功的,什么最有挑战性?

问题8:从事这份工作实现了您的人生价值吗? 家庭对您现在的工作满意吗?

问题9:据您所知,有什么杂志、行业网站或其他渠道能帮助我深入了解这个领域?

问题10:对于一个即将进入该领域的人,你愿意提出特别建议吗?

（4）开展访谈

采访方式最好是面谈,一般控制在30分钟为宜。面谈前,采访者一般可以用已经从其他渠道了解的生涯人物的好消息轻松打开话题,之后就可以按设计好的问题开始访谈了。遇到生涯人物谈兴正浓时,采访者要乐于倾听,给生涯人物留出提供其他信息的机会。在访谈结束时,请生涯人物再给自己推荐其他相关的生涯人物。这样就可以以滚雪球的方式拓展自己的职业认知领域。

注意事项:第一,采访前为自己准备个"30秒的广告",因为在访谈过程中生涯人物可能会问采访者的职业兴趣和求职意向。第二,应征求生涯人物的意见,视情况对谈话进行录音,或书面记录,或不记录。第三,面谈一定要守时、简洁,不浪费他人时间。第四,结束后可以向生涯人物赠送小礼物和一些关于学校和自己所学专业的宣传材料。第五,采访结束后,要通过合适的方式表示感谢。

（5）职业信息的加工和决策

在一个职业领域采访三个以上的生涯人物后，就可以对照之前自己对该职业的认识进行比较，找出主观认识与现实之间的偏差，确定自己是否适合这一行业、职业和工作环境，是否具备所需能力、知识与品质，进而作出自己的职业生涯决策。

其他的生涯决策方法还包括 PALCE 法、决策方格法等，可通过有关参考资料了解学习。

二、职业生涯决策的步骤

现代社会生活中面临着各种各样的决定，小到衣食住行，大到人生发展规划、社会发展方向等，无一不要求当事者迅速、有效地进行抉择。当然，有些事件的选择可能无关紧要，无论哪种结果都不会带来严重的后果，比如午饭选择面条还是米饭的问题；但有些选择却是至关紧要，甚至关乎生死存亡的，比如医生面对危急病人时对治疗方案的选择。还有些选择对时间上要求不严，无论选择深思熟虑还是雷厉风行均无可厚非。

涉及人生发展的职业生涯决策，本身就是一种复杂的心理和行为，决策的过程非常复杂，而结果往往难以回头，开弓没有回头箭，所以对决策的要素要牢牢把握，决策的过程要慎重和小心。

1. 生涯决策的要素

生涯决策所要重点考虑的要素包括：目的、选择、结果和评价，每一个决策的作出，都包含着这 4 个要素的界定，缺一不可。

（1）目的，即决策者所要达到的职业目标，通过决策最终实现的结果。

（2）选择，即决策者可能作出的若干行为选择，需要全部理清。

（3）结果，即对每一个选择的可能结果要进行澄清和明确。

（4）评价，即对于各个结果的价值评估，帮助决策者最终定夺。

2. 生涯决策的步骤

一般来说，进行职业生涯决策，以下几个步骤是必不可少的：

（1）探索不同的可行性方案。

（2）比较不同方案后果的得失，可以借助前面提到的决策技术和方法。

（3）根据对后果的评估而作出抉择。

（4）接受现实的检验。

（5）评估实施结果并最后决定。

具体可以参照下图所示：

```
                    ┌──────────────────────┐
          ┌────────▶│    面临决策情境       │◀─────┐
          │         └──────────┬───────────┘      │
          │                    ▼                   │
          │         ┌──────────────────────┐      │
          ├────────▶│   收集个人与环境资料   │◀─────┤
          │         └──────────┬───────────┘      │
┌────┐    │    ┌────────────────────────────────┐ │  ┌────┐
│评估│    │    │           决策步骤              │ │  │计划│
│结果│    │    ├────────────────┬───────────────┤ │  │一项│
│的适│◀───┘    │1.辨识各种可能的途径│              │ │  │调查│
│合性│         │2.分析各种途径的结果│  根据决策者需求 │ │  │方案,│
│    │         │3.预测可能发生的后果│              │ │  │收集│
│    │         │4.评估各种后果的价值│根据决策者的价值观│ │  │新资│
│    │◀────────│5.选择最佳途径     │根据决策者的决策结果│─┘  │料  │
└──┬─┘         └───────┬────────────────┬───────┘     └──┬─┘
   │                   │                │                │
   ▼                   │                │                ▼
┌──────────────┐       │                │        ┌──────────────┐
│  终结性决定    │◀──────┘                └───────▶│  调查性决定    │
└──────────────┘                                 └──────────────┘
```

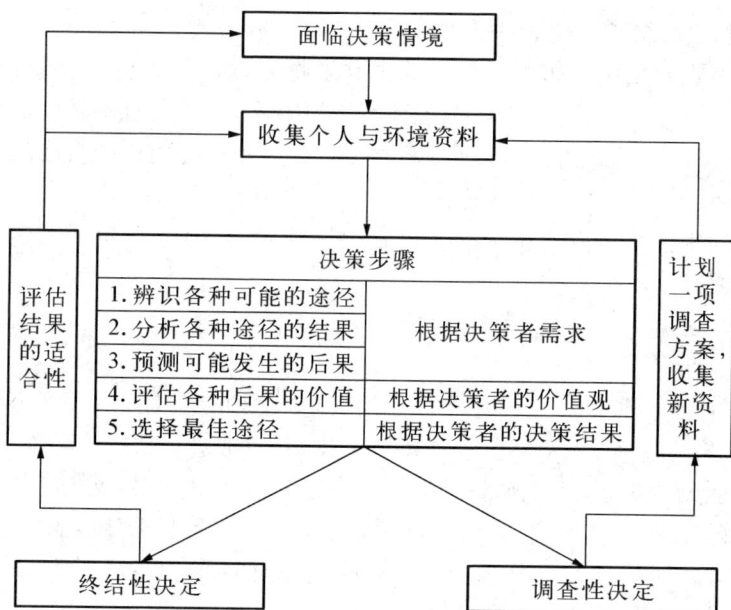

图8　职业生涯决策步骤图

从生涯决策的步骤中,我们会发现它的几点特性:

第一,生涯决策是一个选择与放弃的历程。每个抉择都有两个以上的可能,决策者必须选择其一,对于每个决策所带来的后果,决策者都必须亲自承担。

第二,每个决策都有优点及缺点,这些与人格特质及个人成熟度有关。事实上,每条路都会有挑战,每个人主观与客观认知的阻碍都不相同,是否走得过去,取得什么样的成就,要看个人的抉择与努力。

第三,个人的风险偏好和性格决定生涯决策的路线。你倾向于保守路线还是冒险路线,这就取决于你的风险偏好和性格了,当然,高风险与高回报总是相伴随的。

第四,生涯决策没有正确的答案。生涯决策通常都在不确定的情况下进行,每个不确定性都可能引发下一个不确定性。生涯决策的魅力就在于没有标准来衡量你的对错。

第四节　职业生涯发展规划书的制订

职业生涯发展规划的制订和实施,可以帮助我们更清晰地认识自我,更好地利用尽可能多的资源,把握更好的发展机会,付出最少的发展成本,去获得最优的发展目标。因此,无论是对于个人还是组织来说,制订发展规划都是必不可少的重要环节。

把经过深思熟虑制订的职业生涯发展规划,以文字、表格、图形等形式确定下来,形成一套完整的方案,即是职业生涯发展规划书。撰写职业生涯规划书的过程,其实也是一个制订和审视自己的职业生涯发展规划的过程,可以帮助我们进一步理清思路、明确发展目标、细化阶段任务、认识不足和努力的方向。因此,职业生涯发展规划书的重要性越来越为人们认识并认可。近年来,各地各高校开展得如火如荼的职业生涯规划大赛,其参赛要求就是以生涯发展规划书的形式进行比赛。

一、规划书与个人职业生涯规划的关系

个人职业生涯规划书和个人职业生涯规划之间是载体和内容的关系,前者是形式、框架,后者是基础、核心。具体来说,两者之间的关系可以体现在以下几个方面。

1. 规划书是对个人职业生涯发展规划的审视和完善

众所周知,撰写个人职业生涯规划书的前提是业已成型的个人职业生涯发展规划,规划书一定是在已有的发展规划的基础上形成的。否则,规划书肯定是没有事实依据的水中花,即使很华丽动人,对个人的发展还是毫无裨益的。

如果对个人的职业生涯规划已经了然于胸,然后再撰写规划书自然就是水到渠成了。同时,撰写规划书的过程,既是将思路、想法、计划、方案等以文字形式固定下来的过程,也是对既有规划的再思考、再加工、再完善。撰写规划书时,需要将生涯规划的基本步骤,即认识自我、熟悉职业、了解环境、生涯决策、制订和实施计划、评估与反馈等程序——具体化,发现不足的环节,并进一步自我思考或借助测评工具、职业咨询等手段进行修正,一些模糊不清的概念也要进一步澄清。只有在此基础上形成的规划书,才是个人职业生涯发展规划真实、全面的反映,对个人的指导意义才真正有效。

2. 规划书是对个人职业生涯发展目标的分解和监控

个人职业生涯发展目标,对个体的发展成长作用是显而易见的。据美国某权威研究机构对哈佛大学一个班级的跟踪调查结果显示,87%的学生在校期间不曾有过明确的目标或抱负,10%的学生有清晰但短期的目标,只有3%的学生有明确的长期目标和行动计划。毕业30年后,这3%的毕业生不仅实现了自己设定的发展目标,而且他们所拥有的个人财富也远远超过了其他97%的同学的

资产总和。

个人目标包含近期目标、短期目标、中期目标、长期目标和最终目标,跨越时限分别是数月、1—2 年、2 年以上、10 年以上和 40 年以上等。在个人的生涯规划书中需要将这些目标进一步分解、细化,进行时间或功能上的组合,同时针对不同的目标,就实现时间、实现方法进行明确,按照实施方案一步一个脚印朝最终目标顺利前进。

制订规划书后,在实施的过程中需要定期进行评估反馈,特别是各阶段的目标实现情况,要及时进行修正。因此,我们可以以规划书为指导和蓝本,对目标的实施情况进行监控,加强考核和评估,以保证既有目标的顺利实现,对不适宜的目标也要及时修正。

3. 规划书是不同个体职业生涯规划交流和借鉴的载体

现代社会,人与人之间的交往联系更加紧密,个人的成长和发展可以通过网络、书籍、报刊等途径来参考和借鉴他人的人生经验,帮助自己更快、更好地成长,少走弯路。而他人的职业生涯规划书通过各种途径进行传播,个人也可以有效地进行借鉴和利用别人的经验和做法。

同时,规划书也是个人进行宣传的有效工具,可以帮助他人对自己有更深入全面的认识,从而在咨询、招聘过程中处于领先地位。另外,规划书也是各种规划大赛的必备要求和评选依据,其意义非同凡响。

二、规划书的常见结构与内容

1. 制订个人规划书的基本原则

制订个人职业生涯规划书,需把握以下基本原则:

(1) 真实客观

规划书的制订,真实性为第一要务。首先要源于自身的实际情况,对自己、对环境、对职业都要有准确、真实、客观、全面的认知,力求真实客观。切不可将自己的规划建立在虚假的幻想之上,这不但毫无指导意义,甚至会误入歧途。

(2) 个性化

规划书的制订,要以自我为基础,所有的计划和实施方案都是根据自己的实际情况制订的,要符合自身的实际情况。制定过程中他人的意见或建议可以用来参考或借鉴,但不能缺少主见,甚至人云亦云。

(3) 具体可行

规划书中的每一个目标或实施方案,都是建立在客观现实的基础上的,都有切实可行的行动措施来实施,并且经过自己的不懈努力和奋斗是可以达到最终目标的。因此,规划书的内容绝对不可以天花乱坠,只为自己打造美丽虚幻的空中楼阁,而实施行动却变得遥不可及。

(4)简明扼要

规划书的内容一定要言简意赅,力求一语中的,以简洁的文字或图表的形式把自己的意图表达出来,不仅自己阅读起来方便、一目了然,对他人、对评委来说,也可以及时抓住重点,节省阅读的时间和精力;切不可一味堆砌华丽辞藻,洋洋洒洒下笔千言却离题万里。

2. 规划书的常见结构与形式

从规划书的结构和形式看,一般可采用表格、文本、图形或以上三种形式的结合。一般来说,表格的形式简洁明快,条理性较好。而文本的形式,叙述层次分明,论述结构严谨,适用于深入细致的描述。图形的形式,直观而清晰,令人印象深刻。复合式的结构,秉承了以上各形式的优点,在不同的描述过程中采用不同的形式组合,或许可以起到画龙点睛的效果。

3. 规划书的主要内容

个人职业生涯发展规划书一般包括如下基本内容(可参考本书附录 4 的模板):

(1)封面部分

一般应单独设置独立封面,内容包括题目,一般以"某某职业生涯规划书"为题,酌情增加副标题,但要言简意赅,令人耳目一新。封面的下面部分注明个人姓名和完成日期。

(2)个人基本信息

扉页内注明个人姓名、性别、联系方式等内容。

(3)正文部分

此部分是规划书的核心内容,也是需要花费绝大部分的时间和精力尽心尽力准备的重点。核心还是要根据自己的生涯规划内容,按以下基本思路将有关内容充实完善。

自我评价

对自己的基本情况和潜在的能力作出全面、客观、真实的测定和评价,这是合理规划职业生涯的前提条件。内容包括个人教育水平、身体素质、心理素质、兴趣爱好等,可通过自我反省、职业咨询、工具评测、他人建议等手段获得。在自我剖析、自我评定时,既要实事求是,一分为二,看到优势,找出差距;又要以发展的眼光看待自己,充分认识自己的潜能和未来发展的希望。

职业环境分析

对自己意向中的职业、行业进行全面分析，以期把握行业发展态势和职业发展前景，对新兴行业、朝阳产业要重点进行了解。同时，还需要对相关企业或组织内部的环境，包括企业文化、发展空间、薪酬福利、休假休闲等内容进行调查。这些信息可以通过网络、有关行业协会、年鉴资料、行业发展报告、生涯人物访谈等获得。

社会环境分析

社会环境对每个人的职业生涯乃至发展都有重大影响，通过对社会大环境进行分析，了解所在国家和地区的政治、经济、政策等情况，以寻找各种发展机会。

职业生涯决策、目标设定

在对个人评估、环境分析和职业分析的基础上，可以对自己的生涯方向进行决策，设定不同阶段、不同层次的发展目标。

生涯决策的重点包括七个部分，即选择何种行业、选择行业中的哪一种工作、选择所适用的策略以获得某一特定的工作、从数个工作机会中选择其一、选择工作地点、选择工作的取向、选择生涯目标或系列的升迁目标等。生涯决策需要掌握必要的工具，具体可参照本章第三节的相关内容。

目标设定也要基于自我认识和对社会环境及现有行业、职业分析的基础上，对自己未来的职业生涯设定明确方向和目标。在选择职业主攻目标时，必须考虑自己的主客观因素，即个人的文化基础、智力水平、兴趣爱好、职业或所学专业状况、自身素质的优劣、时间的充分程度和社会的需要、时代的客观环境、单位和家庭的微观环境。权衡优劣利弊得失之后，确定长期目标和近期目标，宏观目标和微观目标，从而把握个人发展的方向。

制订实现职业生涯目标的策略和措施，并予以执行

根据生涯规划的内容和目标，制订切实可行的行动方案，并认真贯彻执行。比如，通过自我分析，发现自己与职业选择之间存在的差距，要根据这些差距，采取相应的措施和行动，如提升个人对组织的价值，进一步展示和证明自己的实力，增强人际交往能力，参加教育和培训，获取未来目标成功所需的知识与技能等。

应该认识到，生涯发展策略和执行方案要因人而异，是建立在自己的个体情况、环境分析和生涯规划目标的基础上而提出的针对性的措施。因此，执行方案切忌照搬别人的经验和做法，否则就成了东施效颦。

反馈与修正

事物都是在运动变化中的，个人因素、环境因素都处在动态变化调整之中。

由于在制订职业生涯规划时，人们对自身和外部环境了解有限，最初确定的目标也可能比较模糊，需要保留一定的变通余地。随着时间的推移、规划者认识的提高、自身及外部环境的变化，经过一段时间执行后，可以及时进行总结评估，重新调整职业生涯规划，修正职业发展目标，制订更加切实可行的行动方案。

（4）附录部分

此部分中包括基本小结或结束语，对自己的职业生涯规划进行提纲挈领式的简单概括。

第五节　职业生涯发展规划的
实施与评价

个人的职业生涯规划方案制订以后，可以再广泛征求周围老师、同学或亲友的意见或建议，请他们帮助自己继续修改或修订。更重要的是，要做到谋定而后动，根据自己的规划方案，把实施、行动放到重要日程上来，否则，纸上谈兵是毫无意义的。任何方案，不管多么完善，不管多么诱人，如果没有进一步的实施，并为之付出艰苦卓绝的努力，到最后终是一事无成的。

一、职业生涯发展规划的实施

职业生涯规划涉及的时间跨度并非一朝一夕，最终目标的实现依赖于个体长期不懈的努力。因此，在生涯规划方案实施的过程中，既要有雄心壮志，要有不达目的不罢休的豪气，还要对可能遇到的困难或挫折做好充分的心理准备，并制订备选的行动目标和方案。

1. 实施原则和行动策略

在生涯规划的实施过程中，需要坚持以下基本原则和行动策略，才能保证事半功倍，以最小的成本付出，顺利完成自己的生涯发展目标。

（1）生涯规划实施的基本原则

自我主宰

生涯规划的制订和实施均要以当事人为主体，自我处于绝对核心的地位，不能把自己的生涯目标建立在别人的帮助，甚至由他人代劳的基础上。毕竟生涯目标的实现与自己的发展是息息相关的，他人的帮助最多起到锦上添花的作用，但如果自己主观不努力，不积极奋斗，就成了扶不起的阿斗，纵然万事俱备，也会一事无成的。

循序渐进

生涯目标的实现,需要循序渐进,从小事做起,从简单事情做起,步步为营,稳步推进;要注意目标的分解和组合,化整为零,化繁为简,化难为易;要改变拖拖拉拉的不良习惯,期限内的任务目标必须完成;在不影响整体推进的前提下,可适当调整进度,保持一定的弹性,特别是遇到挫折时暂时让自己冷静下来,认真地反思和总结,等待机遇,东山再起。

有始有终

每一步行动方案,每一个阶段目标,都要做到有始有终,切忌半途而废、虎头蛇尾。万事开头难,第一步的迈出,不只代表着一个艰苦历程的推进,更意味着光明灿烂的前景,只有付出艰苦的努力,持之以恒,最终目标才有可能实现。

有效行动

所有的行动方案和努力都要以实现各阶段生涯目标为准绳,不做无用功,不走冤枉路。

(2) 对准差距,以较小代价实现目标

制订生涯规划方案的过程,也是自我反思的过程,特别是针对自己的生涯发展目标,清醒地认识到自己各方面的差距和不足,包括思想观念差距、知识差距、能力差距、心理素质差距等各方面。

管理学中的木桶原理指出,组成木桶的木板如果长短不齐,那么木桶的盛水量不是取决于最长的那一块木板,而是取决于最短的那一块木板。这就是说构成组织的各个部分往往是优劣不齐的,而劣势部分往往决定整个组织的水平。

对个人来说,发现自己生涯素质或环境影响因素中最薄弱的地方,在接下来的方案实施过程中,就要针锋相对地制订相关的行动计划,取长补短,把不足、薄弱的地方重点弥补,为实现生涯目标打下基础。

(3) 目标追求危机与挫折应对

人生追求的前进道路上不可能一帆风顺,困难、坎坷在所难免,今天风光无限、意气风发,随之而来的可能就是茫然失措、彷徨无助。该如何处置前进道路上的危机和挫折呢? 是放弃目标还是完善行动计划?

成功的人和不成功的人可能就差一点点。成功的人善于修改方法,但绝不轻易放弃目标;不成功的人总是变换目标,却从不或很少改变方法。在职业生涯发展的道路上,只要不放弃最终目标,失败便是成功之母,失败了,再努力,再失败,再努力,最终就能取得成功。

在目标实现的过程中,面对挫折与失败,有的人愈战愈勇,不气馁,不怨天尤人,有的人却晕头转向,垂头丧气。其中的区别何在呢？关键是后者对目标实现过程中的阻力或可能出现的困难准备不足,应对措施缺乏,或者是对目标实现采取机械、被动的模式,不善于随机应变。一般来说,当职业发展目标出现以下情况时,就要及时进行优化组合,行动方案也要随之调整。

目标设置不合理。目标设置时,缺乏应有的细致或必要的准备,导致目标设置过高或过低,或过于笼统、主次不分,或者是目标过于分散等情况,其结果就是执行过程中才会发现根本难以继续进行,更别说目标实现了。

比如某同学在大学期间,计划目标五花八门,既要有学业上的优秀,又要有社团活动的精彩,既要有休闲活动的充沛,又要有打工创业的小成,还要提高自己的领导力……这些目标单独看来可能没有什么大问题,但是对某个人来说在短短的几年时间内,这些目标的实现不可能做到齐头并进,要有适当取舍,要抓住自己人生目标中最需要解决的阶段性目标。

目标实现的外在条件不具备或者发生改变。随着时间、环境的变化和自身各方面的调整,原先制订的发展目标可能不再适应当下的要求,原来合理的目标就变得不再合理了。这时当事人就要学会与时俱进,见机行事,不可故步自封、墨守成规。

比如,报考国家和地方的公务员是时下的热门,每年吸引数百万的应届毕业生趋之若鹜。但随着公务员招录政策的调整,留给应届生到政府部门发展的大门已经趋向于关闭。对大学生来说,原先制订的报考公务员的生涯目标就要及时调整。

制订目标的当事人缺乏执行力。目标虽然看起来很美,但是要实现却需要坚定不移地执行。执行力相当于心理学中所说的毅力。人生就是一场马拉松赛,开始跑在最前面的未必能一直领先,成为一名胜利者;原来落在后头的也有可能后来居上。有人老是在别人的成就和荣耀面前哀叹自己起步太晚,其实每一位马拉松参赛者都明白,迟个三步五步,甚至十步百步也不算晚,关键是能否坚持到终点。判断人生道路上的这场胜负,主要看用毅力换来的成绩,正如判断一棵果树的优劣,是看它结的果实是否丰硕,而不苛求它的叶子是否葱郁。成功者常常用毅力去书写迷人的胜利传奇。

2. 实施行动

万事俱备,只欠东风。有了目标、有了措施、有了行动方案和执行策略,接下来就是一心一意地开始行动了。

行动的过程中要胆大心细,在坚持基本原则的前提下,大胆地试,大胆地闯,开弓没有回头箭,要稳扎稳打,朝着既定的目标,咬定青山不放松。要注意及时总结和反馈,反思经验教训,不断调整策略和方案。

二、职业生涯发展规划的评价与调整

大学生个体由于对社会环境的了解不深,加上社会的职场环境复杂多变,职业生涯规划难免与现实有出入,这就需要对职业生涯目标和规划进行评估,并做出适当的修正,以更好地符合自身发展和社会需要。职业生涯规划的评估与反馈过程是对自身的不断认识的过程,也是对社会加深认识的过程,是使职业生涯规划更切合实际的有力手段,也是一份完整的职业生涯规划不可或缺的组成部分。

1. 评价原则

(1) 阶段性原则

个体职业生涯发展评价应定期进行,一般以半年或一年左右为一周期。特殊情况下,需要随时进行评估,以便及时反馈和修正。

(2) 发展性原则

对生涯发展目标和行动策略的评估要坚持发展的眼光,要根据时代特点和形势的变化动态进行。

(3) 全面性原则

评估的内容则要全面细致,更要抓住关键性的内容和最新需求,把难点和突破点找出来。

(4) 客观性原则

评估的内容、标准、程序要客观公正,要以事实为依据,以个人发展目标为准绳,这样的评估结果才能起到反馈和修正作用。

(5) 多元性原则

要坚持评估标准多元化和对结果评估的多元化,不以暂时的成败论英雄。不能仅仅以财富或地位作为人生成功的目标,每个人的价值观不同,职业需求不同,职业生涯目标各异,对成功的定义也会有所差别。对不同的人来说,成功标准也就不一样。

2. 评价内容

依据评价的原则,需要对职业生涯发展规划的进展进行全面、客观的评价,而评价的结果可以对我们的生涯目标、实施策略调整产生积极的指导意义。具体来说,评价的内容应该包括以下四个方面:

(1) 职业生涯目标评估

假如一直无法找到所希望的学习机会和工作机会,或者一直无法适应或胜任设计的职业生涯目标,在工作中得不到应有的发展,那么就需根据现实情况重新选择职业目标。

（2）职业生涯路径评估

当出现更适合自身发展的职业生涯发展机会,而原定发展方向缺少发展前景的时候,可以尝试调整职业发展方向。

（3）实施策略评估

在既定的工作地点是否能找到理想的工作,在该地是否能够得到预期的发展机遇,配偶是否能在该地顺利就业,是否能够在该地安居乐业,都是评估的重要指标,达不到就要考虑更换工作地点。

（4）其他因素评估

当个体身体、心理、家庭、经济状况以及意外情况发生变化时,也要及时评估,并调整发展目标和计划。

3. 评价维度及方法

（1）评价维度

自我评价

一个人如果能够正确地、如实地认识和评价自己,就能正确地处理个人与集体、他人的关系,有利于扬长避短,实事求是地评价自己是完成职业生涯规划评估的重要一环。通过自我评价,可以帮助个人认识自我、完善自我。

他人评价

他人评价主要包括同学评价、朋友评价、教师评价、父母评价等,他们的评估意见可以帮助个人增长经验,提高认识,更加全面地发现问题、分析问题和解决问题。

组织评价

组织评价是指由某种正式或非正式机构实施的评价,如班级、院系、学校、学生社团等。组织评价往往有较高的信度和效度,而且有利于当事人看清楚自己在同龄人或同学中的竞争位置,有利于发现优势与劣势。

（2）评价方法

职业生涯发展规划的评估方法比较多,以下仅简单介绍四种最为常用的方法。

调研法

通过测评工具、问卷、访谈等形式,收集个体、环境的变化信息,对已完成的阶段目标进行评估,或对以后的目标达成计划进行评估和调整。

360 度反馈评价法

全方位反馈,也称 360 度反馈,最早是由被誉为美国力量象征的典范企业英特尔首先提出并加以实施的。在 360 度评价法中,评价者不仅是被评价者的上级主管,还包括其他与之密切接触的人员(如同事、下属、客户等),同时也包括自评。大学校园中的职业生涯规划全方位反馈评价则包含学校领导、老师、同学的评价和被评价者的自评。

对比法

他人的成功经验和做法可以开拓自己的思路,完善自己的计划,要学会多问、多思、多学,把别人的长处转化为自己所需,指导自己的实践活动。

"重要人物"访谈法

请自己的同学、朋友、父母、亲戚、同事或其他你认为了解你的重要人物中的两三个人,对你和你的规划进行评价,听取他们的意见和看法。

4. 评估注意的问题

评估可以参照各类短期、中期预定目标和实际结果比照而行。一般来说,任何形式的评估都可以归结为自我素质和行为对现实环境的适应性判断,分析自己的现状,特别是针对变化的环境,找出偏差所在,并做出修正。

(1) 抓住最重要的内容

在职业生涯的某一阶段,总有一个最重要的目标,其他目标都是指向这个核心的,我们完全可以通过优先排序,重点评估那些可能达到这个核心目标的主要策略执行的效果。

(2) 分离出最新的需求

针对变化了的内外环境,要善于发掘最新的趋势和影响。对于新的变化和需求,要寻求怎样的策略才是最有效而且最有新意的。

(3) 找到突破方向

有时候,在某一点上取得突破性的进展将对整个局面产生意想不到的改变。想一想,先前职业生涯规划中的策略方案中,哪一条对于目标的达成应该有突破性的影响?达到了吗?为什么没达到?如何寻求新的突破?

5. 职业生涯规划的修正

接下来,就要根据评估的结果进行目标和策略方案的修正。所谓修正是改正后使其正确。职业生涯规划修正的内容包括:职业的重新选择、职业生涯路线的选择、阶段目标的修正、实施措施与行动计划的变更等。

(1) 修正目的

通过反馈评估和修正,应该达到下列目的:

对自己的强项充满自信;

对自己的发展机会有一个清楚的了解;

找出关键的有待改进之处；

为这些有待改进之处制订详细的行为改变计划；

以合适的方式答复那些给予反馈的人，并表示感谢；

实施你的行动计划，确保你能取得显著的进步和成就。

（2）修正计划

实施生涯规划时，必须为日后可能的计划修改预留余地，修正的依据是每次评估后反馈回来的信息。至于计划修正的时机，必须考虑下列四点：

定期检测预定目标的达成进度；

每一阶段目标达成之时，要依据实际效果，修订未来阶段目标可采用的策略；

客观环境改变影响到计划的执行；

有效的生涯设计还要不断地反省修正，反省策略方案是否恰当，以能适应环境的改变，同时可以作为生涯规划修正参考的依据。

（3）职业生涯规划调整

职业生涯规划需要不断调整，一个好的职业生涯规划，需要具备可行性，需要有实施计划的具体措施和时间。但是，职业生涯规划做得过细、过于严格，会束缚自己的手脚，可能会丧失随时到来的种种机会，又会因为不切合实际而丧失可操作性。在影响职业生涯的许多因素难以预料的情况下，要使职业生涯行之有效，就必须使规划具有一定的弹性，在实践中不断进行评估和调整。这就需要我们在实践中定时定期地去检验目标完成的情况和评估环境的变化，从而作出正确的调整。

在我们生涯发展的过程中也会出现这样或那样的问题，如当与社会发展发生冲突时、当与职业发展发生冲突时、当与个人兴趣爱好发生冲突时，职业生涯规划本身就要在发展中不断调整。

怀疑自己不合格。如果我们在工作中学习感到痛苦，这可能是自己表现不佳而又不愿正视问题。因此应该扪心自问：自己到底做得如何？我们可以请周围知心的人作一个评定，以确定是否达到工作岗位的要求。

学习或工作过于轻松。如果自己闭着眼睛都能做好目前的工作时，这可能表明我们的能力已远远超越我们的职位而自己却不知道。

与上司或同事不合拍。与上司沟通有严重的障碍，或者感觉与同事格格不入，这就要认真反思。

在职业生涯发展的初期，就应该给自己制订出合理的职业生涯规划，这基于对自己有一个清晰的认识、准确的判断和合理的把握。只有讲求实际，合理准确地评估自己，并不断地加以调整，才能合理定位职业生涯方向。反馈调整环节应坚持稳定与变化相结合的原则，当今社会处于激烈的变化过程中，职业生涯规划要根据社会环境的不断变化而不断反馈调整。另一方面，职业生涯规划是关系一个人一生发展的重要设计，从开始的分析评估自我、全面考察环境，到目标确立、实施计划，一般都经过了认真和慎重的考虑，因此，除非是出于特殊原因或者发生意外事件，职业生涯规划一旦确定下来就应尽量保持稳定，尽量不要做大的变动和调整；否则的话，就要重新花费精力去分析评估一系列的相关因素，重新确定目标，甚至推翻之前已经取得的成绩。

第七章
职业生涯准备

不积跬步，无以至千里；不积小流，无以成江海。

——荀子

学习目标

1. 了解大学生活的基本特点
2. 掌握大学各年级生涯规划的重点任务和实施策略
3. 明确研究生阶段生涯准备的能力提升的方法和策略

个人的职业生涯目标，特别是最终生涯目标的实现，需要一个艰难曲折的过程，并需要付出长期不懈的努力。任何辉煌的胜利或精彩的人生，都体现着一分耕耘一分收获的道理。

第一节　大学与大学生活

大学期间，是一个人世界观、人生观、价值观形成并逐渐成熟的重要时期，也是强身健体、增长知识、提高技能、心理锤炼、全面发展的时期。大学是人生最美好也是最重要的阶段，更是大学生职业生涯发展的重要准备阶段，在个人的职业生涯发展过程中发挥着承上启下的重要作用。根据舒伯的生涯发展理论，大学生处于"探索"和"建立"个人职业规划的重要时期，是完成自我认知、探索职业世界、分析周围环境、建立生涯发展目标并开始逐步实现的重要阶段，是个人职业生涯准备的黄金时期,是个人最终生涯目标实现的重要基础和关键环节。

在大学阶段,是否为今后的职业生涯有所准备、准备的质量如何,将直接影响到大学生几年后甚至终身的就业竞争力和未来的职业生涯发展潜力。在大学里第一次跟随那么多学识丰富的学者遨游知识的殿堂,第一次有如此自由的课余生活,第一次独立思考人生,也可以第一次自主选择自己想要的生活……很多人感受到了这些第一次的美好和魅力。如果不能好好把握这段美好的光阴,任凭时间偷偷溜走,将悔之晚矣。时光不能倒流,要像毛泽东诗词中所说的那样,"多少事,从来急;天地转,光阴迫。一万年太久,只争朝夕"。好好珍惜人生中最美好、最难得的学习时机,为未来的发展打下坚实的基础。

一、认识大学生活

"十年寒窗无人问,一举成名天下知。"青年学子经过多年的寒窗苦读,经过残酷的高考洗礼,终于跨入自己理想的高等学府,成为象牙塔中的莘莘学子,人生的崭新一页已经打开。初入大学校园的新生,只有尽快适应大学生活,才能在校园里游刃有余,为实现自己的理想和人生发展目标打下坚实基础。

1. 大学生活的目的

大学生活的真正目的是什么?是认真学习知识、锻炼素质、提高技能,还是花前月下、吃喝玩乐?是早作规划还是浑浑噩噩?对这些问题,相信很多初涉职场的毕业生肯定有往事不堪回首的一声叹息,而初入校园的新生则大多懵懵懂懂、似是而非。只有明了大学生活的目的,紧紧围绕人生发展目标,才能让自己的大学生活更加充实、更加美好。

(1) 大学生活,是为了学会做人

我们所处的时代,是一个全球化、信息化的时代。人的思维方式以及行为方式、经济生活等各方面都呈现出多元化的特点。大学校园中享乐主义、拜金主义、极端个人主义等不良思想也有所表现,这会影响当代大学生的世界观、人生观和价值观。一些大学生中存在着一些不良倾向,比如责任心不够、不尊重别人、诚信意识淡薄、抗挫折能力差、集体观念不强、吃苦精神缺乏、团队合作精神不够等,这些问题归纳起来还是大学生在做人方面的不足。

教育家陶行知说过:学生不应该专读书,他的责任是学习人生之道。即做人重于做事。大学的重要使命是教书育人,培养有理想、有道德、有文化、有纪律的人。从小学、中学直到大学,一个人所要完成的不只是知识的学习和积累,更重要的是拥有健全而有益于社会的优良素质——学会做人。要做一个志存高远的人,要做一个心地善良的人,要做一个教养有方的人,要做一个乐观向上的人,要做一个宽容厚道的人,要做一个正直豁达的人。

学会做人不应只停留在口头上,还应落实在行动上,从小事做起,从点滴做起。当前大学生就业形势日益严峻,社会竞争也日趋激烈,大学生要想实现顺利就业,成为职场成功者,就必须深刻认识到做人与就业、做人与成功之间的关系,做到修养与知识的协调发展。

(2)大学生活,是为了学会做事

大学校园是知识的海洋,为青年学子的成长成才提供了取之不竭的知识宝库。博古通今的大师、精彩纷呈的讲座、汗牛充栋的图书馆,启迪着学子的智慧,开拓着青年的思维;大学校园也是一个锻炼技能的舞台,竞赛比赛、社会实践、学生社团和科技创新等活动吸引着众多学子积极参与。所有这些,都为学子的成长提供了良好的氛围。

誉满全球的推销大师齐格勒(Ziegler)说过,如果你能够尽到自己的本分,尽力完成自己应该做的事情,那么总有一天,你能够随心所欲从事自己想要做的事情。对在校大学生来说,要珍惜来之不易的学习环境,从知识、能力、素质等方面全面发展自己,为今后的健康工作、幸福生活做好准备。

(3)大学生活,是为了拓展人际关系

如果说血脉是人的生理生命保障系统的话,那么人脉则是人的社会生命保障系统。常言说"一个篱笆三个桩,一个好汉三个帮",要想做成大事,必定要有做成大事的人际关系网络。很多成功的商界人士都深深地意识到了人脉资源对自己事业成功的重要性。美国钢铁大王及成功学大师卡耐基(Dale Carnegie)经过长期研究得出结论说:"专业知识在一个人成功中的作用只占15%,而其余的85%则取决于人际关系。"无论从事什么职业,学会处理人际关系,掌握并拥有丰厚的人脉资源,就等于在成功路上走了85%的路程,在个人幸福的路上走了99%的路程了。由此可见,积累和经营人脉对于个人事业发展是何等重要。

在大学期间所建立起来的良好师生关系和同学关系,也会成为今后职业发展中的重要资源。大学聚集了很多优秀的、来自五湖四海的同学。在这里,可以通过社交活动,或者班集体活动,与他人建立长期、稳定的人际关系,扩大自己的人际关系网。而这种人际关系网的建立,对于我们今后的求职以及职业生涯发展都是一笔宝贵的财富。这就是我们常说的"人脉"。

(4)大学生活,是为了满足需求

美国心理学家马斯洛(Abraham H. Maslow)曾指出"人是永远不能满足的动物",并提出了著名的"人生需求层次理论"。马斯洛指出,人的需求由低级向高级层次推进,即从生理需求—安全需求—友爱和归属的需求—受尊敬的需求—自我实现的需求。

面对人生大舞台,每个人都渴望实现自己的价值,追求职业生涯的成功。我们上大学,不仅是为了学习知识,最终的目的是通过找到一份适合自己发展的职业而实现自我价值,获取职业生涯的成功。

因此,上大学,学习知识、培养能力,绝不是仅仅为了就业获得一个职位,满足低层次的人生需求。通过上大学,不仅可以获得较高的职业发展起点,而且在未来的职业生涯发展过程中,还可以将所学到的知识应用到所从事的工作中去,为满足社会公众和他人的需求创造物质财富和精神财富,从而最终实现自己高层次的自我实现的需求。

知识改变命运。当然,大学生活并非实现人生理想的必要阶段,它只是为自己的人生书写灿烂的一笔,为生涯目标的实现锦上添花。条条道路通罗马,电视剧《亮剑》中目不识丁的李云龙仍然可以在战场上将黄埔军校出身的优秀毕业生打得落花流水。聪明的人,可以借助大学生活在更高的层面上发展自己,为将来的成功打好基础。

2. 大学生活的特点

现代的大学生活,与以往相比有了很多的变化,与中小学相比,更是大相径庭,新入学的大学新生需要一段时间才能逐步适应。大学生活的特点主要表现在以下几个方面:

(1) 独立性

大学生活具有非常强的独立性。很多人中小学时衣食住行等都由父母安排,生活自理能力欠缺。而在大学则是过集体生活,远离父母的呵护,所有的事情都要自己去处理,要想将学习、生活、娱乐等安排好,就必须培养较强的独立生活能力。

大学生还要有一定的独立思考能力,学习上敢于发表个人的独立见解,好争论,勤思考,对老师或权威的意见不要轻信和盲从,培养自己的判断能力,崇尚理性的思考。在教师的引导启发下,通过自己的独立思考,举一反三,触类旁通;或运用所学的知识,自己去发现问题、分析问题并解决问题。

(2) 自主性

从中学到大学,教与学的内容都发生了变化,学习方法也随之发生变化。作为大学生,既要学习科学文化基础知识,又要学好专业知识和掌握专业实践技能,同时还要了解专业发展并时刻洞察科技最新动向。需要学习的内容多、任务重、要求高。这些一方面靠老师引导,而更重要的是要克服依赖性,依靠自己去主动学习、思考和探索,尽量做到合理安排学习时间,掌握科学学习方法,理性选择学习内容。只有这样,才能尽快地把自己培养成为一名能够独立解决实际问题的合格的专业人才。

（3）多样性

大学生活多姿多彩,学习、运动、社交、娱乐……演绎着一曲曲和谐祥和的乐章。即使是同一专业、同一宿舍的同学之间,也会选择不同的学习课程、不同的娱乐活动、不同的社交圈子、不同的运动方式。每一个人都会在五彩缤纷的大学校园里发现自己的兴趣所在,找到自己的闪光点。

大学生活的多样性还体现在,毕业时同学们的去向各不相同。经过几年的学习,每个人都有了自己的职业生涯规划,并为目标的实现进行了精心的准备,毕业时或选择出国继续深造,或选择国内高校读研,或选择不同地区不同岗位就业等,每一个人都在为自己的最终目标奔波忙碌着,也在不同时期收获属于自己的成功喜悦。

（4）社会性

随着社会开放程度和对外交流的日益深入,大学早已不是封闭的象牙塔,开放办学,以市场为导向等新观念、新做法不断出现,大学的基本职能中社会服务所占的比重逐渐增加,科研和教学工作的对外交流和依存度也在增加。大学生的生活也离不开与社会的交流,人才培养过程中增加了社会实践等内容。

3. 如何过好大学生活

当现实的大学生活不像曾经憧憬的那般绚烂多姿时,不少学子开始彷徨,充满了困惑,甚至迷失了方向。那么,如何适应大学的学习和生活,如何在大学塑造一个积极发展的自我呢?

（1）学习为先,全面发展

每位大学生都曾为跨越高考的门槛付出了艰辛的努力。进入大学后,由于学习方式、学习内容的大幅度改变,可能会出现一些不适应的情况。一部分同学完全松懈了下来,高呼"60 分万岁",以为大学是世外桃源,读书成了可有可无的选择;一些同学无法适应大学激烈的竞争,不能接受比别人差一点的现实,于是变得萎靡消沉;还有一些同学有着美丽的梦想,希望在大学有所建树,但没有树立现实可行的目标。凡此种种,不仅影响着大学生们的学业发展,也影响着他们的健康成长。

因此,大学生应尽快适应大学学习生活的特点,把学习任务放在日常生活中的突出位置,真正掌握好基础知识、专业知识和基本技能,全面发展自己的综合素质,以优异的成绩毕业,这是每一个青年学子在大学期间的首要任务。否则,因学业问题被大学淘汰,一般难以在社会上发展。

（2）妥善处理人际关系和社会交往

刚刚离开父母和朋友，来到一个陌生的环境，孤独感时常侵袭着新生们，既想融入集体，又容易自我封闭。而寝室成员间如何和谐相处更是困扰大学新生的主要问题。寝室成员来自不同的地方，加之性格脾气不同、生活习惯不同，难免有些磕磕碰碰，因此要掌握一些必要的交往技巧。处理好人际关系，积极参与社会交往，对于保持良好的心情和建立自信是很重要的。

恋爱对大学生来说可谓一把双刃剑，一方面会帮助心理发展走向成熟，另一方面又可能带来各种心理问题。从个体发展的角度来看，恋爱对心理的成熟和健全有促进作用，对一些个人因素和社会情感的发展有重要意义。但是一定要端正自己的恋爱观，正确处理异性关系，否则会受到伤害。

（3）丰富课余生活，锻炼能力

可以适当地参加一些社会性活动，如社团组织、学生会工作、班集体工作等，在不影响学习前提下参加勤工助学等，给自己提供一个更好的实践平台，提升自己的能力。对社会性活动的参加，特别强调的是适度，如果因此忽略了自身内涵的培养，干扰了正常的学习任务的完成和学习时间的安排，就得不偿失了。

二、大学生活与职业发展的关系

大学阶段是人生职业发展的黄金时期。大学生在此阶段要完成从学生角色到职业人角色的过渡，完成对自我和将来自身职业的探索，作出职业生涯决策并初步付诸实施。大学阶段也是知识储备阶段，大学生可以利用学校的各种资源进行知识积累，同时通过学校和社会的各种活动不断拓宽自己的视野，加强自身修养，初步掌握基本的职业技能，为以后的职业发展奠定坚实的基础。

因此，青年大学生一定要快速融入大学生活，珍惜大学生活，使自己的大学生活过得充实而有意义；及早树立正确的职业意识，对自己的大学生活和未来发展进行恰当的规划，为自己的大学生活和人生设置不同阶段的努力目标和前进方向。

学业在学子们所面临的各方面任务中处于优于考虑的地位，学生应以学业为先，离开这个基础，其他宏伟华丽的奋斗目标都是空中楼阁。

1. 如何顺利完成大学学业

顺利完成大学各方面知识的学习，掌握基本的专业技能，拥有健康的体魄和健全的心理，并顺利实现就业或更进一步深造发展，是每一个踏入大学校门的青年学子奋斗的目标。

（1）要为自己正确定位

一方面要保持自信，另一方面要认清自己的能力和局限。大学里人才济济，汇集了来自全国各地的精英，要认识到每个人都有独特的优点和弱点。既要肯定别人的优势，又要善于挖掘自己的潜能。遇到学业上的挫折时，要有充分的心理准备，善于向老师、同学虚心请教，不断探索，及时总结经验，掌握科学的学习方法，找到真正属于自己的学业发展之路。

（2）要有优良的学风

大学学习看似轻松、自由，实际上正是基于不同于中小学的学习特点，使得大学学习的自主性更强，要有认真求实的学习态度、刻苦钻研的学习精神和严谨科学的学习方法。大学的学习环境对大学生的要求更高，要求大学生具有更好的自省力和自制力。

（3）要有正确的学习策略

创新学习：大学学习，不只是知识的继承，更是在继承基础上的创新。在求真务实的基础上，要树立创新学习的理念，采取创造性的学习方法，善于思考，不断突破陈旧的思维定式，努力培养创新精神。要不畏权威，勇于追求真理，要批判性地学习，养成科学的创造性思维的习惯。

自主学习：在大学期间有大量可以自主支配的时间，一定要严格要求自己，培养自主学习的理念。要根据教学计划和自身所学专业的特点，合理确定学习目标，科学安排学习时间，掌握正确的学习方法，全面提高自主学习能力。同时，坚持自主学习并非不需要教师的指导和他人的帮助，而是要善于从他人那里汲取营养充实自己，不断修正自身的弱点，做到全面成长成才。

全面学习：不仅要掌握本专业、本领域的知识，还要对相关方面的知识有所涉猎，人文社科知识对自身的修养必不可少。学习的过程中，不仅包括课堂学习、书本学习，还要善于应用现代化的工具和手段向实践学习、向生活学习，要锻炼动手能力，提高实践技能。

终身学习：当今世界，科技发展日新月异，人类知识的更新和增长快速膨胀。任何人面对知识爆炸的时代，都应该不约而同地选择终身学习的理念。大学期间学习的只是基础性的专业知识和技能，可能与社会的需要已经有所脱节，重要的是要掌握科学的学习方法，坚持终身学习，掌握知识更新的主动权，瞄准专业发展的最前沿，不断学习新知识、掌握新技能，以适应社会的快速发展。

2. 大学学习对职业发展的影响

一份科学研究表明：一个人一般在二十五岁以前都会形成自己的处世风

格、思维方式、行为举止等修养习惯，而大学时期正是最具可塑性的时间段。大学生活不但是个人成长和发展的重要阶段，也是一生中最值得纪念的美丽时光。大学四年的主要目的是要全面发展自己，同时，个人的职业发展目标也逐渐清晰，可以制订切实可行的行动方案。

（1）大学学习可以帮助大学生更好地掌握职业发展所需要的知识和技能

通过大学期间 4 年左右的正规课程学习和实践，大学毕业生一般能初步掌握专业相关的基本知识和一般技能，具备胜任专业相关职业的基本潜质。同时，通过大学阶段的学习，可以帮助个人学会正确的学习策略和学习方法，树立终身学习、创新学习的理念，在个人未来的职业发展过程中不断提升综合素质，不断完善自己，为最终职业生涯目标的实现奠定坚实基础。

（2）大学学习可以帮助大学生更好地认识自己

大学期间不仅是学习知识和提高技能，更重要的是可以在学习过程中更加深入、全面地认识自己，发现自己的特长和不足，从而给自己的未来一个准确的定位。可以通过师长、同学、亲友的帮助，或者通过专业的心理咨询、职业测评等手段，从不同的侧面、不同的层次对自己进行全面的评估，包括性格、能力、特长、兴趣、价值观等各方面。只有清晰、客观、全面地认识了自己，才能为职业生涯规划打下良好的基础。

（3）大学学习可以帮助大学生分析职场环境

高等学校里丰富的资源和开放的环境、良好的学风、丰富多彩的社团活动和讲座，可以帮助大学生获得更多的关于社会、职业、专业等方面的信息，掌握某个行业、职业、岗位的具体要求和特点。

（4）大学学习可以帮助大学生确立职业发展目标

对于很多同学来说，报考的学校和专业志愿也许并非是自己真实意愿的表达，更多的是来自家长或老师的意见；或者只是自己懵懵懂懂的意念，并不是所有的人在中学学习阶段就会对自己的未来有一个清晰的规划。所以，大学阶段就成为左右青年人未来发展的决定性阶段。专业知识的学习可以帮助毕业生对自己所学的专业和未来去向有一个全面的认识，如果不符合自己的兴趣则需及时进行调整，也可以借助科学的职业测评工具对自己的职业价值观进行了解。

（5）大学学习可以保证职业发展目标的实现

大学的学习，可以帮助个人树立正确的价值观、人生观，掌握基本的专业知识和专业技能，熟悉相关领域的发展，建立和谐的人际关系和人脉资源，这些都与个人职业发展目标的实现息息相关。

第二节　大学低年级的职业生涯准备

大学的学习和生活,对个人的职业生涯准备的重要性不言而喻。但在不同的阶段,受个人认识和知识、能力水平的限制,职业生涯准备也需要有一个循序渐进的过程。超越每一个阶段的发展特点和规律,可能会对未来的职业生涯目标产生阻碍作用,甚至会导致最终生涯目标无法实现。因此,要学习根据每一阶段的发展特点,制定切实可行的职业生涯目标,并落实有效的实施策略和行动方案。

一、一年级：初步适应

每年 9 月,一批批大学新生带着成功的喜悦和对未来的憧憬步入校园,开始了大学生活。大学期间是人生的重要发展阶段,其中既有个人在身体、心理、理想信念、人生观、价值观上的日益成熟,也有未来成长、发展所需要的知识和技能的提升,同时还可锻炼人际交往能力和积累人脉资源。

作为大学开始的一年级,对大学生生活影响的重要性不言而喻。顺利而健康地度过大学的初始阶段,尽快适应大学生生活的各个方面,对于后续的学习和生活会奠定良好的基础。处理不好这一阶段的各种问题,则可能导致大学生活坎坷起伏,甚至误入歧途。

1. 重点任务

为尽快适应大学生活,需要及早把以下准备工作作为这一阶段的重点任务,并努力完成。

(1) 思想准备

紧张而激烈的高考之后,同学们都面临着一个长达 2 个多月的休息和休闲时间。很多同学忙于旅游观光,尽情陶醉于祖国的壮丽河山而流连忘返;也有同学积极参加社会实践或勤工助学,为自己的大学生活积累社会经验和经济储备;还有一些同学仍然坚持学习,在知识的海洋里遨游……但不管怎么样,随着开学的日益临近,需要尽快做好心理准备,毕竟一个全新的大学生的角色即将来临。进入大学校门的一刻,远离了父母亲友,更多地需要对自己负责,要敢于承担更大的任务与挑战。同时,当进入大学校园后,要认真处理好学习与社会工作的关系;要在学有余力的情况下,积极参加社会活动。

此外,大学生就业形势日趋严峻,大学一年级即要对自己的未来发展进行必要的准备,及时为自己进行职业生涯规划,要学会未雨绸缪。

（2）心理准备

远离了熟悉的亲友，独自一人要面对陌生的环境、陌生的人群、陌生的学习和生活方式，对于现在独生子女占多数的新生来说，压力前所未有。大一新生既要有面对困难勇往直前的勇气，也要有谦虚谨慎的胸襟，更要有面对挫折时的从容。中学时鹤立鸡群，集老师同学宠爱于一身的尖子生，很可能在人才济济的大学校园里成为芸芸众生中普通一员，处理不好心理落差很可能导致一蹶不振；与校园、社会中各式各样的人打交道，对于脱离父母的青年人来说也是极大的考验；独自应对校园里各种各样的诱惑，那颗曾经躁动不安的心是疯狂陶醉于此，还是能依然坚守寂寞，埋头苦读……这些都需要新生们做好相应的心理准备，不管面对什么样的情势，都要从容应对，妥善处理，必要时可以借助父母、老师、同学的力量，或参加心理咨询中心的咨询、团训活动。

（3）学习准备

初入大学，学校里可能会组织一些必要的测试，以期对不同学习基础的同学分类施教。比如，英语水平测试就是分班教学的常用工具。因此，相应的准备工作还是至关重要的，特别是外语口语、写作等能力参差不齐，对于那些存在明显缺档的同学来说，加强这方面的训练必不可少。在大一阶段，还要养成良好的学习习惯，有的同学不能有效掌握大学学习方法，还是按照高中的学习方法进行学习，肯定会感觉越发力不从心。要尽快熟悉大学学习规律，掌握大学学习方法，并做到自觉学习、自主学习。

（4）生活准备

很多大一新生在以前的学习生活中都是在家住宿，没有集体生活的经验和准备。而进入大学后，集体住宿成为必然。要能够与同寝室同学处理好关系，营造温馨和谐的寝室氛围。要养成良好的作息生活习惯，不开夜车，早起锻炼身体，积极参加班级或学校的集体活动。要培养良好的个人兴趣和爱好。

2. 阶段目标

尽快适应大学生活，初步树立职业生涯规划意识。

3. 实施策略

（1）完成从中学生到大学生的角色转变，尽快适应大学生活。虚心请教学长，积极参加集体活动，建立新的人际关系圈。熟读学校有关规定，关注辅修专业、第二学位、转专业的申请条件，保证一定的学习成绩。

（2）了解就业形势，树立新的奋斗目标。如果说之前的努力是为了考上大学，那么现在的任务就是为了毕业后的职业发展。可通过教师、相关课程、有关图书资料、学校就业指导网站等途径，了解本专业有关的课程设置、培养方向、主要就业流向等,以期对专业的未来发展有一个大概的了解。

(3)树立职业生涯规划意识,开始自我和职业的探索。通过职业咨询、职业测评等工具全面客观地探索自己,思考有哪些职业与自己所读的课程、专业相吻合,通过互联网、报刊和访谈等渠道进一步了解这些职业,学习并掌握有关职业生涯规划的基本概念、基本理论和决策的基本原理和常用方法。

二、二年级:定向探索

经过一年时间的探索和适应,大部分同学已经基本掌握了大学的学习和生活规律,各方面都已步入正轨。同时,在适应了基本的学习和生活后,同学们可能更多地开始思考大学学习的宗旨、人生发展的意义等问题,对自己的未来生活有了更多的憧憬,并初步为理想的实现制订一定的行动方案。因此,大二应该是一段承上启下的重要时期,对于个人人生价值观的稳定具有重要的意义。如果在此迷失自己,沉迷于得过且过的休闲生活,很可能浪费大学的全部光阴,最终一事无成。

1. 重点任务

(1)学业为先

大二开始,学习任务逐渐加重,面临着参加大学英语四、六级考试,计算机等级考试的压力;同时开始接触专业基础课,关系着以后专业课学习的成效;部分学有余力的同学,可以修读第二专业等,拓宽专业领域。在经过大一的适应阶段后,各方面的学习应该可以驾轻就熟,提高学习质量、拓宽知识范围就成为大二阶段的当务之急。

(2)全面发展

在完成学习任务之余,大二阶段的同学们要注重全面发展,积极参加班级、院系、学校层面的活动,锻炼自己的组织协调能力、团队合作能力等;假期里可参加有关的社会实践,开阔视野,了解社会,关注民众疾苦。

2. 阶段目标

培养综合素质,初步确定主攻方向。

3. 实施策略

(1)建立合理的知识结构,注重专业能力的培养,参加英语、计算机等工具性证书的考试。如果今后定位于外企工作或出国留学,提升自己的外语水平,特别是口语交流能力必不可少,可适当参加社会上的有关培训或训练。

(2)积极参加学生会或社团工作,培养自己的组织协调能力和团队合作精神,提升自己的综合素质。参加有关的兴趣协会,培养自己的广泛爱好。

（3）业余时间或假期里尝试兼职、实习等，积累一定的职业经验。

（4）在各种活动中，提高自己的责任感、主动性和受挫能力。

（5）虚心请教师长和校友，根据自己的发展意愿选定专业或主攻方向，有必要、有条件的话同时辅修其他课程和专业。

（6）对选定的主攻方向，要尽可能多方面评估，必要时及时进行修正或调整。

第三节　大学高年级的职业生涯准备

转眼间，大三、大四的生活已经来到面前，原来时光并非我们一开始想象的那么漫长，毕业的日子也并非遥不可及。这段时间，既有对过去两年大学生活的反思，回顾自己成长过程中的成败得失，也有对未来职业生涯发展的规划和努力，是厚积薄发、最后冲刺、收获成功与喜悦的阶段。每一个人都会根据自己的成长经历和努力方向，发现并步入自己的成长发展道路，搜寻到真正属于自己的、个性化的成长空间。

一、三年级：厚积薄发

如果要问在校的大学生，大学四年里哪一年最重要，每个人肯定有不同的答案；但如果把这个问题抛给已经毕业的人，他们中的大多数肯定会毫不犹豫地说，大三是关键。经历过大一的懵懂、大二的探索，大三的学生已经真切地感受到了自身的变化，开始正视自己毕业以后的发展问题，考研、就业、出国成了同学们从不离口的话题。到了大三，原本步调一致的班级团体，会自然形成不同的群体，有学习一直保持优秀的，有社会实践丰富多彩的，也有各类比赛崭露头角的，各人的特点逐步显现。一些学生已经小有成就，开始沾沾自喜，还有一部分仍在苦苦追寻。失败的人可能从大一就开始萎靡不振了，而成功的人，一定都是到大三才奠定胜局。

你可以说大一的时候什么都不懂，没有去珍惜，浪费了时光；大二的时候什么都懂了，又没有好好把握，浪费了时光。可是如果你说大三的时候还是没有抓住，那么你大学的时间就真的白白浪费掉了。大三是大学四年中最关键的时期。

1. 重点任务

（1）提升专业素养

步入大三的学习再不是以前填鸭式的学习方式，而是纯粹自主式的学习。

前两年主要是学习一些基本知识,到了大三开始全面接触专业课。这对每个人来说无疑是至关重要的,可是很多同学往往却忽视了这一点,认为自己已经掌握了大学学习与考试的规律,要知道大三才是真正学习的开始。即使前两年的学习并不怎么成功,只要现在开始努力,成功并不遥远,否则就会失去最后的机会。大三是学习专业知识和充电的黄金时期,对专业素养的提升至关重要。大三时学业负担相对不重,英语、思政、体育等课程已经结束,仅仅剩下专业基础课和专业课的学习,业余时间充裕,可以把大段的时间好好利用起来,去学习钻研专业相关的知识,提升专业技能水平,学习专业英语,了解专业前沿。

（2）锁定职业发展目标

对于大三学生来说,经过前两年的认识和积累,把握自己的发展之路,锁定职业发展目标应该是水到渠成。不管最终选择就业、考研还是出国,或者自主创业,应该都是深思熟虑的结果,是在对自己充分认识、对环境充分评估的基础上的理性选择,谋定而后动,只有做出了有理有利的选择结果,才能有更进一步行动的动力和方向,面对相对空闲的大三、大四生活时才不至于空虚,毕业时也才不会有虚度光阴的悲切。

有了奋斗目标后,可以利用校园和社会的资源,结合自己的实际情况,进行必要的准备和进一步的探究、完善,并在实践中调整细化。在大三的时候找一些能够锻炼提高能力的工作是最好不过的了,比如说管理类的学生去企业实习,参与研究项目,为企业做企划、做调查、参与管理等,这是真正能够提高自己思考能力的活动,对以后的工作大有裨益。也可以多多参与学校的社会实践和科技创新活动,不仅方法简单,学校还提供支持资金和实践平台。还可以做一些社会调查,不仅可以从一定层面上了解社会,也可以方便学生从调查中总结分析数据,整理成文,锻炼自己的科研能力。

（3）扩大交际范围

在大三期间应该加强人际交往能力的培养。大三时期大家会在不知不觉中发现自己的人际圈子有了微妙的变化。相对要好的都是一些志同道合的朋友,比如求职一族、考研一族、留学一族等,根据个人不同的交际情况,交际圈会有很大不同。物以类聚,人以群分。对个人而言,有什么样的交际圈尤为重要,这几乎就代表着本人的兴趣及志向。交际圈开始向班级外扩展,相对而言要比大一、大二的时候复杂了一些。有跨专业的,有跨年级的,还有校外朋友。广泛的交际圈、和谐的人际关系,可以为自己今后的发展积累重要的人脉资源。

2. 阶段目标

多方积累职业经验,全面提升职业技能。

3. 实施策略

（1）加强专业知识学习，熟练专业技能，同时，积极考取与职业目标相关的职业资格证书，打通职业发展轨道。

（2）增强兼职、实习的职业针对性，积累对应聘有利的职业实践经验。可以争取到目标企业实习锻炼的机会，一方面加深对企业的深层次了解，另一方面也是学习和掌握相关技能的必要储备。

（3）扩大校内外交际圈，加强与校友、职场人士的交往，提前参加校园招聘会，与用人单位招聘人员进行沟通。

（4）通过参加就业指导课程、网络学堂等形式，学习求职技巧，学会制作简历、求职信，了解面试技巧和职场礼仪。

（5）如果决定考研，要做好复习准备，提前与导师做好沟通工作；如果希望出国，要注意留学资讯和动向，准备 TOEFL、GRE 等考试。

二、四年级：实战冲刺

大四，毕业的季节，有人因成功而欣喜，有人因失意而沮丧。特别是对那些缺少职业生涯规划的同学来说，大四的到来，更多的是彷徨和焦虑，路在何方？以下是摘录的部分同学的心声，你是否也有过这样消极的心态？

> 想到大四毕业，心里总有一丝丝的哀伤。大学四年里面，感觉就像一张白纸，什么都没有。或许我不懂什么叫生活，我没有女朋友，没有奖学金，没做过学生干部，到头来两手空空。毕业了，找工作？竞争力不足；考研？基础差；出国？怎么可能，连 TOEFL 成绩都没有。或许你骂我太消极，可是是我改变了生活，还是生活改变了我呢？
>
> 大四很茫然！我现在想起来还很后怕，学了四年好像什么都没得到，对人生悲观，对电脑发呆，对婚姻空想，对前途迷茫，对社会麻木。曾经大放厥词地批判社会的阴暗面，然而，自己却在慢慢地世俗化。我们像一群苍蝇趴在窗户上面，前方一片光明，而我们却找不到出路。

造成这种后果的原因究竟在哪里？抱怨社会、埋怨学校、归罪家长？其实，归根结底，问题还是出在自己身上。对于已经成年的大学生群体来说，对自己负责也是一种应有的觉悟。之所以出现这样的尴尬局面，不正是自己大学四年里虚度光阴、碌碌无为的结果吗？

亡羊补牢总胜过听之任之。即使前面三年过得并不如意,并不成功,利用大四的一年时光痛定思痛,发愤图强,最后取得一定的成功也非痴人说梦。所以,大四一年并非可有可无、无关轻重,对所有同学来说,迈过这道坎,是个人成长过程中的重要体验。

1. 重点任务

进入大四,意味着大学学习生活步入最后阶段,大学生面临的任务与以往有了很大的不同。一般来说,此阶段,所有课程基本已经结束,毕业生学业上面临的任务是毕业实习、毕业设计或毕业论文。同时,就业去向的确定也提上议事日程,同学之间的流向差异逐渐体现出来。这个阶段所面临的主要任务包括:

(1)查遗补缺

进入大学学习的最后阶段,进行反思和梳理总结是必不可少的。首先是对自己的全面审察,对自己有进一步的认识,了解自己的人生观、价值观、世界观,把握自己的追求目标。其次,要对自己的学业进行梳理,自己的知识能力水平、相关的边缘学科、学分绩点情况如何? 必要的证书是否已经拿到? 还要对自己的已有资源进行梳理,包括经济条件、人脉资源、社会关系等。另外,对自己职业目标的准备情况进行检查,了解自己是否具备必要的求职技巧和经验,并加深对企业的了解和行业发展前景的认知等。

如果发现某一个方面存在不足,要及时弥补,绝不让这些不足成为最后目标实现的拦路虎。以前经常碰到大四学生在毕业前夕才发现自己的绩点不足以获得学位,或者因为缺少英语或计算机证书而与落户上海失之交臂。种种惨痛教训值得大家警醒,如果在大四刚刚开始的时候,还有很大的机会去弥补,到了大四快结束的时候就悔之晚矣。

(2)目标冲刺

大四阶段已经容不得对自己的职业生涯目标举棋不定,找工作的找工作,考研的考研,出国的出国,要全力以赴,把主要的精力和时间放在既定的目标上。对大部分学生来说,求职申请及成功就业是首要的目标,可先对前三年的准备作一个总结:首先检验自己已确立的职业目标是否明确,前三年的准备是否已充分;然后,准备必要的求职材料,开始求职申请,积极参加招聘活动;其次,提升求职技巧,积极利用学校提供的条件,了解就业指导中心提供的用人单位的资料信息,强化求职技巧,进行模拟面试等训练,尽可能地在做了较为充分准备的情况下参加用人单位的面试,面试前要尽量了解用人单位的岗位要求,做到有的放矢。最后就是要朝既定的就业目标全力冲刺,最终成功达成求职目标。

2. 阶段目标

充分掌握资讯,实现毕业目标。

3. 实施策略

(1) 在导师的指导下,选择合适的毕业设计题目,锻炼并证明自己的应用研究能力,顺利完成毕业答辩。

(2) 了解劳动法规和有关政策,在就业过程中切实保障自己的劳动权益不受侵犯;积极争取相关的就业奖励政策资源,为自己的成功奠定基础。比如,争取学校或社会的创业扶持资金,并得到场地、扶持措施等帮助,对于自主创业的毕业生来说犹如雪中送炭。

(3) 关注学校就业中心通知,各种类型的招聘会、宣讲会和其他重要的招聘渠道,留意辅导员的通知,不要遗漏关键的招聘信息。

(4) 登陆招聘单位网站或通过咨询、访谈、参加宣讲会等方式,了解招聘单位的相关信息,为面试和就业做好准备。

(5) 学会就业心理调节,始终保持自信和主动。

第四节　研究生阶段的职业 生涯规划准备

相比为了求职而四处奔波的大学生来说,研究生本是就业的优势群体。但近年来,随着研究生扩招,人才高消费的降温,加上自身择业观、心态、就业信息不畅通等原因,导致研究生面临的就业压力也越来越大。这种就业压力一方面来自竞争激烈的就业市场,另一方面与大多数研究生缺少职业生涯规划,缺乏职业发展必备的素质与能力的积累高度相关。许多研究生即使临近毕业的时候,面对职业方向选择或今后的职业发展措施时仍一脸茫然。

研究生是国家培养的高级专门人才,其就业质量的下降与个人职业发展的不当,必将造成人才资源的浪费。落实并积极开展研究生的职业生涯规划教育,帮助广大研究生理性择业、合理就业成为当务之急。但目前研究生的职业生涯规划教育才刚起步,并未受到应有的重视。另一方面,尽管广大研究生对职业生涯规划可能已有了一定的了解,但是他们对自己的职业期望与生涯设计有时缺少理性思考。此外,由于研究生群体年龄跨度较大,社会经历不同,自我意识不断增强,智能发展到较高阶段,并且部分研究生面对着家庭压力,因此研究生的职业生涯规划需要考虑的因素更加复杂,面临的挑战更大,对研究生进行职业生涯规划辅导的难度更大。

从研究生职业生涯准备的角度来看,研究生阶段所面临的任务和个人发展与本科生相比并不相同,要求各异,因此并不能片面地套用一般大学生的生涯准备策略,要有自己独特的特点和方法。

一、专业学术能力积累

专业学术能力就是指对某一专业进行系统的哲理或理论研究的能力,这些能力不仅包括思辨的方面,还包括实践的方面,还有感性的敏感力等方面。不管对于硕士生还是博士生来说,专业学术能力的培养和锻炼都是研究生学习阶段的重要任务,特别是对科研型研究生来说,专业学术能力是自己在读和就业工作中的立足之本,是自己的核心竞争力。因此,研究生阶段,要利用各种机会和场合,在知识学习、课题研究、实习实践的过程中进行专业学术能力的积累,尽快并高质量地提高自己的学术洞察力、学术鉴赏力和学术判断力,为未来的发展打下良好基础。

1. 专业学术能力分类

具体来说,某一专业的学术能力应该包括 6 个方面:

文献收集与整理的能力。一方面培养自己文献收集的能力,学会利用检索工具,借助图书馆、网络搜寻所需要的文献信息;另一方面更重要的是在多如牛毛的文献资料中整理筛检自己所真正需要的部分,做到关键信息不能遗漏,无用信息坚决摒弃。

发现与提出问题的能力。要善于在纷繁复杂的环境中发现自己关注的焦点,并归纳总结出需要解决的关键问题。这是从事科学研究工作的基本能力,也是创新能力的必然要求,否则总是重复别人的思路是难以得到原创性的成果的。

概念生成与界定的能力。在提出问题和文献回顾的基础,可以就研究提出自己的核心概念,并进行界定和阐述。

提出学术命题的能力。提出学术命题,是进行科学研究进行假设检验的前提,重要性可见一斑。要注意学术命题的内涵和外延,既不能过于简单局限,从而失去研究的必要性,也不能无限扩大,从而失去研究的可行性。

设计研究过程的能力。研究策略的提出和研究方法的选用,是实现研究成果的必由之路,科学、简洁的研究过程可以事半功倍,盲目、复杂的研究过程可能会阻碍研究甚至误入歧途。

对学术前沿的敏感能力。对本专业、本学科前沿要有足够的敏感性,时刻关注国内外的最新研究进展或研究成果,保持自己的研究方向的创新性和时效性。

2. 提升专业学术能力的途径

（1）专业知识和技能的修养是基础

在研究生学习的初始阶段，专业基础知识、专业知识和拓展知识的学习必不可少，实验动手能力和操作技能的锻炼是必要的环节，网络、计算机、外语能力等重要工具的学习也是有益补充。通过进入实验室，参加导师或其他研究生的研究课题，可以加深对理论知识的理解，提高实践技能。

研究生知识的学习更加强调自主性和创新性，死记硬背、照本宣科培养不出创新性的人才。要在知识积累的基础上作出批判性思考，大胆提出自己的见解，不畏权威，不惧经典。

（2）重视思维模式与研究方法的训练

方法论的优劣与否，能够直接决定一项学术研究的质量甚至是成败。因此，在研究生学术能力的培养过程中，一定要坚持把方法论的学习作为首要的方面。缺乏方法论或者方法论选择不当，都会对学术研究产生消极的影响。

方法论的核心是思维模式与研究方法。要善于尝试多种研究方法或者多种研究方法的综合使用，这对学术研究大有裨益。学术研究能不能有所创新、有所启迪，关键在于研究中所采用的思维模式与研究方法是否得当。

（3）广泛阅读，包括外文原版著作或论文

进行大量的学术阅读，正是研究生的学术素养生成的一个必要途径。没有广泛的阅读，就不可能形成自己的观点，更不可能提出自己的独特理论。对研究生而言，广泛阅读学术著作以及期刊、网站文章是一种重要的储备知识、启发思维、习得方法论的途径。在广泛阅读的过程中，研究生既能够获得知识与信心，又能够获得思维与方法论的潜移默化的影响，这些对于研究生的学术素养的形成是不可缺少的。

研究生还应该多阅读国外的学术类著作和期刊、专业网站上的学术类文章。外国人的思维方式以及他们所采用的方法论与国内的区别很大，通过对他们的学术成果的阅读，研究生可以得到一些有益的启迪，并且可以及时了解国际学术动向。

（4）笔耕不辍，提高论文写作能力

论文写作是培养和提高研究生学术能力的重要途径。多写学术论文不仅能够促使研究生不断寻找新的学术兴趣点，消化学术资源与资料，与此同时还促使他们利用这样的机会反思已有的学术成果，这对于他们以后的学术研究无疑是具有重要作用的。正因为如此，我们倡导研究生多写学术论文，为以后的进一步深造奠定坚实的基础。

关于研究生的论文写作，要注意选题不要太大，应从小问题切入，深入挖掘，从而以小见大，得出令人信服的结论。由于研究生的学术经历和理论水平都还有限，因此建议最好不要选择那些太过于理论化、思辨性太强、抽象性过高的论文选题。此外，论文题目也要细心打磨、精炼概括，能够让人一眼就看出论文研究的要点。

总而言之，研究生学术能力的培养是一项系统且复杂的长期工作，既需要导师在教育教学时予以切实的重视，同时也需要研究生自觉地锻炼自己这方面的能力。事实上，要成为一名优秀的研究生，自身的学术能力培养是衡量学术素质的一个极为关键的要素。在研究生持续扩招的今天，研究生学术能力较低的问题已经凸显出来。这是一个极其紧迫的问题，我们应认真对待，并且应该尽早着手，切实提高自身的学术能力。

二、综合能力培养

对于研究生来说，良好的专业学术能力是根本，是取得学术成果的基本保证。但要获得更高层次的发展，取得令世人瞩目的成就，仅凭过硬的专业技能还是远远不够的，还需要具备较强的综合素质，尤其是人文素养和人际交往能力。

1. 人文素质

人文素质是关于"人类认识自己"的学问，发展人文素质就是"学会做人"，引导人们思考人生的目的、意义、价值，发展人性，完善人格，启发人们做一个真正的人，做一个智慧的人，做一个有修养的人。

具体说来，人文素质包括 4 个方面的内容：第一，要具备人文知识。人文知识是人类关于人文领域的基本知识，如历史、文学、政治、法律、艺术、哲学、宗教、道德、语言等方面的知识。第二，要理解人文思想。人文思想是支撑人文知识的基本理论及其内在逻辑。同科学思想相比，人文思想具有很强的民族色彩、个性色彩和鲜明的意识形态特征。人文思想的核心是基本的文化理念。第三，要掌握人文方法。人文方法是人文思想中所蕴涵的认识方法和实践方法。学会用人文的方法思考和解决问题，是人文素质的一个重要方面。与科学方法强调精确性不同，人文方法重在定性，强调体验，且与特定的文化相联系。第四，要遵循人文精神。人文精神是人文思想、人文方法产生的世界观、价值观基础，是最基本、最重要的。人文精神是人类文化或文明的真谛所在，民族精神、时代精神从根本上说都是人文精神的具体表现。

人文素质培养需要个人跳出专业束缚，以课程、讲座、讨论、阅读、写作、欣赏、人际交往等形式进行,是长期的、连续的过程。

2. 人际交往

俄国作家果戈理曾经指出,在任何人身上都有其他人所没有的某种东西;在任何人身上并不是每一条神经都比别人灵敏,而只有友谊的交往和相互的帮助才会使所有的人都能鲜明地、多方面地看清所有的对象。

现代社会中,人与人之间的交往和联系越来越广泛、越来越密切。任何一项成果的取得,需要课题组、院系、学校、地区,甚至国际的合作才能达成,单枪匹马难成大器。因此,提高人际交往能力,强化人与人之间和谐相处、团结协作的能力必不可少。

要建立良好的人际关系,促进人际交往能力的提高,需要研究生们走出课堂、走出实验室,大胆走进社团、步入社会,积极参加集体活动和社会实践活动等,以开放的胸怀、真诚的心态、诚实的品质与身边的每一个人交往,逐步提高自己的社会活动和人际沟通能力,建立自己的人脉资源。

三、求职能力提升

对于研究生来说,特别是那些从来没有求职和工作经历的研究生来说,求职的过程和职业道路对于他们来说还是相当陌生的。专业和学术能力的提高,并不一定会与就业能力的提升保持同步,因此,研究生求职能力的修养也是其学习阶段必不可少的内容之一。

研究生与本科生处于不同的职业生涯发展阶段,除了专业学习、科研能力的提高有较大差异外,在求职策略、定位、方法等方面均有不同的特点。研究生的求职除了遵循一般性的规律以外,还需要特别注意以下环节。

1. 正确把握专业学习和求职的关系

研究生学习阶段,除了专业知识的学习外,更加重要的是在导师的指导下提升科学研究的能力,完成毕业课题的设计、实施和毕业论文的写作,并完成最后的毕业答辩。除此以外,不同的高校之间对于在读期间研究生的外语、第二外语、科研论文发表还有额外要求,甚至与毕业证书、学位证书的授予联系起来,导师对课题的后续工作可能也有一些特别的要求,如不完成,可能影响到顺利毕业。因此,研究生在读期间的学业压力往往很大。

在学业压力下,很多研究生不得不将求职的愿望埋藏在心里,甚至不敢在导师面前提就业的事,只有到了毕业论文提交后才开始启动求职,此时距毕业离校时间很短,且大多数用人单位的招聘工作早已结束,留给研究生们择业的机会微乎其微。

因此,对于研究生来说,需要正确平衡好学业和就业的关系,不可片面追求一方而将另一方完全置之不顾。顺利完成学业是前提和基础,否则签约的单位再好也去不了;顺利就业是个人职业生涯的延伸和发展,尤其是顺利找到第一份理想的工作,对发挥自己的学业和科研能力的特长,实现自己的职业梦想非常重要。

2. 学习相关课程或参加培训,掌握相关技巧

研究生要想成为求职达人,在职场上游刃有余,如果没有适当的锻炼和提高是根本不可想象的。如果读研前有过一段时间的从业经历,在人才市场上经历过一番奋力搏杀的努力,这些经验无疑对于今后的求职都是良好的借鉴。而对于本科毕业后直升或应届考取研究生的人来说,职场经验对于他们来说是一片空白。这些研究生可能需要从最基本的就业知识学起。

近年来,很多高校的研究生就业主管部门认识到,就业指导和职业生涯规划应该尽快、全面地覆盖到研究生群体。在开设相关的课程存在一定难度的情况下,对研究生进行集中培训和讲座、团体训练、职业咨询等,这对研究生求职能力的提高发挥了积极作用。

3. 善于借助导师的人脉资源和学术影响

研究生导师不仅在学业、生活上给予研究生以指导和帮助,更是研究生全面成长成才的重要领路人。可是现实社会中,不少导师把研究生仅仅作为完成自己课题的廉价劳动力,“老板”的称谓由来已久,是一部分研究生对导师无奈的见证。

随着研究生就业形势的日益严峻,研究生导师的作用逐渐显现。一方面,导师拥有自己的社会关系,具有深厚的人脉资源,其早年毕业的研究生桃李满天下,不少人可能已经成为各行各业的领军人物,可以为即将毕业的研究生提供一定的求职机会。另一方面,很多导师的课题组或课题参与人,可能来自不同的科研院所,导师与自己研究领域近似或相关的科研人员、科研机构之间均保持一定的联系,可以推荐自己的学生毕业后到这些机构中就职。

另外,研究生在求职准备和进行过程中一定要端正心态,以顽强的斗志、饱满的热情出现在人才市场上,求职的道路不管是一帆风顺还是曲折坎坷,都要正确面对,胜不骄,败不馁,只有经历风雨,才能见到彩虹。

第八章
职业生涯竞争力提升

事无大小，人无高低，均在竞争中生存。

——〔日〕大松博文

学习目标

1. 了解职业生涯竞争力的基本含义
2. 掌握知识技能的基本定义和提升策略
3. 掌握综合能力的基本内涵和提升策略
4. 掌握个人素养的基本内涵和提升策略

  大学毕业生在经历了十多年的求学经历后，即将步入社会，走上工作岗位。如何能够将所学充分发挥，学以致用？另一方面，如何能够根据自身的职业定位，积累和提升各方面能力？这对每一个大学生而言都至关重要。本章将着重从知识储备、职业技能、综合素质和个人修养等方面进行阐释和说明，为大学生提供必要的理论知识和实践指导。

  1999年高校扩招以来，毕业生人数逐年增加，大学生就业问题日益严峻。据统计，2000年全国高校毕业生人数仅为107万，2001年为115万，2002年增至145万，而到了2012年，这个数字已高达680万。庞大的高校毕业生群体涌入社会寻找工作岗位，然而近年来，尤其是2008年金融危机后，欧美经济形势低迷，国内经济发展速度趋缓，加剧了国内就业市场的竞争压力。一些大学生在进入大学后自以为是天之骄子，放松懈怠，虚度大学时光，加之社会和实践经验不足，就业期望偏高，造成在毕业时综合竞争力差，就业状况不理想。因此，面对日益复杂的就业形势,大学生应充分认识到提高职业生涯竞争力的重要意义,积极面对挑战,在进行必要的自我认知和正确的职业定位后,尽快着手自身职业生涯竞争力的提升。

职业生涯竞争力,从狭义上来讲,就是就业竞争力,是指毕业生在就业市场上具有战胜竞争对手、找到适合才能发挥和实现自身价值的工作岗位的能力。它综合毕业生在校成绩、知识技能、个体素质等方面的表现,体现在具体的就业竞争过程中,是一种基础性的能力。职业生涯竞争力更进一层的含义还包括岗位适应能力和职业创造能力等。这与就业后职业生涯的持续发展有较密切的关系,也是一种在职业生涯发展过程中不断加强与培养的扩展型能力。大学生职业生涯竞争力的影响因素分为外因和内因。外部因素主要包括我们所在的学校、家庭的因素,例如:学校知名度、课程设置、学校软硬件条件、家庭背景等,这是影响大学生职业生涯竞争力的重要因素,但并非决定性因素。内因主要指个人的能力和素质,例如专业知识、职业技能、个性特点、综合能力、态度修养等。这些是个人职业生涯竞争力提升的关键因素,是决定大学生职业生涯竞争力的核心。因此下文将主要从大学生个人出发,分析和找寻提升职业生涯竞争力的方法与途径,更有效地帮助大学生提升就业竞争力,把握就业机会,成功实现职业发展目标。

第一节　加强知识技能储备

目前我们正处于一个知识经济时代,其本质特征是以知识为基础,经济增长主要源于知识资本,而不是物质资本或金融资本。因此,以信息技术为主要标志的高新技术产业在全球经济中的比重不断增加,各国更加重视知识人才及教育的基础作用。同时随着知识经济的发展,人们的观念也迅速更新变化,知识的价值也越来越突出。在这个大环境和大背景下,当代大学生应该了解和懂得知识经济对人类社会所产生的深刻影响,从而鞭策自己认识今天学习的目标和肩负的社会责任。

一、知识技能的定义和内涵

知识的本义指学术、文化或学问。本节中所讨论的知识主要指基础知识、专业知识等。具体来说可以分为:基本的人文社会知识、基础课程和专业课程,以及职业技能的学习。为贯彻"通才教育、按类教学"的思想,帮助大学生优化知识结构,国内高校一般在低年级开设了政治理论、人文社会等课程,并按照专业分类推进大学英语、数理化等基础课程教育,着力加强专业基础课和专业课的教育,为大学生建立合理的知识结构、掌握专业技能奠定坚实的基础。而"职业技能"是指从事某一行业工作所需的技术和能力。按照人力资源和社会保障部《国家技能振兴战略》中的定义,职业技能由"职业特定技能、行业通用技能和核心技能"三部分组成。在每一个人的职业生涯中,职业特定技能是实现就业的基本功,行业通用技能是具备某一行业工作能力的必要条件,而职业核心技能则是更为基础性的能力,为职业特定能力和行业通用能力的形成提供支持作用。就目前我国的教育情况而言,职业技能的教育与学历文凭教育应是相辅相成的,而职业技能开发的重要内容包括职业技能鉴定、职业资格认证等。

二、知识技能与职业生涯发展

随着生理年龄的不断增长,职业生涯目标日益清晰,大学生从踏入校门的第一天起,就在为心中理想的生涯规划变成现实而不懈努力,通过有针对性的积累,慢慢向自己的目标靠近。大学期间知识技能的积累是个人职业生涯发展最核心的动力,不管毕业时的选择是就业还是继续深造,在校期间树立正确的学习观对于将来的职业生涯发展都具有重要的意义。

首先,大学是传播知识的殿堂,在我们从学校人向社会人转变之前,大学是集中学习和获取知识的最后场所,因此在大学里打下扎实的知识基础十分必要。同时大学的学习较少依赖外界的督促,对于个人学习习惯的培养、终身学习能力的养成甚至职业生涯发展动力的激发具有不可忽视的作用。其次,目前大学普遍采取学分制管理模式,规定学生必须按规定修完课程,拿到所需学分,才能够顺利毕业。在校期间的奖学金评定、出国交流等也多数以学习成绩作为主要的评定标准,这直接关系到大学生学习资源的获取。再次,很多学生在大学毕业时会选择就业,而许多单位在招聘时仍十分重视学生在校期间的学习情况。他们认为,学习成绩反映了学生的学习态度和学习能力,例如四大会计师事务所、麦肯锡等单位,虽对应聘学生的专业没有过分要求,但对于基本的学习绩点往往要求较高。还有一些企业在招聘的过程中,除专业知识外常常会涉及很多基础知识,即使不直接和课上所学相同,但往往需要学生具备较为宽阔的知识面和非常扎实的知识功底。现在有些学生将用人单位不强调人才的专业背景理解为不在乎在校的学习成绩,这是十分错误的看法。同时,对于大学毕业后有意于继续深造的学生而言,把握大学期间的学习资源,为自己打下扎实的知识基础,争取有利的学习机会有着不言而喻的重要影响。优良的本科学习成绩可能会帮助你获得免试直升研究生的名额，出色的 GPA 可能会为你带来丰厚的国外大学奖学金，这一切均建立在大学课程学习成绩的基础上。因此对大学生职业生涯发展而言，在校的课程学习是关键，只有认识到无论选择何种职业发展道路，在校期间学习成绩都是"真功夫"、"硬实力"，真真正正地重视大学课程的学习，才能帮助我们在后续的职业生涯发展过程中应付自如。

同时，大学生还应注意到，与学历教育不同，职业技能培养与职业劳动的具体要求密切相关，更直接、更准确地反映了特定职业的实际工作标准和操作规范，以及劳动者从事这种职业所达到的实际技能水平。在实际工作中，任何职业都不仅需要扎实的知识储备，更需要能将知识加以运用的实际技巧，很多职业还需要交叉学科的知识技能支持等。有些学识渊博的博士毕业生可以进行复杂的课题研究，却无法顺利地完成一堂面向低年级学生的基础课，这显然是由于教师这一行业有着特殊的要求，不仅要从业者"学得懂"还要"讲得出"。因此，一位优秀的教师不仅需要在所教授的科目上有深厚的基础、渊博的知识，更需要有教育学相关理论的指导和充分的实践体验。一位出色的厨师需要有精湛的厨艺，但如果同时具备营养学知识来指导自己的工作，创新菜式、改进技艺，相信更有机会脱颖而出，获得成功。在目前我国高校重点进行学历教育的背景下，职业技能对于专业知识是必要而有益的补充，两者兼备必将如虎添翼，对于大学生争取就业机会、增强生涯发展的竞争力，甚至今后职业生涯的长远发展都具有重要作用。

三、如何加强知识技能储备

在了解了知识技能的具体内容以及对于大学生职业生涯发展的重要作用后，如何加强知识技能的储备是我们关注的重点。以下我们将提出一些建议，帮助大学生做好知识技能储备，厚积而薄发，成功实现自己的规划。

1. 培养正确的心态，把握主次和重点

大学教育是建立在普通教育基础上的专业教育，在传授基础知识的同时又传授专业知识，还要介绍本专业、本学科最新的前沿知识和发展动态等。同时，大学不同于中学以老师为主导的教学模式，是以学生为主导的自学模式，这就要求大学生必须培养正确的学习心态、良好的自学能力。在明确了自己的职业生涯发展目标后，大学生应脚踏实地，科学规划，学会有重点、分主次地安排大学期间的学习。有些学生的职业发展目标与本专业有一定的距离，或者进入了调剂的专业进行学习，这时切忌急躁、消极，应首先分析职业目标或目标专业的可行性，确认这是经过缜密思考的选择；再确定采取何种"补救"方案，例如：通过转专业、第二专业的学习、参加相关职业能力培训、考取相关资格证书等方式进行。

但需要注意的是,应避免出现本末倒置的情况。有的学生因为职业目标远离本专业而忽略专业学习,甚至拿不到学位。有的则为找工作四处奔走,投入大量精力,屡次旷课逃课,造成严重影响。比如,有一位经济类志愿的男生被调剂至语言专业,他对专业学习毫无兴趣,也不擅长。在转系无果的情况下,该生一心想通过考研改换到自己心仪的专业学习,在四年期间缺席本专业课程学习,一再挂科重修,却通过二专、旁听等积累了较好的经济学方面的知识。在最后的考研过程中也顺利通过了笔试和面试,就在他信心满满准备迈向新生活时,却由于不参加课程学习,按照学校相关规定,必须延期毕业,重修专业课程,研究生入学也被耽误了。此类令人欷歔的案例时有发生,一定要引起在校大学生的警戒。

2. 制订合理的计划,明确目标和方向

"凡事预则立,不预则废。"制订一个切实可行的学习计划对于在校大学生至关重要,有的放矢,方能事半功倍。每个人的基础和目标不尽相同,因此学习计划也应量体裁衣。不经过自己的思考和规划,人云亦云,盲目跟风,到头来只会浪费时间和精力,得不到理想的效果。一般而言,学习计划有很多种类型,从时间上分,可以分为长期计划、中期计划、短期计划或者学期计划、月计划、周计划等;从内容上分,可以有科研计划、补习计划、假期自学计划、考前复习计划、课外阅读计划等。在制订学习计划时需要注意以下几点:

(1) 计划要明确具体

制订计划要有明确的目的和具体的内容,以帮助自身厘清思路。例如英语词汇量不够,就可以制订一个目的在于掌握更多单词的背诵默写计划,帮助自己在英语词汇学习上不断进步。学习计划的制订需要根据各人的学习情况而确定。

(2) 要有学习内容和完成时间

即规定在某段时间内要完成哪些学习内容。这部分比较具体和关键,也决定了计划是否合理可行。例如在制订计划时不能简单地说背单词,而应该给出类似"每天半小时,背诵单词15个"这样的具体要求。

(3) 要有保证完成学习任务的方法和措施

应结合日常学习生活实际,避免干扰,克服可能出现的问题和困难。例如寝室人多,不利于英语单词的背诵记忆,可以利用晨读或自习的时间和场所进行英语单词的学习,会更加有保障。

(4) 要坚持执行正确合理的计划

计划一旦制订,需要克服自己的惰性,坚持不懈地予以执行。当诱惑来临时,应暗示、告诫,甚至通过外界力量来提醒和强迫自己保持学习的一贯性。长此以往,养成良好的学习习惯后,正向加强的效果会愈加明显,从而形成良性循环。

尤其需要注意的是,大学生制订学习计划要与个人职业生涯发展目标保持一致性,特别是知识的积累和职业技能的获取两方面要协调并进,互相促进,切不可为了制订计划而制订计划,忽视发展目标,本末倒置。

案例:小吴是某大学的学生,上海生源,在刚进大学时,她就有毕业以后出国深造的打算。由于自身英语基础较好,根据自己的实际情况和能力,她作出了以下的本科阶段英语学习安排。

小吴本科时的英语学习安排

	平　　时	寒　　假	暑　　假
大一	大一下通过 CET4 考试	参加 TOEFL 培训班	参加 GRE 培训班
大二	参加高级口译培训班		参加 GMAT 培训班
	大二上通过 CET6 考试		参加 TOEFL 考试
大三	通过高级口译笔试部分考试 参加 GMAT 考试		参加 GRE 考试
大四	申请出国		

案例点评:从小吴的英语学习计划中我们可以看到,她结合自身的目标要求,将英语学习的重点放在申请出国相关语言能力的培养和提高上。由于准备 TOEFL、GRE、GMAT 等考试需要一定的周期,为了在大四申请出国前通过相应的语言资格考试,小吴充分利用假期连续时间段,参加专门培训,有针对性地进行学习,合理分配和利用时间,较好地掌握了节奏,为顺利实现出国深造的目标打下了坚实的基础。这个案例也充分体现出制订学习计划的重要性,如果小吴没有根据自身的发展目标,提前计划准备,在申请出国前临时抱佛脚,相信即使她具备相应的语言能力,也可能会因时间仓促而错失机会。

3. 采取恰当的方法,调整进度和过程

制订合理可行的学习计划后,应根据计划内容采取适当的学习方法,推进计划的有效执行。大学阶段的学习不同于中学,主动性、专业性、选择性、发展性的特点更强更明显。因此大学生的知识技能积累需要充分发挥主观能动性,灵活自觉地进行学习。所谓"吾生也有涯,而知也无涯",如何用有限的精力和时间,尽可能完成自己的学习计划,是一个非常值得探讨的话题。针对大学的学习特点，这里列举几点方法供参考：

（1）多参与

大学生要主动参与到教学活动中，而不是过多地依赖教师的帮助，应对教师的讲课保持质询与分析，主动进行相关的阅读和思考。在主动探求、讨论、明晰的过程中建立起自己对于知识的理解和领悟，形成适合个人记忆掌握的知识体系。宋人陈善曾说："读书须知出入法。始当求所以入，终当求所以出。"对大学生来说，这一入一出，都是大学生的主动行为，并在这一入一出的反复之间实现学习的目的。

（2）多联系

在大学学习中，必须遵循整体性原则，把各种知识作为相互联系的整体来对待。以已有的经验、知识为基础去理解新的知识。重视学科的交叉和互补，例如，应该看到，只有将文科的形象思维和理科的抽象思维有机结合，对于问题的理解才更深刻，分析才更透彻，把握才更准确。抽象严肃的定理背后同样有着丰富的内涵，感性的事件也一定昭示着不变的历史规律。

（3）循序渐进

大学里，常常出现考试前的"一个星期"现象，就是在考试前的一个星期开始，一些平时不注重学习的同学为了应付考试，开始复习迎考的过程。他们拿着复印来的笔记，日夜埋头于图书馆、自修教室，"啃"完老师一个学期的教学内容，从而应付一门接一门的考试。这是应试教育下一种非常不可取的学习方法，用这种方法学到的知识不扎实、不牢固，也不利于学生的生理和心理健康。正确的方法应该是注重平时积累，循序渐进。在课堂上着重理解和学习老师分析问题和解决问题的方法，提高听课效率，消化课上所学；在课后通过扩展资料阅读加深理解，开阔思路，巩固知识。

（4）提高能力

学习的层次，可以以古人的"鱼"、"渔"来区分高下。如果纯粹为了得到知识，停留在获取知识的层面，那么即使你认真地去上好每一节课，背出每个知识点，在那些考察你能力的考试中也无法取得好成绩；或者即使你在考察记忆的考试中取得了好成绩，学习的意义也不大。事实上，大学里很多的"牛人"，都有着很强的掌握并运用知识的综合能力。

4. 拓展知识面，增加技能积累

由于高校自身的定位和国家就业市场的飞速发展等多种因素，目前，我国高校专业设置与国家现代职业分类之间不是一对一的对应关系，一类教育科目对应的是一种以上的职业。因此，高校内很多基础学科专业的学生面临的职业选择范围非常宽，例如：中文系曾被称为"万金油"，中学时期我们也常听到"学好数理化,走遍天下都不怕"等寓意基础学科适应性广的说法,也充分说明了在个人的职业生涯发展过程中,基础知识和职业的核心技能是至关重要的,是个人进步、职业发展的主要推动力。但同时,具备了职业所需的基础知识和技能,并不代表就可以从事领域内的所有职业。除了从事相应的学术研究需要在专业知识领域内更加精深以外,知识的广度、融会贯通程度以及职业的通用技能和特定技能,更有助于我们在庞杂的职业岗位中找到最适合自己发展的一席之地。因此特别需要大学生注意以下几点:

(1)加强交叉学科学习,构建合理知识结构

广阔的知识面对于提升大学生自身内涵和提高就业竞争力有着极其重要的作用,但同时,我们还应注重自身知识结构的合理性,因为面面俱到却浅尝辄止同样不利用大学生职业生涯竞争力的提高。在专业学习之余,大学生还应根据自身职业生涯发展目标的设定,加强相关交叉学科知识的学习,为自己的职业生涯发展构建更为合理的知识结构,做到有基础、有优势、有特长。从个人实际出发,有意识地搭建起有利于职业发展的知识和技能结构。大学期间充分利用各种资源,依据个人情况,选择旁听、选修、辅修、第二专业学习、校外培训等方式加强专业外某一领域的知识储备,并与专业学习相辅相成。在巩固形成专业知识基础和技能优势的同时,增强在职业选择和生涯发展过程中的竞争力,重点考虑与专业知识相关的交叉学科的学习。

(2)参加职业技能培训,考取职业资格证书

按照国家规定的职业标准,通过政府授权的考核鉴定机构,可以对劳动者的专业知识和技能水平进行客观科学的认证,也就是我们通常所说的职业资格的认证,例如注册会计师、律师、秘书职业资格认定等。我国高校毕业生就业人数不断增长,就业竞争压力越来越大,用人单位招聘标准日益严格,在校大学生可以根据自己的生涯发展目标和专业学习背景,参加相关职业技能培训,并经过相关部门的权威鉴定后取得职业从业资格证书,对于自己的职业生涯发展无疑会具有积极的促进作用,而这些具体职业技能的掌握也会大大增强大学生的就业竞争力和职业生涯发展动力。

案例:小张是外语专业的学生,大学毕业后很想从事国际文化交流方面的工作。她经过仔细的思考和比较,选择了对外汉语作为自己的第二专业进行学习,并在课余参加了对外汉语教学的专业培训和实践锻炼,并成功地在大学毕业前考取了对外汉语教师资格证书。最终如愿以偿地被国外培训机构聘用,毕业后直接赴海外从事对外汉语的教学管理工作。

案例点评：从小张的经历中我们可以看到，她很好地根据专业特点，结合个人兴趣和职业发展目标，选择了合适的第二专业进行学习。对外汉语教学面向外国人，必然要求一定的外语基础，小张的专业优势得以发挥，同时外语专业也是基础类的学科，职业选择范围很广，小张根据自己的实际情况选择了对外汉语教学，也是非常明确和有针对性的。再加上她有意识地进行了培训和实践，又取得了资格证书的权威认定，在外语类毕业生中有对外汉语方面的优势，相对于对外汉语专业的学生，语言优势又更加突出，因此自然而然在就业时水到渠成。

在此，还需要提醒大学生注意的是，选择第二专业、第二学位进行扩展型学习，或者参加培训考取职业资格证书时，必须以个人的实际需要和职业生涯发展目标为依据，认真分析、慎重选择，尤其是注意要在学有余力的情况下选择。切不可盲目跟风，或者将考证作为唯一的目标，这种不端正的学习心态不仅会使你更加犹豫彷徨，更重要的是，还会使你失去一个真正理解职业精髓的大好机会。

第二节　注重综合能力培养

在高科技迅速发展的今天，生产中的创新显得尤为重要。拥有了相当的知识技能积累，并不等于就有了较强的实践能力，知识并不能简单地与能力画等号。社会发展需要的不是知识仓库型的头脑，我们大学生也应避免成为"纸上谈兵"的高手。从某种意义上说，能力比知识更重要。因此，培养大学生的综合能力，是现代社会与高科技发展对高等学校人才培养的必然要求。

一、综合能力的定义和内涵

能力不同于智力，智力属于认识范畴，能力属于实践范畴，一个人智商高，但能力不一定强，我们常听到的所谓"高分低能"就是这样的道理。很多大学生在学校教育中，在学业评价上能够获得高分，但是在工作和生活的实际中却表现较差，自立能力、人际交往能力、创新能力等多方面存在问题。由此可见，知识与能力是人的素质结构中不同的方面，我国高等学校综合素质人才培养的目标是构建知识体系、能力体系、素质体系协调发展的高层次、复合型人才。多年来的素质教育改革也将目标集中在提高知识储备和完善人的能力培养上。

大学生需具备的基本能力包括表达能力、动手能力、人际交往能力、组织管理能力、应变能力、创新能力等，统称为综合能力。具体来说，表达能力是指运用语言或文字阐明自己的观点、意见或抒发思想的能力，它包括口头表达能力、文字表达能力、数字表达能力、图示表达能力等形式。动手能力也就是实际操作能力，它是人的智力转化为物质力量的关键，也是专业工作者必须具备的一种实践能力。人际交往能力实际上就是与他人相处的能力，这其中更深层次的还包含团队合作等。组织管理能力是指为了有效地实现目标，灵活地运用各种方法，把各种力量合理地组织和有效地协调起来的能力，包括协调关系的能力和善于用人的能力等。应变能力就是适应社会、适应环境、能够根据外界变化及时调整和处理事情的能力。创新能力是个体运用已知信息，包括已有的知识和经验等，产生某种独特、新颖、有社会或个人价值的产品的能力，它是一种综合性的、高层次的思维能力和行动能力。以上所列举的这些基本能力，对每个大学生而言，无论今后从事何种工作，都是十分重要的。

二、综合能力与职业生涯发展

"纸上得来终觉浅"，学习书本上的知识是前人实践经验的总结，是最便捷的学习方式；但仅仅满足于书本知识，就步入了另一个危险的极端。步入社会以后的职业发展，与学校里相对简单的知识积累相比，更加注重实际运用，特别是与人协作完成工作的过程比单纯的个人学习更加复杂多变。很多大学生可以取得很好的托福成绩，却连一封像样的英文研究计划书也写不出来。而现代企业对于职业人的要求也日益提高，不仅需要扎实的基础知识、专业知识储备，更加需要在工作过程中展示出良好的综合能力和个人风采。良好的表达能力有助于准确阐述自己的观点，回答别人的问题，与人交流思想；出色的动手能力能够帮助个人运用知识解决实际的问题；而人际关系不仅仅是与人交往和沟通，同时也是一个很重要的学习途径，在人与人交往的过程中，正是向他人取长补短的好机会。能够正确、有效地处理、协调好工作和生活中人与人的各种关系，不仅影响一个人对环境的适应状况，而且影响着他的工作效能、心理健康和事业的成败。美国卡内基工业大学对 10 000 人的个案记录进行了分析，结果发现"智慧"、"专门技术"和"经验"只占成功因素的 15％，而更多的决定于沟通与合作的掌握与运用，决定于良好的人际关系；尽管不是每个大学生毕业后都会从事管理工作，但是可以说，每个人在将来的工作中都不同程度地需要组织管理才能，承担工程项目、负责课题研究、管理部门员工、从事教育工作，都对个人的组织协调和科学管理能力提出了较高的要求。应变能力可以帮助大学生在走向社会后较好、较快地适应工作环境和社会环境,即使是在比较困难的条件下,也能通过自己的努力取得较好的成绩。在适应的同时还应积极进取,因为个人的成功还离不开创新能力,往往一个好的点子就能够带来有创意的项目,带来经济效益。这些综合能力会对我们的人生发挥重要的作用,需要我们在今后的学习和生活中不断地提升和加强。

这些要求从各单位的招聘流程与内容上也可见一斑。一般公务员的筛选从公务员考试开始,内容涉及天文地理、人文经济等,特别是对于社会政治、新闻热点等更需要有深入的分析和见解,对于个人的综合分析、组织协调、应变自控等能力提出了较高的要求。而外企对于人才的要求又有所不同,很多外企在面试的过程中会安排小组讨论等,着重考察应聘者的人际交往,主要是在团队合作方面所表现出来的能力。不了解企业对于人才能力的需求,没有针对性的锻炼和个人综合能力的提高,在最后的职业竞争中必将处于劣势。例如,联想集团选拔人才所依托的标准是"不惟学历重能力,不惟资历重业绩"。要求员工具备敬业精神和上进心,有韧性,有责任感,敢于承担责任,好的学习精神,创新精神,团队精神,善于沟通,既会工作又会生活等。再比如,毕马威每年招聘的基本程序,是通过笔试测试学生的英文和逻辑思维能力,再由人力资源部门组织安排面试,业务部门通过交谈了解学生的综合能力和中英文的表达、交流能力等。在聘用过程中,企业看中的是一个人的综合能力和发展潜力,而不仅仅是学习成绩。

三、如何加强综合能力培养

综合能力的培养不能仅仅依靠书本知识,而应理论联系实际,在增长知识、提高技能的同时增强实践能力,积累经验。结合大学生的在校学习和生活,推荐以下几种提升综合能力的方法和途径。

1. 积极参与课堂教学

目前我国高校本科阶段的教学主要还是以关注学生系统提高知识为主要的切入点,教学方法以讲授法为主。但也有一些课程以案例教学或讨论课的形式开展,这类参与式课程对于锻炼和提高学生的独立思维能力、语言表达能力、解决问题的实践能力等具有非常重要的意义。大学生应该充分认识到主动参与课程教学的积极作用,抓住机会,通过查找资料、探索研究、归纳观点、总结疑问、发表意见、讨论交流等环节充分准备,表现自己。在过程中学习如何发现问题、分析问题和解决问题,并有意识地将学习的结果有条理地归纳总结,通过语言或文字表达出来,与他人进行有效的交流讨论。这种方法同样适用于以讲授法为主的课程,可以以此形成自己的观点与教师进行探讨。同时将学习内容恰当地表达出来,将更加巩固所学知识,加深理解,是一个双向促进的学习模式。大量的研究资料表明,国外许多大学,都十分重视应用这种课堂教学模式。除此之外,良好的表达能力还将帮助个人在求职材料准备、面试问答中取得良好的结果。

2. 牢牢抓住实习机会

正如前文曾提到过的,不同的职业生涯发展道路对于个人综合能力的要求是有所区别的。那如何可以真正地体验不同的企业对于个人综合能力的不同要求,同时直观地了解和掌握自身的优势能力所在,并根据自己的职业定位,进行针对性的取长补短,以期提高综合能力,符合相应的职业要求呢? 实习提供了一个最有效的认知途径。在世界各国的高校中,实习都是一种具有悠久历史的提高学生综合能力的教学模式,是每位学生了解工作、了解自身的重要途径,很多高校都将实习作为培养计划的一部分来要求学生,实习也是每位大学生在跨出校门、走向社会之前必须经历的阶段。完成实习不难,但对于一个有清晰的职业发展定位,一个想要真正从中学习和积累的学生而言,实习是一个非常好的机会。

实习的过程就是今后职场生活的预演,可以帮助大学生认清自己在职业生活中所表现出来的优缺点,了解自身遇到实际工作问题时的处理方式、工作风格和特点等,也可以帮助你了解行业和企业,以及具体职位的具体情况,接触真实的工作环境和氛围,感受职业人所具有的特殊气质及不同岗位上人员的不同能力表现,有助于毕业时进行职业选择。同时,很多外企和媒体公司留用实习生的机会较大,例如宝洁公司的实习生招募流程与全职招聘流程是相同的,并因此打通了实习生留用的渠道,很多实习生都可以获得工作机会。获得实习职位,并通过自己的努力表现,有很大的机会拿到公司正式录用的 offer,即使没有最后留用,相关的实习经历也是求职路上的宝贵财富。而对于继续深造的同学,实习往往能让你认清现实与书本的区别,对以后的研究更有启发,甚至通过实习可以让你真正发现自己感兴趣和想学的领域,改变你的人生道路。在实习的过程中,个人人际交往能力、组织协调能力等也会有一定的提升。

3. 全情投身社会实践

社会实践是指学生利用课余时间走出校园,在社会生活中树立理想,拓展视野,增长才干,服务社会的活动。中共中央十六号文件《关于进一步加强和改进大学生思想政治教育的意见》中,专门提出要"探索建立大学生社会实践的长效机制",要求高校建立相对稳定的社会实践基地、多种形式的投入保障机制等。各高校充分开发资源,对于学生的社会实践活动予以指导和支持,提供指导教师配备、实践经费资助、实践项目孵化等。社会各界对于大学生走向社会、学以致用的实践活动也给予了很多关注,有些地区和单位专门组织和设定实践岗位和课题,对于一些有发展前景的项目还会协助推进。通过项目申报、获得资助、开展实践、答辩结项等,大学生可以在短时间内完整地体验从发现问题到解决问题的全过程。花费一定的时间和精力,还需要一定的专业知识做支持,社会实践活动对大学生的锻炼是全方位的,应该把握这样的机会,从中锻炼自己各方面的能力。一个好的社会实践将会使你受益无穷,甚至影响你的生涯发展。曾经有一位来自贫困家庭的女生,在汶川地震时由于内心的冲动,主动组织了一个有关灾区儿童的社会调查项目。起初她凭着一时的热情联系指导老师、招募项目成员、联系实践对象,但在项目设计和组织实施的过程中,认真准备、积极寻求帮助、组织队员、开展实践等,顺利完成了实践项目,在当地引起良好反响,并获得了校级表彰荣誉。后来她在毕业时进入普华永道工作,回顾这段经历,她总结说:"那次实践给了我极大的信心和勇气,同时锻炼了我的人际交往能力、组织协调能力和项目执行能力。如果不是那次实践,我想我没有勇气叩开普华永道的大门。"

4. 尝试社团及竞赛活动

社团是为了某一共同的兴趣或共同的目的所组织起来的业余团体,一般高校中有理论类社团、体育类社团、艺术类社团、实践类社团、学术类社团等。这些社团都围绕社团自身的主体,定期组织社团活动,学生们可以根据自身的喜好和特长选择参加合适的社团。这既可以丰富自己的大学生活,发展或培养个人兴趣爱好,又可以通过参加社团活动锻炼提高自己的综合能力,为自己的全面发展而努力。

一般而言,社团的活动形式多样,有社团成员内部的交流学习、兴趣活动,也有对外的宣传交流活动,不论是思维方式还是工作方法,社团活动都为社团成员提供了很大的锻炼空间。活动具体组织过程中,通过对整个活动的统筹、活动计划的形成、活动的组织开展、活动总结,达到认识自我、增长知识、锻炼才干、活跃思想、启迪思维、发展个性、实现价值的目标。特别是通过社团活动能够培养大学生的快速学习能力和担当能力,为大学生职业生涯竞争增加砝码。在与许多用人单位的交流中,他们反映普遍存在一个问题,即很多大学生虽然拥有优秀的学习成绩,良好的实习经历,从而获得试用机会,但是却不能较快理解用人单位的文化,缺乏独立学习的能力。而在社团这个相对独立和平等的平台上,想要找到自己的位置,要求学生主动积极向老师前辈请教以提升自己,由此所培养出的求职和进取的能力将使大学生容易胜任工作任务,较快地在用人单位赢得生存空间。值得指出的是,现在用人单位在选择毕业生的时候对社团的骨干也是比较青睐的。

除此以外,大学校园里各类竞赛活动也为大学生提升综合能力提供了很好的平台。全国大学生数学建模竞赛、"优萌杯"大学生翻译比赛等学术类的竞赛活动可以为有意投身科研的学生提供一个一展身手的大舞台,有助于学生展现自我风采,发挥过人才能,找到志同道合的朋友。还有一些以企业名义开展的商业竞赛活动,例如欧莱雅商业策划大赛等,一方面企业通过此类活动进行文化宣传,吸引优秀人才;另一方面这些比赛往往能使参赛者体验更真实的企业环境,帮助他们提前进入工作角色,发掘他们各方面的潜能。相对于其他实践活动而言,这样的比赛更具有竞争性,真实性更强,也更以职业为导向,许多比赛中的佼佼者往往有很大的机会进入该企业工作,成为企业的后备人才。

5. 参加勤工助学

勤工助学活动是在校大学生利用课余时间参加岗位工作或兼职锻炼,积累工作经验,增加收入,增强独立自主能力的重要锻炼机会。大学中的勤工助学有很多形式,低年级同学倾向于担任家教或在学生勤工助学中心参加工作,高年级的同学更愿意参加校外兼职或担任学校部门的助管助教。各种不同类型的勤工助学活动对于大学生综合能力的培养都有着十分重要而明显的作用。例如,家教可以锻炼一个人的耐心及表达能力;学生超市的收银员可以培养一个人的细心及与人交往的能力;网络维护可以很好地运用计算机方面的技能,获得实战经验;在学校部门的助管岗位上可以了解办公室工作的基本流程,提升协调管理能力等。而校外兼职更具有挑战性,要考虑时间成本、竞争压力等更多方面,更接近真实的职场生活,报酬及能力和阅历上的积累也较校内勤工助学有所增加。

6. 担任学生干部

担任学生干部也是一种比较常见和有效的锻炼方式,大学的学习和生活不同于中学,没有老师和家长的督促,学习上要自主自律,生活和社会活动上也需要个人积极主动。很多学生在中学里是"两耳不闻窗外事,一心只读圣贤书",家长则大包大揽。进入大学校园后,这类学生遇事往往被动消极,久而久之,与人沟通、主动学习、创新表达等方面的能力就变得非常薄弱,这对于今后的职业生涯发展极为不利。因此,为提高各方面综合能力,增强自身的职业生涯发展竞争力,务必在学习生活上采取积极进取、主动出击的正确态度。而通过毛遂自荐的方式担任学生干部,不论职位大小,都可以发挥自身才干、实践锻炼,为同学服务。特别是在从事班级事务工作过程中,要善于做一个有心人,召开班会、传达通知、统计信息等都需要个人能够选择策划内容,协调组织人员参加,这些能力的养成在今后的工作中有着重要的作用。与方方面面及老师同学的频繁交流沟通,也能够很好地培养个人待人接物的技巧,并打下良好的人际关系基础,扩大社交圈,这些都是宝贵的资源和财富。

案例：小王一进入大学，就抱定了毕业后进入知名外企工作的目标，为此他从学长那里了解了很多外企招聘的要求和流程，性急的他为了在简历和面试过程中投对方所好，一口气报名了演讲与口才协会、摄影协会、空手道协会等好几个社团，自己也主动担任了班级的生活委员，还在学校提供的勤工助学岗位上体验锻炼。可是低年级的课程多、学习压力很大，小王每天下课就去学生超市当班，下午和晚上还要参加社团活动或者处理班级工作，有时要到晚上熄灯后才能回到寝室，还要复习和预习功课。一个学期下来，小王叫苦不迭，而一个学期的忙碌，却有很多不如意之处：因为班委工作而耽误了很多次社团活动，即使参加，每次也都是来去匆匆，小王在社团中没有交到很好的朋友，在社团活动比赛人员选拔中也落选了，看着别的社员热热闹闹地策划社团活动，他觉得自己就像是个局外人。而因为晚上回来较晚，又经常熬夜学习或工作，影响了其他同学的休息，寝室同学对于小王也有不少的意见，学习成绩也没有达到自己预期的目标，小王觉得委屈极了。想起接下来还要准备的暑期社会实践和校外兼职，小王再也不像以前一样信心满满，而是充满了沮丧和怀疑。

案例点评：大学生活丰富多彩，但一个人的精力有限，要做到有所为有所不为，才能取得最终的成功，切忌像小王那样，什么都想参加，结果相互冲突，什么都做不好。实习、实践、竞赛等各类活动都有各自的特点，大学生应该根据自己的实际情况和兴趣能力有选择性地适当参加。同时，选择合适的活动后应该全力以赴，深入体验和学习。

第三节　提升个人素养

大学生风华正茂，意气风发，是最渴望成功的一个群体，对于将来的职业生涯发展充满了无限的憧憬和期待。热情、冲劲以及对于个人成才的强烈追求是大学生身上极其珍贵的特点和财富，很多企业招聘时宁肯牺牲工作经验而青睐于大学生，甚至本科毕业生，就是看中了这一点。但应该注意的是，仅仅具备这些激情和热情是远远不够的，书本知识与实际工作需求有较大差异，校园到社会的环境转换、学生到职业人的角色转换也需要承受很大的压力。如何能够顺利地应对这一切，及早尽快地适应实习，甚至是真正入职后的职场生活，体现出良好的岗位适应能力和职业创造能力，以获得职业生涯的持续健康发展，往往需要大学生注意提升个人的全面素养,成为有知识、有能力、有素质的全面型人才。

一、个人素养的定义和内涵

个人素养可分为身体素质、政治素质、心理素质、道德品质、品格修养五类。详细来说,身体素质指大学生在学习、工作、生活等社会活动中表现出来的体质、体能等,健康的身体是我们达到理想人生目标的基本保障。政治素质是指个人的政治思想状况和政策水平,主要包括政治理论知识、政治心理、政治价值观、政治信仰、政治能力等。心理素质包括人的认识能力、情绪和情感品质、意志品质、气质和性格等诸方面,它是人的素质结构中的重要组成部分。道德品质是个人在道德行为中所表现出来的比较稳定的、一贯的特点和倾向,是一定社会的道德原则和规范在个人思想和行为中的体现。道德品质由道德认识、道德情感、道德信念、道德意志和道德行为等因素构成。品格修养是指经过锻炼和改造,使个人的品行风格达到一定的结果和水平,因此有品格高下、修养好坏之分。

以上各方面构成了人的个人素养,不仅对于个人的社会生活会产生较大的影响,更是在个人的职业生涯发展过程中具有举足轻重的作用。

二、个人素养与职业生涯发展

职业生涯发展的成功不仅仅指毕业后顺利地找到一份适合自己的工作,更重要的是个人通过多年的学习和积累,能够在大学的几年中完成质的转变,具备终身学习、终身就业的能力和习惯,具备良好的职场生活心态,能够应对和适应不断变化的个人职业发展。这也是我们本章所论述的职业生涯竞争力的最强表现。

有些大学生觉得,个人素养问题在找工作的过程中并没有什么大的影响,而且也没有什么量化的评价,因此对这个问题并不重视。然而中山大学所做的一项调查结果显示,被调查的 500 多家各类企事业单位,录用毕业生时所考虑的因素,除专业知识外,正确积极的工作态度、良好的道德修养、对工作的责任心等分别在第二至第四位,关注率为 51.9%、40.3% 和 39.2%。

对于大学毕业生而言,良好的个人素养不仅可以展示出一个人积极正面的健康形象,更重要的是,良好的素养有利于个人知识技能的积累和综合能力的提高,换句话说,个人素养是获取知识技能和能力提升的重要基础。健康的体魄是我们学习生活得以维系的物质基础,"工欲善其器,必先利其器",我们要达到所设定的人生目标,健康的身体就是资本。人生观、价值观和道德素质是一个人所有行为的源泉,正确的"三观"和道德品质会对一个人产生强烈的影响,在面对事件或问题时,有助于我们作出明确的判断,采取正确的反应和行动。现代企业十分重视企业文化的培养,而优秀的企业文化需要优秀的员工来体现,所以用人单位十分看重应聘者的品格修养等,试问一个毫无诚信、不懂自律的人如何在职业生涯甚至社会生活中取得成功? 而一个正直、有责任心的人必然可获得良好的人际关系,从而迈出职场竞争的坚实一步。毕业和就业是个人又一次的人生转折,每个人的思想、情绪和心态都会因为紧张、忧虑而出现一定的波动。能够正确认识自我、评价自我、发展自我,适应环境,处理挫折可以使我们在就业过程和职业生涯中,顺利应对可能出现的问题和矛盾,身处逆境时不气馁,顺境时不骄傲,始终以积极正面的心态赢取个人职业生涯的持续健康发展。

三、如何提升个人素养

根据个人素养的内涵,结合目前高校毕业生的实际特点,我们将个人素养的各方面进行了具体细化,主要提出以下几个需要大学生重点关注的方面。

1. 身体素质

(1) 了解生活保健常识,养成良好生活习惯

富有规律的生活方式是拥有健康体魄的重要条件,有规则的作息时间对于青年人尤其重要。青年人正处于身体发育的重要时期,要为自己打下扎实的身体基础,才有利于承受迈入职场后的工作压力。有的同学喜欢上网、打游戏,往往玩到很晚,甚至通宵,第二天正常的学习、生活必然受到影响。长此以往,身体在该休息的时候超负荷运转,日夜颠倒,饮食不定,很可能提前透支身体健康,不利于今后的工作生活。因此,大学生应根据自己的特点和生物钟安排作息时间,坚持有规律、健康的生活节奏。平时可以有意识地学习、积累一些保健常识,加强预防,注意公共卫生,养成良好的卫生习惯。

(2) 合理饮食,运动锻炼

生命在于运动,运动可以加速新陈代谢,提高人体功能,增强体质,增加免疫能力,防病治病。在学校里,运动的方式和机会有很多。平时洗衣服、晒被子,在寝室打扫卫生,都是一种劳动锻炼;图书馆自修间隙在校园之内散散步,到草地上、树下、池塘边呼吸新鲜的空气,也是一种休闲锻炼;约上三五知己,到篮球场或足球场鏖战一番,更是一种锻炼和沟通。可以根据自己独特的运动习惯,因地制宜、因时制宜地进行锻炼。但值得注意的是,运动锻炼一定要科学适度,适合自己的体质和生活规律,切不可过度。

2. 政治素质

(1) 政治立场

当代大学生是我国未来建设的主体,大学生的政治素质状况决定了中国政

治文明的进程和中国未来的社会走向。因此应在日常的学习生活中,不断提高政治思想理论水平,理论上的成熟是政治上成熟的基础。对于政治现象和社会问题,应进行全面的了解和分析,站在全局的角度进行认识和把握。应自觉维护国家的根本利益,将政治认同内化为政治信念,坚定政治立场,拥护党和国家的政策方针。客观地看待党内出现的腐败现象和政治体制改革中出现的问题,避免受眼前和实际利益影响而作出的判断,不人云亦云。

(2) 政治能力

政治能力是大学生整体素质中较弱的方面。由于大学生还未完全踏上社会,在社会政治生活中处于边缘地位,加上我国目前还没有为大学生参政提供必要的条件和渠道,因此政治技能尤其是政治参与技巧是大学生政治素质中相对较弱的部分。另外,由于没有较高的自我政治意识、政治价值判断模糊、缺乏政治活动经验,大学生整体政治行为的约束能力也较低,需要进一步提高。

3. 心理素质

(1) 从容自信,拥有良好的自我认知

如果理想自我与真实自我的差距太大,会使人痛苦抑郁,差距缩小则会使人感到幸福和愉快。因此,大学生应正视自己的优缺点,客观地认识自我,并在此基础上悦纳自我。对于那些不以人的意志为转移的外在条件,如家庭出身、容貌、身材,能合理地认识并欣然接纳;而对于那些可以通过自身努力获得发展的学习、品行、技能等,要不断努力,发展自己。拥有如此正向、良好的自我认知,可以使个人从容自信,有魅力,展示出健康的精神风貌,也有助于以平和的心态面对生活、学习,以及以后的职业发展,避免出现极端、激进的心理状态和行为。

(2) 正视压力,增强情绪调节控制能力

意料之外、能力所不及或者没有兴趣的事情都会给人带来压力,同时,具有完美主义、悲观情绪或非黑即白等心理行为模式的人也较易感受到压力。来自生活、工作、家庭等方面的压力可以使人能力降低、焦虑增加、失去自信,久而久之,影响到正常的工作学习和生活。大学生尤其容易因为学习成绩不佳、个人抱负受挫、恋爱情感不顺、求职过程不理想等原因而倍感压力。此时,首先需要正确面对自己的情绪,能够接受和适当地表达不良的情绪,例如转移注意力、运动甚至适度的宣泄(例如哭泣)和倾诉等,然后要认清压力的性质并予以合理的处理。记住"不能解决的事情,担心也没有用",通过改变认知、改善沟通、时间管理、建立支持网络等方式将压力转变成动力,增强抗压抗挫能力。

(3) 保持积极乐观的人生态度

一个健康的大学生应对周围的事物和活动带有积极的情绪倾向,表现出旺盛的求知欲和强烈的学习动机。无论干什么,一旦有了好的动机和兴趣,就会调动起全身心的积极性,以获取更多的满足和更大的成就。大学生要不断保持一定的目标理想,强化求知欲,形成对生活乐于求知、积极探索的精神,对学习、生活、工作抱有积极的态度,并充满自信,将自己的智慧和能力运用到实际中,从而获得满足。在这样的精神状态下,必然事半功倍。

案例: 小崔是某大学财会专业的毕业生,签约于某集团公司。当他兴冲冲去报到时,公司让他先到焊条车间的流水线工作,一线的工作艰苦,加上操作不熟练,他开始消沉。后来公司安排他到分公司担任出纳,由于分公司属于新创企业,创业的艰难使其感到前途渺茫,上班时心不在焉,下班后又无所适从,最后导致神经衰弱,不能正常工作。

案例点评: 小崔对于工作后在基层磨炼没有思想准备,因理想与现实差距太大,又不能作出调整,而导致悲剧的发生。这样的事情是谁都不愿意看到的,究其原因是不能及时正视现实,不能从基层做起,从零做起,这是大学生毕业后要学会的重要一课。

4. 道德品质

(1) 正直、自律

学校的规章制度对于大学生的行为而言,仅仅是外在的规范准则,而如何发展内在的自我管理标准是大学生在大学阶段个体发展的重要任务之一。道德规范的约束在其中起到非常重要的作用。正直意味着有勇气坚持自己的信念,在需要的时候义无反顾,并能公开反对确认是错误的东西。俗话说,"君子有所为,有所不为",为人正直、做事自律,大学生应能通过自己内在标准的确立合理安排生活,不断地寻求发展、实现自我、追求更高层次的成功,并在此过程中体验幸福。

(2) 诚信,有责任心

诚信和责任感其实是基本的道德品质,但在当今社会价值多元化、利益多样化的影响下,大学生的价值取向也从社会价值向个人价值倾斜,在目标取向和行为方式上追求实惠,更看重物质利益和个人发展,而对精神价值和社会价值的追求相对弱化,极易导致盲目的自我膨胀和逃避责任的行为产生,不利于个人的生活工作。因此首先应该认识到言而有信,对自己、他人、集体、社会有责任感,是我们不断前行的动力来源,可以帮助我们认认真真、踏踏实实地完成目标和任务。在日常生活中,大学生要自觉地增强抵御环境冲击的意志力,充分了解个人与集体和他人之间的相互关系,增强感恩意识,勇于为自己的言行负责。在学习科研方面,坚守诚信学习,杜绝学术欺诈、考试作弊等不良行为;在经济生活方面,科学理财、守信还款,自觉抵制恶意拖欠助学贷款等不正之风,将诚信作为经济生活中最基本的道德准则。在就业方面,将诚信理念贯穿于求职自荐、签订协议、踏实工作、履行义务的始终。

曾经有这样一个例子:留学德国的一名中国学生利用当地公共交通系统管理上的漏洞,长期逃票,被抓到三次。在他以优秀的成绩毕业后找寻工作时,很多正在积极开发亚太市场的当地大公司因为他诚信记录的问题将其拒之门外,理由是:他们认定这名学生不尊重规则,并恶意使用规则中的漏洞,同时鉴于他三次被抓的记录,认为他不值得信任,从而不肯冒险雇用他。这名学生丝毫不在意个人的诚信问题,显然会遭遇求职滑铁卢。

5. 品格修养

(1) 尊重宽容

"敬人者,人恒敬之"。人的内心里都渴望得到他人的尊重,但只有尊重他人才能赢得他人的尊重。尊重他人是一种高尚的美德,是个人内在修养的外在表现。尊重他人是一个人的政治思想修养好的表现,是一种文明的社交方式,是顺利开展工作、建立良好社交关系的基石。学会尊重他人首先要从心理上有尊重别人的想法,"每个人在人格上都是平等的"。在为人处事的态度、礼仪、场合上注意分寸,与人沟通时真诚倾听,不要随意打断对方,守约守时。在出现矛盾和冲突时,学会大度和宽容,不要对别人的过错耿耿于怀,思想狭隘,往往会将自己逼进死胡同。

(2) 真诚热情

真诚是人与人相处的基础,是人际关系的一条重要原则。"精诚所至,金石为开",一个人是否能被他人接受往往与他对对方的真诚程度成正比。以诚心换诚心,才是事业成功的法宝,漂亮的伪装虽然可能让你取得暂时的成功,但却帮不了你永远成功。所以当你与人发生难以解决的矛盾时,试着用最真诚的语言谈谈自己真实的感受,会收到意想不到的结果。在工作中全身心投入,否则你无论做什么工作,都可能沦为平庸之辈,做事马马虎虎,就只能在平平淡淡中了却此生。同样一份工作,同样由你来干,有热情和没有热情,结果是截然不同的。前者使你变得有活力,工作干得有声有色,创造出许多辉煌的业绩,而后者使你变得懒散,对工作冷漠处之,当然就不会有什么发明创造,潜在能力也无从发挥。

第九章
职业生涯心理素质

心灵是人的窗口,保持人心灵的健康,也就保证了一个面对世界的窗口,保证了一个人的目标和方向。

学习目标

1. 理解心理素质与职业生涯的关系,了解提升自我职业心理素质的途径
2. 了解大学生职业生涯规划中的常见表现、心理倾向
3. 了解相关方法并进行综合运用,予以个人职业生涯心态的调适

在我们完成知己知彼,初步作出决策且明确了大学阶段该如何行动时,我们还要注意提升自己的心理素质,这有助于我们顺利度过大学生活,也为未来职业生涯发展打下基础。

第一节 心理素质与职业生涯的关系

生活在社会中的我们,都希望拥有健康的心理,以保证健康地生活、学习、工作。心理健康是指个体在不同环境中能保持良好的心理效能状态,通过不断调整自己的内部心理结构,以达到与外界环境的平衡与协调,并不断提高心理发展水平。而心理素质一般是指个体承受逆境考验和失败打击的程度。心理素质是个人整体素质的重要组成部分,以先天条件为基础,在后天环境与教育影响下逐步形成的。

对于在校大学生而言,可以从认识能力、学习适应能力、情绪和情感品质、意志品质、人际交往能力等方面提升个人的心理素质。大学期间,我们难免会遇到各种困难和挫折,努力培养挫折耐受力和抗心理冲突能力,对于日后走上社会的意义是很大的。

一、心理素质与大学生职业生涯的关系

1. 心理素质对大学生职业生涯的影响

美国著名心理学家特尔曼(L. M. Terman)对 800 名男性进行了 30 年的跟踪调研,结果表明,成就最高的 20％和成就最低的 20％的人之间最明显的差距不在于智力和智商,而在于是否有良好的心理素质。

我们必须经受工作的挑战与生活的压力,很难想象,个体若无良好的心理素质该如何直面这些困难。对于在校大学生而言,只有具备健全的人格和良好的职业心理品质,才能更快更好地适应社会,经受住职场磨砺,最终实现自身价值。那么,具备良好的心理素质究竟对大学生职业生涯有哪些影响呢?

(1)有利于职业选择及定位

大学生都需要面对求职择业问题,这是我们完成学业、服务社会的必经阶段。而在职业选择中,目标定位如何,尤为重要。拥有良好心理素质的个体可以更加客观地知己知彼,从而更理性地作出判断,并正确地定位。

(2)有利于顺利就业

当前就业形势严峻,求职竞争激烈,我们只有具备良好的心理素质,在就业过程中才能保持乐观心态,积极面对挑战,认真总结经验,适时调整自己的行为,让自己的就业之路更通畅。

(3)有利于适应职业及环境

作为职场人,较之于学生,除了需要承受更多的压力考验和人际历练,社会各方还赋予了更多的要求,包括社会责任、独立意识、竞争实力以及具体工作问题的思考与解决能力。而心理素质过硬者,无疑会更为从容淡定,努力完成自己的岗位职责。

(4)有利于职业生涯目标的实现

良好的心理素质对职业生涯目标的达成起着促进和保障作用。在职业生涯初期阶段,心理素质过硬的大学毕业生,会更看重自己的知识、观念、能力、内心感受等组成的内职业生涯目标,意识到这会让自己走得更远,超越于谋生层面,更关注于挖掘潜力及自我实现。

2. 职业生涯教育对大学生心理素质的影响

(1)职业生涯教育对大学生心理健康的意义

大学生会受到择业、就业等问题的困扰,加之职场竞争提前,大学生越来越早地开始思考未来的职业方向并为之准备。如在低年级能获得职业生涯教育,会更容易解决"知己—知彼—决策—行动"的生涯各环节问题,面对客观现实更从容,对克服就业问题的困扰会更有信心。

(2)职业生涯教育与大学生心理健康教育的共同目标

从高校育人目标来看,职业生涯教育与大学生心理健康教育是一致的,共同指向培养社会需要的高层次合格人才;从个体的生涯目标来看,职业生涯教育助其内职业生涯目标的实现,而其中包括的价值观、内心感受等要素也恰恰是个体心理素质的要点,生涯教育有助于个体的自我提升和自我实现。

(3)职业生涯教育对提升大学生心理素质的作用

职业生涯规划为大学生心理素质锻造提供了平台。通过职业生涯规划,我们可以进行自我探索、客观认识社会现实,进而明确目标并付诸行动,同时直面前进过程中的各种压力与挑战,以此完成自我意识的唤醒,进行自我增值和潜能开发,这恰恰是心理健康教育的重要内容。

职业生涯教育为大学生心理发展提供了支点。以促进大学生成长与成才需求为着眼点的职业生涯教育,以其实用性而更能获得同学认同。生涯发展、心理发展都是终身的,而生涯教育最为重要的是,帮助个体"衡外情、度己力",将个人目标与社会需求相契合,以获得人生成就感与幸福感。

二、培养良好职业心理素质

1. 培养职业心理素质的意义

对在校大学生而言,在提高专业能力、加强社会实践、提升综合素养的同时,积极主动地培养职业心理素质也是非常重要的。

(1)有利于注重积累,形成核心竞争力

面对日益增大的就业压力,如果大学生能较早地做好职业生涯规划,着眼于某一方面,专注于某一点,注重积累,将更容易在同龄人中脱颖而出。如同时进行职业心理素质探索,开始思考"我能做什么,我想做什么,我如何做",加强个体的自控能力,惜时勤勉,就会逐渐形成自己的核心竞争力。

(2)有利于角色转型,顺利开启职业之路

面对就业难的形势,我们要学会将"要我"变为"我要",仰望星空又脚踏实地,加强时间管理、情绪管理、压力管理,从而奠定良好的职业心理基础。这将有助于我们提升自我效能感,在职场世界的起步更为顺利。

(3)有利于长远发展,实现全人教育

作为大学生,相对于其他阶层的青年人而言,会有更高的人生抱负和职业理想,追求自我价值的实现,而其落脚点在于职业选择与发展。具备一定的职业心理素质,将有助于我们处理好个体发展与团队协作的关系、职业与生活的关系、成功与幸福的关系,从而趋近于全人发展。

2. 培养大学生良好职业心理素质的途径

(1)通过课程、讲座、辅导等,获得相关知识传授

学校设置职业生涯规划、就业指导的相关课程,并会开展各类丰富多彩的讲座与团体辅导。无论是低年级同学还是高年级同学,都可以选择与自己适配的活动,获取信息,加强认识。

(2)通过参观、实践、实习等,加强对行业专业领域的了解

同学们也应学会利用各种平台获取行业资讯,尤其是校内提供的各种机会,较早地去接触与自己专业对口或是自己感兴趣的行业进行相关的实践活动,以了解某专业的社会价值、就业情况、发展前景。所获得的直观认识与感悟,有助于我们在日后专业学习中注重与社会需求相结合,有助于做好与自己理想职位的求职准备。

(3)通过生涯人物访谈,借鉴专业人士、前辈学长经验

大学生对于各领域出类拔萃的校友、系友的专业人士会比较认同,乐于探究他们的职场经历,正所谓"见多识广,见贤思齐"。在校期间,大家也可利用各种资源,找寻途径向其学习、请教,以厘清自己的职业生涯规划和行动路径,并通过他们的经验、教训,提升自己的职业选择和适应能力。

(4)通过校院求职支持系统,寻求个性化咨询与帮助

在面临职业选择、求职过程中,同学们难免会出现心理落差并有相应的行为表现。学校就业中心与院系学生工作系统,是大家重要的支持系统。一方面可以通过各种测评、个体咨询与专业指导,解决同学们的个性化问题;而另一方面可以在求职受挫、情绪失控、心理失调时提供必要的动力支持,从中获取力量,继续前行。

对于在校大学生而言,学习、成才、就业是重要的课题,而职业生涯规划则是贯穿其中的线索,良好的心理素质则是这三者顺利达成的重要基础。对于个体而言,不可避免地会遇到困难、挑战、压力,重要的是,找到适合个体的恰当的解决之道。

第二节 大学生职业生涯规划与
发展中的常见心理困扰

处于职业生涯早期的大学生,在为获得职业做相应准备以及在寻求职业过程中依然会产生各种生涯困扰、矛盾冲突、心理误区。如果得不到及时干预疏导,可能会形成心理障碍,严重影响其未来的职业发展和正常生活。产生心理困扰是由于外因与内因交互作用。一方面,大学生的职业生涯受制于社会、家庭、学校等客观因素。由于就业形势的严峻和社会竞争的激烈,对大学生个体产生巨大心理压力,从而身心疲惫而心理失衡。另一方面,大学生的职业生涯问题又受制于自身心理素质,若个体产生负面暗示,难免会形成各种心理误区。主要表现为以下几个方面。

一、职业自主意识严重欠缺

这里说的职业自主意识,是指个体对自我职业生涯规划的主动、独立、负责意识。然而由于生活习惯、教育经历、思维方式、心理定势等各种原因,处于职业探索期的大学生,往往缺少了一份对职业选择应有的思考和担当。

案例 1: 正在读大二的小 A 来到咨询室时,满脸愁容,看得出心情较为沮丧。通过交谈得知其情况是这样的:作为家中三代单传的宝贝,从小备受呵护,父母对其要求就是成绩足够优秀、高考进入名校,其他事情不用操心,事实上他也从来没花过任何心思。不负众望的小 A 进了父母期待的大学和专业,于是过起了大一无忧无虑、自在逍遥的生活,除了上课之外,基本就"宅"在宿舍,玩电脑游戏。因为父母的敦促,大一的 GPA 也还不错。进入大二,看着周围其他同学都在为社会实践、暑期实习而忙碌,或是为了出国而早出晚归温书,小 A 忽然觉得自己不知道在做什么,每天这么过到底有什么意义;而对于毕业以后想干什么、自己能干什么,也都不是很清楚,想要改变这种状态却不知从何入手。因为迷茫,被辅导员推着前来咨询……

案例分析: 小 A 的情况在大学里还是比较普遍的。这类同学由于已习惯了父母师长的呵护,自己的学习、生活总由别人妥妥当当地予以安排,从小到大的每一步都是被精心设定的,所以显得不够成熟、不够主动。有时候对于别人甚至是自己的事情也往往是一种冷漠、观望的"看客"角色,对自己的未来缺乏主动的规划,更谈不上相关的准备与行动了。看到周边同学的积极有为,再对照自己的被动无为,便容易产生心理冲突。对于个体而言,出现这样的心理冲突未尝不是一件好事。毕竟开始思考未来目标就是良好的开端,意味着个体有了初步的职业生涯意识。以后这种被动的生活状态慢慢会被打破,开始学着对自己负责,学着自己解决问题。在未来的现实职场世界,我们只有真正主动地规划生涯,并落实到实实在在的行动中,不断经受磨砺,提升心理承受能力,才会有所作为。

案例 2: 小 B 是个来自中西部地区的应届法律女硕士生,几经折腾,最终在家人亲戚朋友的帮助下,刚刚落实了家乡的一个事业单位,可以从事与专业对口的工作。经历了种种的她,在给学妹的邮件中写道:……当我周围同学马不停蹄去实习时,我在学校里依然过着云淡风轻、不食人间烟火的日子,因为家里人说按我这条件,托托关系找找人,回家乡做个公务员总是没什么问题的。哪晓得,现在门槛提高了,需要基层工作经历。我是从学校到学校的,哪有什么基层工作经历。偶然机会,陪宿舍同学去听了一场学校就业指导中心组织的讲座,才了解了政策变化与现在的行情,于是匆匆写简历、匆匆投简历,留在这个城市显然是不可能的了,好在最后回老家搞定了工作。虽然这个岗位不咋样,但好歹是份专业对口又离家近的工作。

案例分析: 最后总还算圆满的小 B 的故事,可以说是在校学生的缩影,其中折射出了不少同学一直存在着的"车到山前必有路"的依赖心理。此类同学不主动参与竞争,反而寄希望于他人。要知道,即使依靠父母亲朋帮你"托关系、找门路",不用自己费力的"捷径"或许是存在的,但任何人都不可能帮你一辈子。在职场世界里,最后还是需要凭能力、靠工作成绩说话的。如果一直"等、靠、要",如何能应对工作岗位中出现的各种挑战?所幸的是,最终小 B 意识到这种依赖心态对自己的不良影响,通过反思与分享,希望后来者可以吸取教训。

案例 3: 小 C 活泼开朗,能歌善舞,有一定的社团工作经历,言语表达能力和人际沟通能力都比较强,在系里属风尚人物。其专业是生命科学,周围的同学们都积极准备出国深造,她向高年级学长打听了一下,这个专业无论是本科还是研究生,在国内找工作都一般,市场需求比较少。而以往 GPA 较高的同学都走上了出国随后从事科研的道路,这在系里也被老师们认为是

"正道"。于是,她也跟着准备,绩点、英语、参与老师的项目团队,接触科研。只是,她总惦念着自己在社团的幸福时光,而且有很多活动需要她参加,似乎很难静下心完全投入学习、科研生活,为此甚为苦恼……

案例分析:小 C 同学的问题还是在于缺乏职业自主意识,缺少一定的主见,盲目跟风、从众心理较为严重。也就是说,她看周围大多数人选择什么,自己就跟着选择什么,而恰恰忽视了自己的兴趣特长,长此以往会浪费上天赋予的潜能,不利于自我价值的实现。兴趣是工作的动力,自身是未来职业道路选择的主体,需要珍惜天赋和听从内心需求。

二、职业选择远离内心感受

人生是一种选择。我们时刻都在面临选择,而选择就会有机会成本。在职业选择时,很难"鱼"与"熊掌"兼得,故要学会舍弃。需要注意的是,我们对于就业方向的选择,其实也就是在对自己未来的生活方式作出选择。

案例 4:小 D 曾是学院的学生会主席,专业成绩不错,酷爱运动。作为家中唯一的男孩、最小的孩子,父母给予了更高的期待。毕业时的选择,让所有人跌破了眼镜,更让自己走上了一条披荆斩棘的道路。他没有像同学一样,为留"北、上、广"、出国而拼搏,也放弃了高薪白领模式,而是选择了一个偏远城市的一家国有企业,并且主动下基层、到生产第一线工作,甘愿与工人们同食同宿。中间历经曲折,心灰意冷时想过放弃,有过重新定位又最终回岗坚守,毅然投入,最后他成为该企业最年轻的股东。

案例分析:优秀的人通常会受困于多种选择,但小 D 没有,在毕业时,就显示出了独到的眼光和相当的魄力,十分不易。他遵从于自己的内心需求,开启自己的职业生涯道路,并经历了人生的高低起伏。其实在枝蔓庞杂的生涯树上摘取哪一片树叶,是件需要智慧的事情。最大最饱满的那片不一定是最适合自己的,也不应是在众人的赞叹中,心满意足地选择看上去最青翠欲滴的那片。可能是静默的、毫不起眼的、沾满露珠的那片,或许才会真正让你雀跃,它会在阳光下熠熠生辉。这个道理不难理解,但做起来却不易。

案例 5:小 E 出生于医学世家,尽管耳濡目染,但对救死扶伤这一职业始终提不起精神。虽遵从父命念完了博士,但一直没有放弃自己的创作梦想,撰写了大量文字,希望自己有朝一日如鲁迅先生那般能够"弃医从文",成为一名幸福的自由职业者。毕业后,他顺理成章地成了一名医生,两年后终于果断转身,成为一名专栏作家。

案例分析:小 E 是典型的科系不合症,所学专业与职业期待严重错位。十分幸运的是,他最终正视自己内心的真正需求,找到真正能让自己快乐的职业生涯,而不是屈从于社会观念、他人意见、功利现实而裹足不前。俗话说,"人贵有自知之明",如此才能量力而行、人尽其才、各得其所。对于我们个体而言,要明白自己是谁、自己喜欢干什么、自己能够干什么。了解自己的特长、兴趣和能力,才能找到自己的职业锚。

三、职业定位不够明确坚定

不少人在回顾职业生涯时,往往感叹地说,选择第一份工作时存在太多的盲目性。在日益激烈的就业环境中,没有多想就匆匆忙忙签约。又经过多次选择和磨合,幸运的人,最终找到了自己在社会的位置,可以在职业生活中体验到幸福;但更多的人还是随波逐流,对自己的生涯并没有明确的期许,时间长了,要么成为空想家,要么成为无梦人。在我们这个没有终生职业的时代,如何让自己终生拥有职业,需要我们经常思考几个问题:自己的职业生涯发展路线明确了吗?自己的职业锚找到了吗? 自己生命的意义明了了吗?

案例 6:临近毕业,文科硕士生小 F 相当焦虑,"海投"了简历,虽然到了毕业前的"金三银四",收到的面试邀请却不多,偶然去初面后就再也没有下文了。外表还蛮阳光的他,愁容满面地来到学校就业中心求助,一边哭一边说,"如果看不到未来,就把握不住现在;如果把握不住现在,也就把握不住未来。按说我自己的条件也不错,虽说是长线专业,但专业成绩在班中名列前茅;做过学生工作,参加过学生社团、社会实践、志愿者活动;有过销售、调研、企划的实习经历;说起来自己的要求也不是很高,只要能留在这个城市有个稳定的工作就可以了,怎么就不能遂人愿呢……"

案例分析:小 F 同学的问题根结就在于自己对未来发展方向不够明确,看似丰富的经历,因为没有目标导向,所以缺乏针对性,毕业求职时跟风"海投"，加上运气差，故成功的几率很低。所以我们需要反复自我询问：我到底想干什么？我到底能干什么？结合社会和用人单位需求，综合考虑自己的能力、兴趣、价值观，以确定职业锚，针对性地准备简历和面试材料，提升求职技巧，才有可能成为自己人生的船长。

对于低年级的同学而言，要避免小 F 同学的境遇，就需要从大一入校后开始有"寻找自己职业锚"的意识，初步为自己的职业进行定向，能够将现实环境与长远目标结合起来，但不要给自己设限，更不要纠结于具体的定位。毕竟个体与外部环境是在动态发展中的，不要人为地去排除各种合适的职业选择。我们都希望找到一条适合自己的职业发展道路，这样在奋斗中会充满幸福感，尽可能在"该做的"、"能做的"、"愿意做的"之间找到交集。

案例 7：小 G 同学是少数民族学生，材料学专业，从本科一口气念到了博士，科研能力尚可。按常理来说，小 G 同学没有什么可烦恼的，顺利毕业，轻轻松松找一份专业对口的工作就可以了。但他仍然叩开了学校就业中心老师的门。在简单介绍了自己的情况后，表示要改行留在上海从事人力资源工作，这大大出乎了咨询师的意料。经过几次咨询访谈，弄清楚了要改行的原因，主要是出于家长的规劝，希望他能留在上海，又听家乡人说，做人力资源可以"管"人，所以这种工作有"面子"。父母对他说，"宁肯在上海改行，也不能回老家或中西部工作，宁要上海一张床，不要四川一套房"。小 G 同学虽然没有坚定的职业目标，但对于本专业还是充满兴趣，也曾受到导师称赞，在这方面还有一定的潜力。所以经历了几次咨询后，小 G 最终厘清了自己的动机和能力、态度和价值观，开开心心、毫无负担地登上了去四川某研究所工作的列车……

案例分析：目前社会、家庭的一些观念确实会干扰同学的职业选择与发展，比如"到国外、到沿海、到最赚钱的地方去"，而不是考虑是否符合专业以及人生志趣。学校就业中心咨询老师最终引导小 G 同学明确了自己未来职业的价值定位问题。一旦他遵从自己内心的真正感受，弄清楚了什么是适合自己的、什么是自己最为看重的，作出选择也就是水到渠成的事情了。

对于身处职业生涯初期阶段的新人而言，我们有时候会在乎外部的眼光，会看薪水、福利、工作内容、地点环境等外职业生涯因素，而事实上，由知识、观念、能力、内心感受等组成的内职业生涯目标，才会对自己今后的职业方向产生更为深远的影响。我们需要意识到,作为接受过高等教育的大学生而言,有责任完成"工作—职业—事业"的过渡。生活在现实社会中,我们关注住房、工资、待遇等因素,满足基本生活需求,也无可厚非;通过掌握专业技能以获得一定社会地位,也是人之常情。但除了生存的物质条件外,我们更需要事业的发展,而这应该贯穿于我们生涯的始终,走上适合的岗位,凭借自己的智慧实现人生价值,为社会作出贡献。我们或许也需要通过各种渠道在自己的生涯过程中完成对"生存—生活—生命"三个层面的思考,找寻生命的意义;我们需要凭借生涯智慧,早日找到自己的定位和职业归属。

四、职业准备软硬实力薄弱

自高校扩招以来,大学生已变成受过高等教育的普通劳动者。根据用人单位反馈信息来看,由于各种原因,大学生的职业准备显然也不够充分。无论是专业课学习、计算机和外语、其他职业能力证书等硬件方面,还是素质拓展、情商修炼、人格磨砺,都未达到社会需求的标准。在这样的状态下,仓促应对求职,会产生各种心理问题。

> **案例8:** 小 H 是一个几乎快为同学和老师遗忘的学生,上课时安静地坐在教室一隅听老师讲解,很少做笔记,也很少在课堂上打瞌睡看报纸,大学期间没有一门课程不合格,但也没有拿过一次奖学金。作为一个工科男生,课余闲暇时间喜欢独处,躲在宿舍上网、打游戏。大学的三年半时间就在这样安安静静的状态下流逝了。临到毕业求职,看看同宿舍的三人,个个手上都握有几张专业资格证书,或者辅修了管理、法律等第二专业,或者有知名企业的实习经历。小 H 也随着同学投了些求职信,但往往在面试一次后就杳无音讯。看到室友一个个有了明确的就业方向。小 H 突然感到了一丝紧张和迷茫,在室友的建议下,来到学校就业中心寻求帮助……
>
> **案例分析:** 对于小 H 来说,这三年多的大学生涯无功也无过,但按这样的状态去进行职业选择与发展,结果是不言而喻的。这个社会看重毕业生的专业成绩,更在乎成绩背后折射出的个人学习能力与态度。用人单位往往更青睐于复合型人才,这显然是小 H 的软肋,需要奋起直追。除了本专业学习外,要不断拓宽认知视野、拓展知识体系,并与社会实践经历相结合,如此慢慢累积,才有可能有自己的核心竞争力,在竞争中脱颖而出,不然就会淹没在茫茫人群里。

案例 9：小 I 是十分好学的学生，一进入大学便制订了严密的学习计划，不仅细致认真地上好本专业课程，听说管理类专业知识以其应用性在社会上很吃香，就利用空余时间旁听相关课程。同时为了提升自己的人际交往沟通能力，小 I 还报名参加了团委、学生会，结合个人爱好参加了 6 个社团。在过去三年的大学生活中，小 I 无疑是宿舍中最为忙碌的人，不仅要完成每周近 40 个学时的课程，以及完成团委、学生会部门交代布置的工作，而且还要协助开展一些社团活动。但令小 I 郁闷的是，一起进团委、学生会并还在继续的同学，现在基本都成了部长；一起进社团的同学则成为社团的主要负责人；而在学业上，虽然上了很多课程，但没有一门课程的评分是 A，自己也没有感觉在知识上有多大收获，反倒是在期末疲于奔命，应付各种考试……

案例分析：小 I 的问题，在于普遍撒网但劳而无获或者说收获甚微。其实在大学期间，我们只有专精在某些领域、方向，在这个领域、方向上才能有所发展。所以我们一定要抱着这样的信念：做任何事情都要把它做好，才能有所收获，要有所为有所不为。如小 I 一样，很想利用好大学宝贵的时间，提升各方面的素养，为未来职业生涯做好准备。但由于精力分散，往往专业知识也没掌握好，实践能力锻炼也还不够，沟通协调能力其实也不强，没有自己的核心竞争能力，成为什么都想要，什么都没有得到的庸才。

五、职业生涯行动亟待落地

我们一直都在强调知己知彼、决策对于个人职业生涯选择与发展的重要意义，事实上，如何将目标付诸实践，如何提升职业生涯的行动力，更为关键。然而，缺少经验的大学生，在进行初次择业时，会面临各种心理压力，面对多种选择会犹豫不决。

案例 10：小 J 同学在家长的要求下，进入大学以后就为四年以后的就业进行各种准备，不仅认真学习专业课程，还根据自身特点辅修了管理学，旁听了民法、刑法、商法等主要法律课程，还把其他的课余时间用于社会实践。进入毕业求职期，较之于同龄人，小 J 先前的努力与付出，也得到了丰厚的回报，但同时也产生了困惑：先后 6 家用人单位表示要录用他，包括国有超大型的外贸集团公司、国有军工企业、政府公务员、外资 500 强公司、医药民营企业等，职位包括经理助理、办事员、全国培训师等。小 J 犹豫不决，不知道到底选哪一个，这可关系到自己一辈子的事情呢。同时他又担心签订就业协议后，万一有更好的岗位，不是丧失机会吗？

案例分析：小 J 同学的烦恼，源于面对着众多的选择，很难取舍。对于小 J 而言，目前最重要的是先选择一个 offer，多问问自己：我能干什么？我喜欢干什么？答案就有了。

案例 11：小 K 同学从小崇尚英雄，好打不平，仗义执言，主持社会的公平与正义，不仅是他儿时的梦想，也是他时刻奋斗的目标。在这个目标的激励下，小 K 经过层层考试，终于进入了自己心仪的新闻专业。并在大二时到某著名媒体进行了为期半年的实习。但实习了一段时间后，小 K 发现媒体记者的工作并不是想象中那样精彩，没有这么多公平与正义可以维护，但却有不少宣传报道的工作原则和规范需要遵守。同时许多记者接触和报道的事情虽然是新鲜事，但时间长了也习以为常、渐渐麻木了。小 K 迷惘了，难道这就是自己一直心存念想，要为之奋斗一生的职业吗？

案例分析：小 K 的生涯迷茫，是比较典型的"由于对未来发展方向、信息探索与掌握不全面所导致的困扰"。处于大学阶段的同学，其实在走入社会时，尚未做好能力层面、心理层面的各种准备。作为学生，对某一职业的认识还不够清晰，通过实习，可以促使自己进行自我"社会化"的体验与实践，从而加强对目标职业的进一步体认。对于想进入的行业，提前"试水"是必要的，如果体验下来，确实发现有明显的差距，那么就可以做必要的取舍。我们依然要用积极的心态，主动寻找机会去了解社会、行业，以及职位要求。"隔岸观火"与"身临其境"是不一样的，只有付诸行动、实践，才会有助于我们找到社会需要与个人追求的平衡点，最终在现实社会中确定适合自己的职业生涯目标。

案例 12：小 L 同学来自沿海发达城市，阴差阳错地成为煤炭科学专业的学生，对于这个专业他谈不上喜欢不喜欢，所在城市的优秀学生不会选择这个内陆高校。当然小 L 也知道，如果在这个内陆省份，按照他的能力，他也许能够进入这个学校，但肯定进不了这个重点专业。临近毕业，小 L 不禁有点后悔，大学期间也许应该再辅修一个第二专业，不应该担心读不出来而放弃想法；大学期间也应该进行各种社会实习，了解一下社会现实到底是怎么样的，起码能使现在的简历厚实一些、丰富一些；大学期间也应该参加一些学生组织或社团，培养一下自己的人际交往能力，扩大一下自己的社会交往圈子。可是都要毕业了，到底自己适合做什么呢……小L带着困惑给就业指导老师写了一份求助信。

案例分析：职业生涯规划的关键在于行动。想法再好，不去落实，只会成为空想。对于像小L这样的同学，其实不缺想法，缺的是具体行动和持续的坚守。我们可以通过一段时间的社会实践（如打工、兼职、见习、实习），研判下这种职业究竟是否适合自己。通过试探，看看自己在某个方面能否适应、能否取得成效，然后再决定是否将这项职业作为自己未来从事的工作。

六、职业素养尚处于初级阶段

由于初涉职场，大学生在职业生涯选择与发展过程中会遇到各种无法回避的问题，包括来自个体工作适应、面对人际关系以及自我角色调整等各个方面。刚离开校园的"菜鸟"的职业素养离"职场达人"的多年修炼相去甚远，需要我们每一个体在实践中不断积累、提升。

案例13：这是被室友投诉其品行不端、人格卑劣而被迫前来接受教育、咨询的小M，他是文科某院系的班长、党员，成绩优异、各方面表现都不错的男硕士生，只是个子有点矮小。已到毕业季，同宿舍4人，其中1人已直博，1人已签约地方报社，1人（小Z）已在一家国企的最后面试阶段。而小M自己一心想入选国家选调生项目，之前有过一些机会，但被他婉拒了。眼看着临近毕业离校，小M觉得自己的室友差不多都有了offer，唯独自己依然心在弦上，郁闷、纠结。某天，等待国企面试的室友小Z手机落在宿舍，因为一直响个不停，小M便接通了，是那家国企的录用电话。小M顿生一念，告知对方，小Z同学其实已经与别的单位签约。后来一直苦等国企面试结果的小Z，联系了对方，才得知事情原委，便把小M的行为向院领导老师进行了投诉……

案例分析：小M其实是一个由于择业不畅而心理失衡的个案。因为是学生干部，一直备受老师的重视，加之一贯顺利故而自信满满，在职业选择时也会莫名其妙地产生"高人一等"的想法，依然希望成为别人羡慕与关注的焦点。也正因为这种攀比、强求的心态，致使他轻易放弃了一些不错的职位，然而对择业困难和自己劣势的估计不足，又临近毕业，便形成了强烈的挫败感。看到平时都不如自己的室友如今有了不错的 offer，自己这么优秀却颗粒无收，情何以堪。于是在小 Z 的 offer 问题上，故意隐瞒应该通知到室友的就业信息，为室友的职业生涯制造了人为的障碍。探究根源，小 M 是受到妒忌这种病态心理驱使，产生了这种损人又不利己的破坏行为，内心隐藏着他不希望室友职业生涯比自己好的心态。

其实他的综合实力尚可，只是需要正视自身劣势，调整心态，成功就业还是可以实现的。但盲目的自负、攀比，会让自己不堪重负，一直处于负面情绪中，长此以往或是就此消沉而一事无成，或是心力交瘁而难以复原，从而最终走向同学的对立面，成为一个悲剧。

案例 14：小 N 同学从赣南农村以高分进入北京某知名大学教育学专业，在校期间，她继续发扬艰苦奋斗的作风，早起晚归抓好专业学习，利用假期进行实践提升能力，又顺利直研。她的目标相当明确：寒窗苦读只为留在北京的机关部委或高校工作。进入毕业班后，她更是积极准备，制作简历、参加宣讲招聘会，但毕业离校时，依然没有在北京找到自己心仪的工作。同乡朋友劝她离开北京，到别的省市去择业，要务实一些。但她坚持说，我凭自己的实力在北京读完了学位，我就一定可以在这个城市生根发芽、开花结果……

案例分析：小 N 同学由于一贯优秀，导致其在知彼也即是对就业形势的认识方面产生偏差，在理想与现实中苦苦坚守最初的梦想。应该说坚守职业目标并没有错，只是有时候因为自负心理所致，对职业选择与发展报以过高的期望——"非××不去"，无谓的"精英主义"反而使自己陷入困境。不少同学认为，既然念完大学总要找一份体面的工作，比如到国家机关、事业单位、国有企业，只有这样才足够稳定、足够保险。由于这种心态，对求贤若渴的一般单位又看不上，更不可能"逃离北上广"到二线城市去发展。如此失去了不少适合自己发展的机遇。盲目的自负、好高骛远只会让自己心理压力加剧，一旦现实离择业目标差距过大，就会产生抑郁、焦躁等心理问题。事实上，对于小 N 同学而言，个体生存问题尚未解决时，需要降低不切实际的要求，做出与外部条件相适应的定位。在机遇不佳的情况下，需要脚踏实地从基层做起，一面积累经验，一面把握未来机遇，一步一个脚印地前行。

案例 15：小 O 同学来自东北农村贫困家庭，是名企业管理方向的硕士生，对自己的定位是进外企做人力资源的工作，有相关的实习经历，也因其勤勤踏实、刻苦钻研而深得实习单位的好评。但英语口语一直是他的弱项。小O投了不少简历，也获得了面试机会，但经常是在第一轮惨遭淘汰。时间长了，他愈发沉默不语……

案例分析：在职业生涯选择与发展过程中，小O同学的情况也绝非个案。大学生个体常常因为外表形象不好、家庭条件不够优越、动手能力不强、学习能力不足、人际沟通能力弱、不是名校出身等各种原因，自感低人一等，也因为自我认识的偏差，缺乏信心与勇气，不敢去竞争，变得自我封闭。案例中的小O同学是由于英语因素在求职中屡战屡败，慢慢丧失了屡败屡战的决心。很明显，因为受到一次又一次的打击，他目前对英语面试产生了恐惧心理，进而全面低估自己的价值。具有这种消极的自我意识，也与他来自经济困难的农村家庭有关，导致其行动畏缩，从而影响了用人单位对其的综合印象。其实，多数用人单位不是挑最完美的人，而是遴选最合适的人。个体总有优势、劣势，我们需要客观认知，不因为自身某些不足就一蹶不振，而是要调整战略，让用人单位看到自己的闪光点，提升抗挫折能力，以适应职业生活。

案例16：小P是金融专业的应届本科毕业生，专业成绩优异，在学习期间曾到美国、日本高校交流，人际沟通能力也不错，也是学校相关社团的负责人。步入毕业季，他考虑之后，投递了几份金融相关行业的简历，各单位都给了他面试机会，在一轮轮角逐后，世界500强企业几乎每家都向他伸出了橄榄枝。也因其出色表现，某国有银行的管理培训生项目也给他发出了offer。经过再三权衡，小P决定接受国有银行的offer，孰料在签约过程中听闻需要下基层柜台历练一年，当场拂袖而去，令HR瞠目结舌……

案例分析：作为学生，小P无疑是优秀的，不然不会有这么多不同的单位青睐他。他身上具备了精英学生的气质：专业能力强、有国际视野、有领导潜质……相对于其他还在苦苦求职的同学而言，他确实是有挑选资本的。但他对首份工作仅因为要下基层锻炼而断然拒绝，也显示出了小P职业素养的欠缺。他鄙视基层看似毫无含金量的工作，实则这种经历是成长为银行高管的必经环节，不然如何宏观把握又贴近一线实际？他的不愿意投入，其实还是贪图安逸、求闲怕苦的体现，这又如何让自己走得更长远、更稳健呢？我们需要意识到，在如今的职场世界里，若把自己看得过高、过重，是极不成熟的表现，没有人是绝对无可取代的。相反，既怀抱高远理想又能脚踏实地的职场新人，才会有更大的发展机遇，在勤行精进之后才有个人与社会的利益双赢。

上述案例表明,大学生职业生涯规划与发展过程是较为复杂的,社会、家庭、朋辈、舆论等都会影响到个体心理。除了政府、高校、家庭等付诸行动外,更重要的是,需要同学们自己调适心态,认识自我、合理定位、积极行动等,顺利实现成功的生涯规划。

第三节　职业生涯心理调适

心理调适,一般是指个体根据外部环境的变化,适时调整、改进、扩展原有的认知结构,从而适应新情境的历程。个体通过心理调适,可以发挥潜能,消除心理困境,促进发展。当遇到挫折或产生心理冲突时,心理调适有助于个体积极寻找差距,保持稳定心态,实现心理健康。在社会职场中,由于外部环境变化、人际变动、岗位要求、工作内容等发生变化,会打破每一个体的心理平衡点,个体需要面对此过程中产生的各种心理冲突并作出及时调整,从而进行心理修复,这就是职业生涯心理调适。对于大学生而言,面对职业理想与客观现实的冲突,需要排除困扰,改善心境,保持状态,以寻找最佳途径实现自己的职业目标。

一、心理调适对职业生涯的作用

1. 心理调适是职业生涯规划执行的前提

个体职业生涯规划的执行,始终与心理调适相关联。从客观方面来看,个体在执行自身生涯规划时,会不断受到外界的干扰与影响,要在不断融合中,调整自我认知和生涯规划,以适应社会需求;从主观方面来看,个体对自我认识始终是一个动态发展过程,会不断修正规划。可以说,心理调适伴随着个体职业生涯规划落实的始终。

2. 心理调适是实现职业生涯规划的保障

个体在职场中会因自身增值或出现的机遇而主动进行心理调适,这将有助于调整优化生涯规划,以符合个体特点和潜能发挥,且具较强的可操作性。而大学生步入职场伊始,也可能因先前的职业生涯规划失当而陷入困境,及时的心理调适则有助于缓解压力,并让规划趋于客观合理。

3. 心理调适是达成职业目标的基石

即使在校期间有一定的社会实践或单位实习的经历,大学生对工作和所在单位仍会缺少全面深入的了解,加之其"过客"、"看客"的身份因素,实习时较少受到人际干扰。但在毕业后正式成为职场一员时,个体为了生存和发展,就会不断调整自己的工作和生活方式。若能及时进行自我心理调适,将有助于个体更好地适应单位文化、领导风格,融入工作团队,利于职业目标的达成。反之,则会制约其职业生涯的发展。

二、职业生涯心理调适的内容

1. 调整择业取向

当今社会就业形势严峻,高校毕业生人数继续攀升,大学生在进行职业生涯规划设计时,需要认清形势,找准坐标。知人为聪,知己为明;知人不易,知己更难。在职业生涯的起始阶段,需要立足现实,着眼长远,克服求闲、怕苦、功利、攀比等心理。如果一味考虑"我想做什么",会引起更多的心理压力,需要在"我能做什么"、"我适合干什么"、"社会需要我干什么"中寻求结合点,找到最契合自己的,并有利于自我价值的最大实现。同时需要不断根据主客观情况的变化,适时修正个体的职业生涯目标。切忌因自我评价过高,不肯屈就而错失良机;或因羞怯自卑止步不前而浪费才华。

2. 客观合理定位

人的一生有从事多种职业的可能性,尤为关键的是在职业选择时须慎之又慎,尽可能找到安放自己的最佳位置,最大限度地发挥潜能,实现人生价值。个体恰当的定位,又符合用人单位的需求,则会事半功倍,脱颖而出。在职业定位时,有时候需要我们力排众议,自主决策,另辟蹊径;有时候需要我们正视现实,摒弃攀比,脚踏实地;有时候需要我们深入实际,躬身力行,人职适配。

3. 动态应对挑战

人生充满了变化,个体对环境不断地适应,是通过心理调适而达成的。在职业生涯的初期,社会对个体的要求,相对于学生阶段而言会更高更严格。个体只有以自己的实际行动去适应变化、迎接挑战,才会成为自己职业生涯的舵手,不然会出现停滞甚至倒退。不少同学在选择第一份工作时存在一定的随意性,在激烈的就业环境中匆忙签约入职。而我们又身处一个没有终生职业的时代,如何让自己终生拥有职业,需要调整和选择,更重要的是需要具有生涯智慧,要经常思考几个问题:自己的职业生涯发展路线明确了吗? 自己的职业锚找到了吗? 自己生命的意义明了了吗? 如此,面对自我世界与现实世界的冲突,或时时刻刻出现的挫折与意外时,才能把握住这种平衡与波动、有序与无序、稳定与变革,并能驾驭职场人生。

4. 健全职业心态

社会用人单位对待人才日趋"求实"而非"求高"。在职业生涯初期,我们需要培养、健全自己的职业心态。对于多数人而言,第一份工作并不一定是自己心仪的,但要知道:喜不喜欢这份工作是一件事情,应不应该做好这份工作和是否有能力做好是另一件事情,不可混为一谈。比较务实的做法,就是要分清楚"理想的工作"和"适合的工作",学会接纳,学着看开看淡。要知道,世界上让你100％满意的单位或岗位是不存在的,与其自怨自艾、愤世嫉俗,不如在力所能及的范围内努力争取再设法求变。我们有些同学刚离开师长的庇护,遇到不公平的事,就开始扎堆抱怨,其实这很容易影响人生模式,丧失工作的热情和冲劲。职场上笑到最后的人,其起点不一定很高,但多数都具有过人的意志力和自制力,所谓的"天道酬勤",就是在心态和方向、方法正确的前提下的坚持和努力。

5. 提升职业韧性

在个体职业生涯选择与发展中,总会遭遇职业挫折,这其实是较为常见的现象,就如同多数人的生命状态,有可能如潺潺细流,总会遇到挡路的水草、泥沙甚至漩涡,只要蓄势、沉潜、汇聚,总还会奔向大海的。对于初入职场的个体而言,在职业生涯发展方面的需求或是得不到满足,或是行动受到阻碍,或是目标未能达到,容易处于一种失落状态之中。如果缺少了心理调适,就容易知难而退,甚至出现心理危机。其实遇到挫折并不糟糕,但凡周遭稍有成就的人士内心也都曾脆弱过,只是没有半途而废,一路选择了知难而进、隐忍奋斗,在职场磨砺中练就了逆商。我们说的职业韧性,就指战胜困难、压力、挫折的毅力,以及寻求意义与面对挑战的勇气。不管选择怎样的路径、方法,职业韧性较强的人,总有着明确的目标、怀抱希望且有较强的自控能力,如此才会到达光辉的顶点。

三、职业生涯心理调适的方法

个体因外部各种影响,不可避免地要应对职业生涯规划与执行中的挫折、困境,有效的心理调适将缓解矛盾与冲突。可尝试以下几种方法。

1. 自我静思与自我安慰法

当面对冲突时,需要静心、理智地进行自我认识,重新进行自我剖析与评价,明确自己的性格气质、兴趣、优劣势等,并结合现实环境顺势而为;当已尽力却无力改变,也无法逆势飞扬时,就要给自己一个让步的理由,以"平常心"去接受、包容现实;再用生活哲理、出色的生涯人物来勉励自己,重新扬帆起航。

2. "酸葡萄"与"甜柠檬"效应法

不妨学学狐狸,吃不到葡萄就说葡萄酸,得到了柠檬,就说柠檬甜。就心理调适而言,这种强调自己拥有的东西都是好的,以此减轻内心失落感,不失为可行的方法。此法能使内心获得暂时平衡,缓解紧张情绪。

3. 及时"移情"法

一般而言,当个体遇到矛盾时,会关注于矛盾核心,但一旦过度,则易形成偏执。此时需要移情,将注意力从负面情绪转移至正向情绪,通过激发新的兴奋点来冲淡以往的聚焦点,如音乐、运动、到大自然中去等,可使个体负面情绪得以缓解。

4. 适度宣泄法

当洪水达到一定的警戒值时,需要泄洪。同样,当心理矛盾和冲突积聚到一定程度时,也需要适度的宣泄,以缓解和改善压抑的心境。在大学生职业生涯规划与发展中,难免会遇到挫折与困境,此时可以寻求自己的社会支持系统,如向信任的朋友或师长倾诉,获得更多的情感认同,面对就业的暂时不顺利,通过他们的疏导点拨以获得解决问题的新思路,甚至找到新的机会。

5. "危"中寻"机"法

"塞翁失马,焉知非福"的道理同样可用于职业心理调适。因为事物具有两面性,所以要用辩证的目光看待危机,在"危"中寻"机",从思维局限中抽离,换个角度及时调整定位,缓解心理冲突,消除焦虑,走出心理困境,找到适合自己的道路。

6. 阳光心态法

"生活不仁慈眼泪,眼泪不慰藉心灵,困境中,重新点燃希望的明灯,真心付出自己的力,踏踏实实做自己的事。"个体面对困境的态度决定了心理倾向:乐观者能在最坏的情况下选择最好的结果,而悲观者在最好的情况下也能看到最坏的可能。生活需要阳光,职业生涯需要积极践行,重要的是改变自己的思维方式,消除不合理的信念。

在我们大学生的职业生涯规划与发展过程中,积极进行心理调适,可以淡定从容以应对择业—就业—事业命题。生命是一种历程,是个人的一种体验。漫漫职业生涯路,需要我们保有"内目标"、"淡定力"与"平常心",如此定能保持良好的状态,在挑战、压力、困境中游刃有余,微笑前行。

第十章
职业生涯角色转变

人的一生,总是难免有浮沉。不会永远如旭日东升,也不会永远痛苦潦倒。反复地一浮一沉,对于一个人来说,正是磨炼。因此,浮在上面的,不必骄傲;沉在底下的,更用不着悲观。必须以率直、谦虚的态度,乐观进取,向前迈进。

——〔日〕松下幸之助

学习目标

1. 理解职场人角色的特点
2. 掌握职业适应的要点
3. 掌握提高职业素养的多种途径
4. 了解早期职业生涯的管理

大学毕业生的职业生涯角色转变,特指毕业初期的社会适应,是指他们离开学校,走上社会,在具体的工作岗位上适应社会的过程。社会适应是大学毕业生人生中的重要一步,主要包括主动调整自我心态,不断调整自己的职业观念和行为习惯,尽快完成从"学生角色"到"职业角色"的转变,适应职场环境,利用自己的知识与技能,完成工作目标,为单位和社会创造价值。此外,职业适应还包括在早期的职业活动中不断调整自己的生涯规划,迈向事业的成功。职业适应是大学生职业生涯规划由理论走向实践的重要内容。

大学毕业生的社会适应期因人而异,有长有短,短则半年,长则两到三年。实践表明,在就业初期,谁能较快地适应社会,谁就能取得职业发展的主动性,更容易获得单位的认可,享受到事业成功的喜悦。因此,掌握职业适应期的一般规律,有助于毕业生顺利地融入社会,有助于其个人的成长和实现自己的理想。

总体来说,大学毕业生只有科学地掌握了角色适应、心理适应、生理适应、群体适应、智能适应等规律和要求,才能够顺利地度过职业适应期。

角色适应,是指对工作岗位的适应。大学生要及时转变思想观念,根据角色的变化和工作岗位的实际情况及时调整自己的目标,用新的职业规范要求自己,努力完成新工作岗位的工作要求。

心理适应,是指大脑对新工作岗位的观念、意识、情感、态度等方面的适应,其中情感上的适应尤为重要。如果对所从事的职业缺乏正确的认识和必要的情感,不仅不会热爱自己所从事的职业,甚至还会产生消极抵触情绪。

生理适应,包括对工作时间、劳动强度和紧张程度等方面的适应。大学毕业生在就业初期应科学运筹时间,劳逸结合,适当加强锻炼,养成良好的工作和生活规律。

人际关系的适应,是指大学毕业生处理好与领导、同事等的人际关系。

智能适应,是指大学毕业生根据职业岗位所要求的知识、技术和能力,不断优化自身的知识和能力结构,使之适应职业岗位要求的过程。

第一节　从"操场"走向"职场"

一、大学环境与工作环境的区别

社会工作环境与校园环境在很多方面差异较大,初入职场的大学毕业生应积极转变观念,尽快适应新的环境。一般来说,工作环境具有如下特点:

1. 生活节奏明显加快

大学毕业生离开校园踏入紧张的职场,就意味着结束了以学业为主的简单而宁静的大学生活方式,轻松活泼的校园文化氛围往往被紧张、快节奏的工作氛围取代,工作过程中目的性和时效性更强,而且没有了寒暑假和大段自由支配的时间。要做到工作中精力充沛,不迟到不早退,就必须养成良好的作息制度和生活习惯,学会科学地管理时间,抛弃大学生活中的自由散漫,并对照新的要求调整自己。

2. 工作压力显著增加

初入职场的大学毕业生很快会感受到工作的压力,这主要源于两个方面:

一是由于缺乏实际工作经验,处理事情时常不得要领,甚至还会犯错;另一方面,学校培养模式和实际工作需求之间存在着一定的差异,可能会导致部分毕业生刚开始工作时发现自身知识结构有缺陷,从而感到力不从心,受挫感强烈,这也会造成一定的心理负担。大学毕业生面对工作压力,只有坦然地面对,并不断地按照新的工作要求提高自己,化压力为动力,不断地向书本学习,在实践中学习,向周围人学习,提升自身相关的知识、能力和素养,尽快适应新的工作要求,才能在新的环境中很好地成长。

表 10 大学环境和工作环境的差异

大 学 环 境	工 作 环 境
1. 比较弹性的时间安排	1. 更为固定的时间安排
2. 可以逃课	2. 不可以旷工
3. 更有规律、更加个性化的反馈	3. 无规律和不经常的反馈
4. 有长假和自由的节假日休息	4. 没有长假,节假日休息很少
5. 要解决的问题常常有标准答案	5. 要解决的问题很少有标准答案
6. 教学大纲提供了详细的学习任务	6. 工作任务常比较模糊、不清晰
7. 同学间围绕学习成绩的个人竞争	7. 员工间按团队工作业绩进行评估
8. 工作循环周期较短,基本在 20 周内,常有班会或其他班级活动	8. 工作循环时间长,可能持续数月、数年甚至更长的时间
9. 奖励以较客观的标准和优点为基础	9. 奖励更多的以较主观的标准和个人判断为主

3. 人际关系复杂

处理好人际关系是每位大学毕业生踏入社会后必须面对的重要课题,这里的人际关系主要是指通过不懈努力建立和谐的工作关系,得到领导和同事的认可,而不是指投机取巧,搞不正之风。大学生在校期间的交往对象是老师和同学,关系相对单纯,一般无利益冲突。进入工作岗位以后,面临不同年龄段、不同背景的领导和同事,交往方式与大学时代有很大不同,有时还会出现利益上的冲突。初入职场的大学毕业生都会感到有些不适应,这就需要尽快融入工作环境,以诚待人,勤恳工作,以实际行动取得领导和同事的信任。一般来说领导和同事都喜欢勤于思考、工作踏实、乐于奉献的新人,而那种只会夸夸其谈、遇到事情不愿承担责任的新人难以取得大家的信任。

表 11　老师和老板对我们期望的差异

大　学　老　师	老　板　与　上　司
1. 一般鼓励讨论,欢迎发表不同看法 2. 规定完成任务的交付时间,而且通常宽容延迟交付者 3. 通常尽量公平地对待所有同学 4. 知识导向	1. 通常对讨论不感兴趣,更关心执行 2. 常分配紧急的工作,交付周期很短,对不能按期完成者常伴有不满甚至处罚 3. 许多老板经常很独断,并有失公平 4. 结果(利益)导向

表 12　大学学习过程与工作学习过程的差异

大　学　学　习　过　程	工　作　学　习　过　程
1. 抽象性、理论性色彩重 2. 正规化、制度化、结构性和象征性的学习 3. 个性化的学习	1. 具体的问题解决和决策制定 2. 以工作中发生的临时事件和具体真实的生活为基础 3. 社会性、分享性的学习

　　新的职场环境要求身处其中的大学毕业生的行为方式要有所改变,及时完成从大学毕业生到职业人的社会角色转变,尤其必须牢记:学校里老师同学可以理解我们、宽容我们,犯些小的错误可以原谅,但职场环境是现实的,是刚性的,必须承担更多的道德和法律责任,如果工作不到位,或者违反了工作纪律就要被追究责任,甚至被处罚。美国佛罗里达大学的费得曼(Daniel Feldman)教授系统研究和归纳了大学环境和工作环境存在的差异,参见表 10、表 11 和表 12。

二、学校人与职场人的角色区别

　　社会角色(social role)是指与人们的社会地位和身份相对应的一整套权利、义务的规范和行为模式。学校人与职场人的根本不同在于角色不同和要求不同。

　　1. 角色不同

　　(1) 社会责任不同

　　学生角色的主要责任是学习,在家庭和社会的帮助下,学习知识、培养能力和提升综合素质,为将来的工作打下基础。而职业角色责任则是用自身的知识和能力,按照一定的规范开展工作,为所服务的单位创造效益。

　　两种责任履行所产生的后果也是有区别的,学生角色责任履行得好坏,主要关系到本人知识、能力和素质的水平,体现在学习过程中对自己的负责程度上;而职业责任履行得好坏,则关系到本人的工作表现,关系到所在团队的工作业绩,影响到单位的利益,有时完成得不好甚至会给单位造成重大损失。

（2）社会权利不同

学生角色的权利主要是得到经济生活上的保障,依法接受教育,享有学习的权利。而职业角色则是依法行使职权,开展工作,在履行工作岗位职责的同时有权取得相应的工资报酬。

（3）社会规范不同

角色规范是对角色扮演者的行为规定。对于不同的社会角色,就会有不同的行为规范和要求。如学生规范多以人才成长的规律为出发点,按照科学的教育体系,将其培养成对社会有用的人才,学生角色除了要遵守国家的法律法规之外,还要遵守学校的规章制度和学生行为守则。而职业角色的规范除了国家法律法规外,受到的社会规范和岗位规范的约束更为严格。虽然不同职业的要求不同,但对职业角色的基本规范是相通的,如爱岗敬业、工作勤勉等。对于刚刚工作的大学毕业生而言,常常会感到职业岗位的纪律和管理制度过于严格,难以适应,或是认为领导对自己的工作要求过于苛刻,这多半是他们没有意识到自己已经是一个职业人,应遵守的社会规范已经提高了。

总之,学生角色与职业角色的不同点在于:一个是受教育,通过学习科学知识,逐步完善自己,为将来服务社会做好准备;一个是用已掌握的本领,通过具体工作为所服务的单位付出,需承担更大的义务并享有更大的权利。

2. 要求不同

对于大学毕业生来说,从学生角色转换到职业人角色,跨度很大,对其角色要求也更高,具体表现为:

（1）社会责任增强

相对于学生角色,职业人角色承担的社会责任更大,职业人角色履行的结果,不仅会影响到本人的收入和职业生涯的发展,还会对其单位产生一定的,甚至重大的影响。

（2）独立性增强

大学生的生活在经济上主要依赖于家庭的供给,在接受教育和管理方面有老师、家长的引导和同龄人的沟通交流。而大学毕业生走上工作岗位后不但经济上要走向独立,而且在各方面,如生活的安排、工作中问题的思考与解决、参与竞争、承担责任以及职业生涯的定位与抉择等都需要独立承担。在这种情况下,那些原来独立性强的同学,对新的职业角色适应得就快,较短时间内就能独立工作。而那些独立性差的同学总试图在新的社会环境中寻找新的依赖,但在新的环境中担当的职业角色难以满足这一要求。大学毕业生走上工作岗位后,如果能较快地适应新角色的要求,将有利于自身的发展和事业的成功。

（3）规范性增强

大学生虽然也应当遵循学校的规章制度和纪律要求,但学生的行为规范相对于社会中的职业规范要简单得多,俗话说:"没有规矩,不成方圆。"在现代社会中,每种职业都会有其相应的行为规范、职业道德规范与技术操作规范,要求员工遵守一定的劳动纪律。毕业生告别了无拘无束的大学生活后,应尽快树立起规范意识,虚心学习,按照工作岗位的要求做事,遵守原则,增强自律,为自身的成长和事业的发展打下良好的基础。

三、职业角色适应的关键阶段

从学生角色转换为职业角色,有两个关键的适应阶段,分别是毕业前夕、岗前培训和试用期。

1. 毕业前夕

毕业生通过投递求职材料,参加笔试、面试等环节,被用人单位录用,最终签订就业协议书而完成求职过程。求职成功后到毕业离校这一段时间需要充分利用,可以为完成从学生角色向职业角色转换做一些准备。在此阶段,毕业生的大部分课程已经结束,主要任务是毕业设计和毕业论文的撰写。部分毕业生在就业协议签订之后就彻底放松,失去了目标,而将这段宝贵的时间白白浪费;还有一部分同学由于明确了职业目标,可以好好利用这段时间,对照岗位要求,有针对性地学习相关知识,提高相关能力,充分利用大学的育人环境,为将来走上社会做最后的"充电",这是转换角色的一个重要时期。

2. 岗前培训和试用期

用人单位为了让新员工尽快适应新的工作岗位,一般会针对新员工开展岗前培训。大学毕业生要抓住培训的机会,认真学习,用心领悟,要勤学好问,了解具体的工作流程和工作规范,尽快达到工作岗位的基本要求,尤其注意的是"知之为知之,不知为不知",切忌碰到生疏的问题时想当然,冒失行动,最后导致工作上的被动。

毕业生参加工作后在劳动合同中会约定半年以内的试用期,之后考核合格才能转为正式人员。试用期既是对新员工的考察期,也是新员工对岗位的全面熟悉期。要把握试用期的机会,尽快熟悉工作要求,努力提升自己的适应能力,建立和谐的人际关系,帮助自己顺利实现角色转换。

案例：张同学从某重点大学金融学硕士毕业后，进入了苏州一家银行工作，与她同时进入公司的同事要么学历没她高，要么毕业的学校比她差一些，使她产生了较强的优越感。面试时她自身表现也非常出色，公司领导也很想将她作为一名骨干来培养。但刚参加工作的小张由于缺乏工作经验，公司领导安排她先从基层柜台做起，在一线锻炼，熟悉银行的基本业务流程。此时的小张觉得以她自身的条件做这样的工作实在是大材小用，觉得在一线锻炼仅仅是走走过场，所以工作并不上心，在随后的工作中经常自以为是，给同事一种不谦虚的感觉，工作中碰到难题又羞于开口请教老同事，出了一些差错，甚至遭到了客户投诉。但小张没有意识到问题的严重性，未好好反思，总觉得自己的能力没有问题，在基层锻炼抱负施展不开，等轮转到其他岗位就好了。这种态度让银行主管很不放心，觉得小张连基本的业务都做不好，就更不敢让她去和大客户打交道了，找她谈了几次也没有改观。不到半年，小张便因其表现不好被解雇了，这让她很郁闷，百思不得其解。

案例点评：我们可以看到正是由于小张没有处理好从学生到职业人的角色过渡，没有很好地理解职业人应该承担的责任和要求，而且自视甚高，认为自己教育背景好，能力高人一等，理应受到银行领导的重视和同事的尊重，尤其是在初入职场时，不虚心学习，不懂得与同事处理好工作关系。殊不知学校中评价学生的标准主要是学业是否优秀，而在工作岗位上评价员工的标准是工作是否达到要求、工作表现如何、工作任务是否完成。小张不能将学校所学理论知识与实际工作相结合，势必影响自己工作的开展和职业生涯的提升，最后被银行淘汰是必然的。由此可见，正确地认识职场，完成角色转换，完成工作岗位的要求在入职初期是十分重要的。

四、初入职场的注意事项

经过十多年的学校生活，大学生对学生角色的行为规范和要求十分熟悉，但对职业人的角色要求却比较陌生。步入职场后，面对全新的开始，毕业生要顺利完成从学生角色到职业角色的转变，并尽可能地缩短转变过程，应做好以下几点。

1. 建立良好的第一印象

一般情况下，领导和同事往往是通过一段时间的接触，甚至是旁观，来了解大学毕业生，并形成第一印象。对刚刚走上工作岗位的大学毕业生而言，应当以自身良好的道德修养为基础，以实际工作表现为核心，同时注意一些实用性技巧,在新的环境中获得周围人良好的第一印象。第一印象好,就容易被同事接纳,容易打开工作局面,第一印象不好,就难以开展工作。要建立良好的"第一印象",要注意以下几点:

(1) 衣着整洁

衣着服饰是个人素养的外在表现,衣着一定要和身份相符,不能过于随便。可适当体现个性,但要和工作环境协调,并符合工作岗位的要求。如在一些大公司的办公室内要穿正规的职业装,不能穿 T 恤之类的休闲装,在医院、银行、商场等单位上班要穿单位的职业装,在学校上班可以自由一些,但也要注意为人师表。另外,发型、化妆应简洁明快,切忌太夸张,给别人留下不好的印象,并注意个人卫生,做到勤洗澡、勤换衣,保持干净整洁的状态等。

(2) 举止得体

待人热情坦诚,说话做事文明礼貌。与人交谈时,应注重发现别人感兴趣的话题,不要太多谈论自己,尤其忌讳以炫耀的口气介绍自己,同时要善于倾听别人的谈话,尤其注意尽量不要打断别人的谈话,如有话题需要切入,应在对方停顿时谈自己的看法,或者过渡式地转换话题,如有紧急事情需要打断,应该轻声地对谈话双方说:"对不起,打扰一下……"与人相处应充满自信,做到不卑不亢,说话要有条理。刚走上工作岗位时,适度的幽默能拉近和同事的关系,但要注意不能开过度的玩笑,尤其是私人玩笑,以免产生误会。和同事交流时目光要真诚,学会面带微笑,见面握手要适度用力,谈话时音量要适度,举止大方。

(3) 诚信守纪

每家单位都有很多规章制度,首先要熟悉这些规定的内容,并严格遵守,如果犯常识性的错误,可能会在同事和领导心目中留下不良的印象。初来乍到,不熟悉的事情要多问,切忌自作主张。工作中要遵守劳动纪律,做到不迟到,不早退。此外,为人处世一定要守信用,承诺的事情一定要兑现,如确实因客观原因而未能实现承诺,一定要通过合适的方式解释清楚,尽量取得同事的谅解。

(4) 从小事做起

主动承担一些公共事务,如打扫卫生、整理办公室、泡开水等举手之劳的小事,有人说这是大学毕业生走上岗位的第一课,有一定的道理。作为新成员,应在小事上积极主动,才能更快地被同事接纳。此外,与同事交往也要注意不贪小便宜,小事不计较,这样容易获得同事的好感,同事对新成员的评价往往就来自这类不起眼的小事,这能体现出一个人的工作态度和个人品德。

2. 保持良好的心态

在职业适应期可能会遇到挫折,会导致孤独、自卑、挫败等心理状态,要及时调整梳理,积极地去面对挑战和挫折。

近年来,随着社会生活节奏的加快和人才市场供求比例的失衡,职场人的工作压力不断加大。对于刚刚毕业的大学生来说,经验欠缺,能力不足,人脉不广,工作压力就更大。面对一系列的挑战,心理上要坦然面对,不退缩,凭借心理抗压能力,通过自身的不懈努力,就能逐步打开局面。

3. **注意观察,勤于思考**

工作中要做有心人,要注重观察,不仅可以尽快熟悉工作的程序和工作方法,而且还会发现程序中的不足之处,以后自己独立工作时就会心中有谱。另外,工作阶段不再像学生时代那样,经常可以得到老师的讲解和指导,工作中一般很难有悉心的指导,只能靠自己的细心观察和认真思考,观察同事的言行,或帮他们做事,在付出中学习,用心领悟要点。此外,毕业生还可向比较友好的资深同事请教,了解工作情况,借鉴和学习他们工作中的心得体会,同时要注意分析别人的言行,去伪存真,不能一味地盲从。

总之,最好的办法就是尽快熟悉工作环境,建立良好的第一印象,保持良好的心态,注意观察,勤于思考,积累工作经验,并在做好本职工作的同时,进行新知识和技能的储备,为将来的职业发展打下良好的基础。

第二节　职业适应与职业素养提升

一、职业适应

1. **学会做事**

职业人和学生最大的角色差异是:学生的主要任务是学习,职业人的主要任务是工作。因此,走上工作岗位后首先要学会做事,这里所说的做事特指完成工作岗位的职责,岗位职责是指某一工作岗位的权利和义务。大学毕业生走上工作岗位后,首先应该向主管领导和同事了解自己的岗位职责,认真做好本职工作,在实践中经风雨、长才干。即使是读书非常优秀的同学,也要学会在实践中将知识转化为做事能力,否则就是空谈,正如古人所云:“纸上得来终觉浅,绝知此事要躬行。”要提升做事能力,须掌握以下要点:

(1) 接受工作时,明确要求

在接受一项工作任务时要主动问清自己的工作职责,要明确需做到什么程度,界定自己什么可以做、什么不可以做,不能超越工作的边界,否则容易适得其反。

某办公室文员小刘接到一个工作任务：修改润色经理所写的一篇发言稿。她很认真，查阅了很多相关材料，精心修改，结果将修改稿交给经理的时候却受到批评。因为她没有经过经理同意，擅自将文章中的一条重要观点删除了。尽管她的动机是想将文章修改得更好，但删减中间的观点需要先与领导沟通，确认后再删，不能自作主张。

（2）拟好方案，请示工作

接受任务后首先要设计工作方案，方案尽量考虑得全面些，同时针对特殊情况设计出相应的对策，在向上级请示前要有较成熟的方案，千万不能说："老板，您看这事如何做？我等您的吩咐。"作为一个职业人，这种请示方式显得不积极，将问题推给领导，容易给领导留下不好的印象。建议表述为："老板，我初步考虑有三个方案供参考，您看怎么选择？方案一……方案二……方案三……"或者说："我认为这个工作可采取以下方案……您觉得如何？"

工作中，下级向上级提出方案时，可能会被接受，也可能自己辛辛苦苦制定出来的方案被上级否决，这时候要转变观念，调整心态。尽管作为下级心里会感到有一些气馁，但千万不能赌气，这样既显得自己情商不高，而且失去了向领导学习的机会。因为上级看问题的眼界一般是超越自己的，而且立场更加全局，被否决自有原因，除非明显觉得上级很草率，可以善意提醒，否则就去执行。

请示是初入职场的人经常要做的一件事情，遇到重要的事情或者难题，都要养成及时向上级请示的职业习惯，通过请示不仅能形成良好的沟通氛围，提高工作效率，而且也可逐步熟悉上级的价值观和处事方式，很好地学习领导的工作经验。

（3）准备工作时，学习经验

当我们筹备实施一项新工作时，要认真向以前做过类似工作的同事学习工作经验及注意事项，或者主动找一些参考资料（如流程图、文本模板等），这样比自己重新摸索会节省时间和精力，可以少走弯路。

有位大学毕业生刚进入一家企业市场部工作，一次他与经理一起参加项目洽谈，事后经理让他根据会谈要点起草一份销售合同。这位助理在销售合同方面知道得并不多，于是查找相关资料，认真研究了一个晚上，根据自己的记录和理解，第二天他将认真撰写的合同交给经理。结果经理说他起草的合同漏洞百出，甚至连本行业的基本条款都遗漏了，问他为什么不用公司已经非常完善的合同模板，这时他才知道这类合同基本条款都是一样的，他只要把公司已有的合同模板找出来，根据这次洽谈的情况作适当修改就可以了。

单位里通常都有一些已经程序化的工作方法,对职场新人来说要加强学习,如关于一项常规工作,它分几个工作模块,它们的先后顺序是什么,每一块的工作流程是什么,注意事项是什么。这些都是在总结前人成功经验或者失败的教训的基础上建立起来的。初入职场的新人一定要认真学习这些工作经验和方法,更快地步入工作正轨,但采用标准流程或者模板时也要注意思考,这次有什么新情况和特殊要求,要作哪些调整等。

（4）开展工作,力求实效

职场中我们必须集中精力去做有利于单位发展的实效性工作,只有这样才能更好地被单位认可,才能有机会和单位共同成长。

某银行一位新入职的销售人员做理财产品的推销已经三个月了,但销售成绩一直很不理想。部门主管问他为何成绩不佳时,他回答道:"我已经很努力地在做了,加班加点,兢兢业业,每天和很多客户联系并定期去拜访,但他们就是不愿意购买,我有什么办法?"这位新员工显然不明白主管要了解的不是他和多少客户联系,而是有多少客户通过他的这些行为有意愿购买企业的产品,或者是他对目前被动局面的分析及采取的对策。碰到这样的情况,首先自己要非常熟悉推销的产品特点,便于推销时应答自如,同时如果推销效果持续不好,就要及时调整策略,对推销的方式方法作相应的调整,要明白"穷则变,变则通"的道理,不能一味地埋头苦干。在工作实施中应注重信息反馈,及时调整方案,时时评估效果,直到达成预期的目标,即使最后达不到工作目标,也要认真分析,查找原因,提出改进建议,这样才能被领导认可。

（5）汇报工作,先说结果

职场新人在汇报工作时往往会将工作结果和工作过程混淆在一起,造成重点不突出。

有一位员工曾这样向上级汇报签订协议的工作:"张主任,您昨天让我去和那个客户签协议,我今天早上九点就去他们公司了,路上遇到了一起交通事故,尽管堵车,我还是提前到了,我到的时候他还没上班。后来他来了,让我等他处理好手头的事情,中间他又接了几个电话,没想到等到十二点多,我中午饭都没来得及吃……"他描述了半天,讲的都是工作过程,对领导最关心的协议是否签订却只字未提。人们在汇报工作时长篇累牍地描述这些过程时往往是工作结果不好,所以急于解释自己已经做了很多努力,已经很辛苦了,给人感觉是在诉苦和推卸责任,这不应是一个成熟的职业人的做法,作为职场新人尤其要注意这一点。

电影《列宁在1918》中有一个经典的场面:列宁的卫士瓦西里运送粮食回来

时，列宁问他："粮食运来了吗？"他汇报说："运来了，一共90车皮。"当时瓦西里已经很久没有吃东西，以至于列宁去接电话时，他饿得晕了过去，可是瓦西里没有说："我很饿！能给我点吃的吗？我们边吃边说，这趟很辛苦，非常危险，遭到了好几拨敌人的武装拦截，好不容易才走回来……"因为他知道列宁最焦急等待的就是运粮的结果，运回来没有、数量多少，他很虚弱，如果啰啰嗦嗦地说一大堆，估计列宁没有听到结果，他就晕过去了。

因此，汇报工作时首先要说结果，而且要将最重要的结果先说，这是很重要的职业素养。如果上级需要了解过程，再描述过程，因为工作结果才是主管最关心的。这样既节约上级的时间，也显得很干练。

总之，职场新人掌握了以上要点，就具有职场人做事的基本准则，通过工作实践的不断锤炼，就能很快成长为职场达人了。

2. 学会共事

职场中很多工作都不是一个人能够完成的，需要集体的智慧和力量，需要赢得他人的信任和支持。因此，提升职场新人的情绪管理能力、沟通协调能力和团队协作能力就显得尤为重要。

（1）情绪管理能力

情绪管理能力强的人，比较容易保持内心的平静，更容易被同事接纳；而情绪管理能力差的人，常常形成糟糕的人际关系，不利于自己职业生涯的发展。

良好的情绪管理能力，通常体现在以下3个方面：

一是敏锐觉察自己的情绪状态。能有效知晓和管理自己情绪的人，对自己的情绪状态能敏锐地觉察到，如不能及时觉察，则可能导致情绪失控，会造成不良后果，因此，我们要时时觉察自己的情绪，及时纠正情绪上的偏差。

二是妥善控制自己的负面情绪。亚里士多德说过："任何人都会生气，这很简单，但要能适时、适地、以适当的方式对适当的对象恰如其分地生气，这是很不容易的。"适时适度的情绪宣泄是有益的，但不能让这种宣泄左右自己，而要控制自己的情绪，用恰当的方式来表达，用合理的办法宣泄。此外，如果负面情绪很激烈，难以控制，例如愤怒、悲伤等，我们不能压抑它，这会损害自身的健康。妥善的做法如下：① 冷却或转移注意力。例如，当碰到一件令我们非常生气的事情时，如果我们立即发泄怒火，会使愤怒的情绪更加激烈，倒不如让自己离开这个情境，使愤怒的情绪状态冷却下来，将自己的注意力转移开，帮助自己熬过最容易冲动的阶段，而在心情平静之后再采取建设性的方法来解决问题；② 合理地宣泄。如找师长或知心好友倾诉内心的郁闷，或把不快乐的感觉写在日记上，或者出去散散心等，但要注意宣泄以不妨碍他人为宜，不能变成祥林嫂，絮絮叨叨,逢人就说。

三是积极营造良好的情绪氛围。更积极的情绪管理方式则是为自己营造良好的情绪氛围。首先,情绪源于我们内心的想法,如果我们能主动改变不适宜的信念,那么就能消除一些负面情绪产生的根源,所谓"知足常乐"就是这个道理。少一些抱怨,多一些实际的行动。情绪不佳时,不要幻想外部环境会顺着自己的意愿改变,而要改变自己,积极乐观地面对职业生涯中的挑战和挫折。其次,学会自我激励。在职业生涯的历程中,遇到各种各样的困难是不可避免的,这时候就需要激励自己,增强自信心,保持乐观的心态。心理暗示是自我激励的重要途径,例如.在日常生活中我们可以用座右铭来调动积极的情绪,在遭受失败的时候,对自己说一些自我肯定的话,如"加油!""世上无难事,只要肯登攀"等,帮助我们首先从心理上重新站起来,抗压能力强的人主要表现为内心的坚强。

(2)人际交往能力

有了良好的情绪管理能力,仅仅是成功的前提,还需具备良好的人际交往能力,才能更好地与人共事。而如何处理好与领导和同事的关系,是提高人际交往能力中非常重要的环节。

工作中要尊重领导,认真贯彻领导的决策,学习他们的组织管理能力和全局规划、把握能力。与同事要和谐相处,多一分理解,多一分关心。

此外,还要积极参加单位组织的各种集体活动。这样不仅增加接触面,和更多的同事相处,而且在轻松愉快的社交活动中更容易与同事沟通,增强同事间的亲近感,非正式场合交流密切了,工作中沟通就会容易些。

(3)团队合作能力

什么是团队合作?就是指能发挥团队中每个人的优势,相互合作,高效优质地完成工作。团队合作能力强的人是以完成任务为目标,按照团队的需要,定位自己的角色。也就是能充分了解团队,然后将自己的优势融入团队,形成工作合力。

大学的学习生活是个体发展为主,而职场中的情况很不一样,工作的成绩往往是团队共同完成的,个人成绩的取得,都是以团结协作为基础的。对于刚参加工作的大学毕业生,就需要不断增强团队意识,主要包括大局意识、协作意识等,具体如下:

大局意识。大局意识要求团队的每个成员都要认识到团队的利益高于一切,在工作中能从大局出发,维护团队的集体利益,有时甚至为了整体利益牺牲个体或局部的利益,从而更好地发挥团队的整体战斗力。

协作意识。团队的工作目标需要多个人或部门的通力协作。团队的整体实力来自对团队成员专长的合理配置,让不同能力、不同特点的员工在最合适的岗位上发挥作用,各个个体或者各部门之间要协同合作,才能达到 $1+1>2$ 的效果。

尊重与肯定。团队绝不仅仅是人力的叠加,而是才干的汇聚,好的团队要充分挖掘团队每个成员的潜力,尊重每个个体,给每个成员发挥兴趣、特长的机会,同时对于他们取得的成绩要给予充分的肯定。

信任与支持。在团队组建过程中,管理层如在每个工作岗位上都安排优秀的员工,可能会造成了团队成员各有主见,从而难以形成工作合力。最优秀的团队并不全是由最优秀的成员组成的,相互信任、互相支持,能极大地提高团队的效率。

二、职业素养

职业素养是指职业内在的规范和要求,是在职业过程中表现出来的各种个人品质的总和。"冰山理论"认为,如果我们把一个员工的职业素质比作一座冰山,浮在水面上的便是他所拥有的专业知识和职业技能,这是员工的显性职业素质,可以通过各种证书或考试来验证;而大部分潜在水面之下的,包括职业道德、职业意识和职业行为习惯等,我们称之为隐性职业素养,它支撑着显性职业素养,在更深层次上影响着员工的职业生涯发展。古人讲的"德是才之帅"就是这个道理。显性素质和隐性素质的总和就构成了一个员工所具备的全部职业素质。隐性职业素养属于世界观、人生观和价值观范畴,是在人成长过程中逐步形成的,而显性职业素养则是通过学习和培训获得的。对于新入职的大学生来说,良好的职业素养能帮助其尽快适应新的工作岗位,并为今后的发展打好基础。

1. 职业道德

职业道德,就是同人们的职业活动紧密联系的符合职业特点所要求的道德准则、道德情操与道德品质的总和,它既是对本职人员在职业活动中行为的要求,同时又是职业对社会所负的道德责任与义务。它是评价从业人员的职业行为善恶、好坏的标准。哈佛商业评论曾评出了 9 条职业人应该遵循的通用职业道德:诚实,正直,守信,忠诚,公平,关心他人,尊重他人,追求卓越,承担责任。此外,任何一个具体职业都有本行业的规范,这些规范的形成是人们对职业活动的客观要求,从业者必须对社会承担必要的职责,遵守这些职业道德。

(1) 概述

无论是从事哪种职业,从业人员在职业活动中都要遵守道德。职业道德具体包括以下 4 个方面内容:

首先,在内容方面,职业道德特色鲜明地阐述了职业义务、职业责任以及职业行为上的道德准则。它不仅反映了社会道德和阶级道德的要求,而且反映了职业、行业乃至产业特殊利益的要求;它往往能够表现为某一职业特有的道德传统和道德习惯,或者为从事某一职业的人们所特有的道德心理和道德品质。甚至造成从事不同职业的人们在道德品貌上的差异,如"军人作风"、"干部派头"、"商人习气"等。

其次,在表现形式上,职业道德通常比较具体、灵活、多样。它常常从本职业的工作实际出发,采用制度、守则、承诺、条例以及标语、口号之类的形式,这些常见的形式比较容易为职员接受和执行,也比较容易形成一种职业的道德习惯。

再次,从调节的对象来看,职业道德一方面很好地调节了职业人员内部的关系,促进员工的凝聚力的形成;另一方面,可以用来调节从业人员与其服务对象之间的关系,用来塑造本职业从业人员的形象。

最后,从产生的效果来看,职业道德能够使社会形成一系列的道德原则和道德规范,约束人们的行为,形成有益的价值取向。职业道德与各种职业要求和职业生活结合,可以在很大程度上帮助人们养成良好的道德品行,形成积极向上的道德风貌。

(2) 职业道德的意义

职业道德是社会道德体系的重要组成部分,它具有重要的意义,缺乏职业道德的大学生难以在社会上立足,甚至会滑向违法犯罪的深渊。相反,大学毕业生如果拥有崇高的职业道德,努力工作,就会对社会作出积极贡献,服务社会的同时体现个人价值。具体表现在以下几个方面:

有利于创造和谐的氛围。它一方面可以调节从业人员内部的关系,通过运用职业道德规范约束职业内部人员的行为,促进职业内部人员的团结与合作。另一方面,职业道德又可以调节从业人员和服务对象之间的关系,通过职业道德使从业人员更好地为服务对象服务。

有利于维护和提高企业的信誉。企业的信誉主要依靠产品的质量和服务质量,生产企业产品的从业人员职业道德水平高低是产品质量和服务质量的关键因素。只有具有高水平职业道德的从业人员才能生产出优质的产品提供优质的服务,促进企业的高效发展。

有利于全社会道德水平的提高。职业道德是整个社会道德的主要内容。职业道德通过影响每个从业者的生活态度、价值观念的表现帮助个体表现出良好的职业行为;通过约束企业的经营理念、产品质量提高企业的内在层次,进而影响整个社会形成良好的道德水平。

案例：一天，美国亨利食品公司总经理亨利·霍金士偶然从一份化验报告单上发现，公司生产的食品配方中起保鲜作用的添加剂有毒。尽管毒性不大，但长期食用对健康有害。此时此刻，他面临着两种选择：要么悄悄地从配方中删除添加剂，这势必使食品保鲜受到影响，无法向消费者交代；要么将真相公布于众，肯定会引起同行的不满和反对。亨利·霍金士权衡再三，毅然向社会公布：添加剂有毒，对人体有害。

消息传出，反应强烈。所有从事食品加工的老板们马上组成"联盟"，抵制亨利公司的产品，使得它差一点破产。可是一段时间以后，当消费者了解了亨利·霍金士的诚实之举后，纷纷购买他公司的产品。政府也采取措施，给予了特别的照顾。就这样，亨利食品公司的规模在很短的时间内扩大了两倍。靠诚信，亨利·霍金士成为美国食品加工业的第一巨头。

案例点评：古人云："德者才之帅，才者德之器。"在商业活动中，德是公众最看重的指标。当今社会，由于法制和德治不健全，一些不法商贩丧尽天良，像三聚氰胺奶粉、毒胶囊事件时有发生，一旦事情败露，这些缺乏基本职业道德的人不仅被绳之以法，而且所经营的企业也会受到毁灭性的打击。这给我们很多启示，一定要恪守商业道德，利人利己，否则就会害人害己，甚至还会滑向犯罪的深渊，受到法律的制裁。

2. 职业意识

（1）职业意识的定义

职业意识（Professional Awareness），是人们对职业的认识、情感和态度等心理成分的综合反映，是支配和调控全部职业行为和职业活动的调节器。心理学家认为，职业意识是指人们对职业的认识、意向以及对职业所持的主要观点。

（2）职业意识的内容

刚入职的应届毕业生，进入新的工作环境，对自己的工作比较陌生，无从下手，但是都希望自己的工作能有一个良好的开端。那么怎样才能实现这一心愿呢？这就需要增强职业意识，具体来讲包括以下内容：一是职业态度。作为职业人应具有的态度，以前叫主人翁精神。具体表现为工作积极认真，有责任感，做到"在其位，谋其政"，不断增强工作的主动性，认认真真地做好每一项工作，为企业的发展贡献自己的全部力量。二是职业价值。要想成为一个真正的职业人，你必须记住一点：你不是给公司打工，你的价值就在于你能够为公司增值，在为公司创造价值的同时，也实现了个人的价值。三是任务意识。工作的实质是解决问题,完成上级布置的工作任务,取得实效。四是钻研精神。这就要求对自己所从事的工作精益求精,不能满足于已有的成绩,要树立不断学习的意识,自我学习,自我加压,把自己培养成为行业的专门人才,为将来的职业发展打下基础。

案例: 在美国的佛罗伦萨州曾发生过这样一个故事。

一个叫约翰,一个叫哈里的两个年轻人,同时进入一家蔬菜贸易公司。

三个月后,哈里很不高兴地走到总经理办公室,向总经理抱怨说:"我和约翰同时来到公司,现在约翰的薪水已经增加了一倍,职位也上升到了部门主管。而我每天勤勤恳恳地工作,从来没有迟到早退过,对上司交代的任务总是按时按量地完成,从来没有拖沓过,可是为什么我的薪水一点没有增加,职位依然是公司的普通职员呢?"

总经理没有马上回答哈里的问题,而是意味深长地对他说:"这样吧,公司现在打算预订一批土豆,你先去看一下哪里有卖的,回来我再回答你的问题。"

于是,哈里走出总经理办公室,找卖土豆的蔬菜市场去了。半个小时后,哈里急匆匆地来到总经理办公室,汇报说:"二十公里外的'集农蔬菜批发中心'有土豆卖。"

总经理听后问道:"一共有几家卖的?"哈里挠了挠头说:"我刚才只看到有卖的,没看到有几家,您稍等一会儿,我再去看一下!"说完就又急匆匆地跑出去了。二十分钟后,哈里喘着粗气再次跑到总经理办公室汇报:"报告总经理!一共有三家卖土豆的。"

总经理又问他:"土豆的价格是多少?三家的价格都一样吗?"哈里愣了一下,又挠了挠头说:"总经理,您再等一会儿,我再去问一下。"说完,哈里就要向外跑。这时,总经理叫住他,"你不用再去了,你去帮我把约翰叫来吧。"三分钟后,哈里和约翰一起来到总经理办公室。总经理先对哈里说:"你先在这里休息一下吧!"

然后又对约翰说:"公司打算预订一批土豆,你去看一下哪里有卖的。"

四十分钟后,约翰回来了,向总经理汇报:

"二十公里外的'集农蔬菜批发中心'有三家卖土豆的。"

"其中两家都是0.90美元一斤,只有一家老头卖的是0.80美元一斤。"

"我看了一下他们的土豆,发现老头家的最便宜,而且质量也最好,因为他是自己农园里种植的。"

"如果我们需要很多的话,价格还可以更优惠一些,并且他们家有货车,可以免费送货上门。"

"我已经把那老头带来了,就在公司大门外等着,要不要让他进来具体洽谈一下?"

总经理说道:"不用了,你让他先回去吧!"于是,约翰就出去了。

这时,总经理看着在办公室里目瞪口呆的哈里,问道:"你都看到了吧!如果你是总经理,你会给谁加薪晋职呢?"

哈里惭愧地低下了头。

案例点评:意识决定行为。当机遇出现的时候,一个具备良好职业意识的职员会非常自信地面对它,迎接挑战,主动出击,从而能够发挥自己的积极主动性,认真钻研信息背后的商机、别人提问背后的动机,并积极谋划,提早应对,创造性地开展工作,出色地完成任务,最终实现事业的新发展。

3. 职业行为习惯

(1)基本习惯——职业化的言行

职业化的言行更多地体现在遵守行业和公司的行为规范,包括职业化思想、职业化语言、职业化动作等。一个职业人进入某个企业后,应严格按照行为规范来要求自己,使自己的思想、语言、动作符合自己的身份,即在合适的时间、合适的地点,用合适的方式,说合适的话,做合适的事。

(2)重要习惯——工作有计划与善于总结

工作有计划与善于总结代表了一个人的最基本的职业习惯。计划意味着目标清晰,步骤明确。首先,作为职场中的一员,要立志做大事,要站得高望得远,既要看到企业的战略规划,又要观察到企业目前面临的危机和挑战;既要明了行业竞争的现实,又要看到企业自身的优势和特长;选准企业以及自身发展的道路,才可以成为企业中最优秀的、最不可或缺的关键人才。其次,作为一名职业人,不仅要尽职尽责地工作,更重要的是培养自己的职业思维方式。以良好的职业眼光和职业思维为基石,以市场规律为游戏规则,以维护企业及自身形象为行为准则,充分表达职业团队的意愿,体现团队良好的职业素养和职业道德,只有这样,职业行为才能成为每一位员工的个人品牌。

一个职业人要有计划地工作,并主动地进行工作回顾,才能逐步走向成功。

一个职业人也要进行职业生涯设计,对人生的各阶段所从事的工作、职务或职业发展道路进行设计和规划,并为实现职业设计接受各种教育和培训。

(3) 关键习惯——有效地进行沟通

沟通的目的是为了让双方相互了解,在良好的沟通中找到双方期望值的共同点、协商点,以更好地开展工作。

4.职业技能

职业技能是职业岗位对工作者专业技能的要求。职业技能直接影响到企业员工对工作的胜任程度。

(1) 职业资质

作为一个职业人,必须具有良好的职业资质,这是进入某一职业领域的通行证。包括:第一,学历证书。学历认证是最基本的职业资质,如专科、本科、硕士、博士等,学历文凭主要反映学习的经历,是文化理论知识水平的证明,通常也是进入某个行业某个级别的通行证。第二,职业资格。职业资格是对从事某一职业所必备的学识、技术和能力的基本要求,反映了劳动者为适应职业劳动需要而运用特定的知识、技术和技能的能力。与学历文凭不同,职业资格与职业劳动的具体要求密切结合,更直接、更准确地反映了特定职业的实际工作标准和操作规范,以及劳动者从事该职业所达到的实际工作能力水平,如注册会计师证书、注册金融分析师、执业医师资格证书等。第三,专业技术职称。通过单位、主管部门或者行业协会等进行评选认证,如高级工程师、教授、主任医师等,这就代表着在这个行业这个领域的专业技术资质。

(2) 职业通用管理能力

在企业,每一名员工都必须与上司、下属、同事等交往,由此形成一系列的关系链,其中必然产生向上级的工作汇报、向下级的任务分配,以及同事之间的沟通、协作与配合。同时,一个员工还必须对自己进行有效管理,时间的管理、心态的管理、突发事件的处理等。这些通用的管理能力,是个人在生活和工作中间都必须具备的能力,通用能力的高低在某种程度上也决定着个人的实际工作能力高低,它与职业资质互为补充,形成员工的实际工作能力。可以这么说,一个职业资质和通用管理能力都比较高的员工,他的整体工作能力一定是良好的。

职业人必备的职业技能主要有:角色认知、正确的工作观与企业观、科学的工作方法、职业生涯规划与管理、专业形象与商务礼仪、高效的沟通技巧、高效的时间管理、商务写作技巧、团队建设与团队精神、人际关系处理技巧、商务谈判技巧、演讲技巧、会议管理技巧、客户服务技巧、情绪控制技巧、压力管理技巧、高效学习技巧、激励能力提升、执行能力等。

总之,职业素养是人类在社会活动中需要遵守的行为规范,而个体行为的总和构成了职业素养。如果把个体行为看作外在表象,那么个体的职业素养则是内涵,所以要在职场中取得成功,不仅要具备良好的能力和专业知识,还要有良好的职业素养。

第三节　毕业生职业生涯早期阶段的管理

一、职业生涯早期阶段的特征

职业生涯早期阶段是指大学毕业生由学校进入组织,并在组织内逐步"组织化",并为组织所接纳的过程。这一阶段一般发生在 20—30 岁之间,是一个人由学校走向社会,由学生变成员工,由单身生活变成家庭生活的过程。

综观国外学者的观点,职业生涯早期的主要特点如下:第一,从职业发展方面看,大学毕业生是新手,需要尽快完成职业角色的转换。进入新单位后,开始接触职业生涯领域的新知识、新技能,并逐步积累,除了对工作岗位缺乏经验外,对组织的文化也较陌生,对工作环境也不熟悉,需要尽快融入新单位,尽早达到新岗位的工作要求。第二,从生理方面看,家庭和事业的矛盾开始显现。刚工作时大学生一般还没有成立家庭,或准备成立家庭,精力充沛,家庭负担轻;随着由单身向家庭或向有子女状态过渡,家庭负担逐步增加,在工作中不能全身心地投入,这会给事业发展带来考验。第三,从心理方面看,个人需要解决依赖与独立的矛盾。刚开始参加工作,独立担当某种重要的岗位责任的机会比较少,常常会处于配合、协助他人的地位。依赖是独立的前奏,当经过一段时间的学习和锻炼,工作经验和能力发展到一定程度,就应该逐步地寻求独立。如果不能及时地摆脱依赖,就难以发展独立性,从而会对职业生涯发展造成消极影响。第四,组织和个人相互接纳和考验并存。这一时期,毕业生刚进入组织,必然要经历一个组织与毕业生相互适应与接纳的过程。经过进一步地相互了解,毕业生获得组织正式成员资格,希望在组织中获得发展机会,组织希望通过初期的工作来考察毕业生是否能胜任工作要求。尤其是毕业生尽管作出了初步的职业选择,但是否合适,还需要通过实际工作来体验,如果觉得不合适,就需要调整自己,调整失败就要考虑换岗位或换单位。

二、职业生涯早期阶段的影响因素

1. 个人因素

（1）职业目标

新员工刚到工作岗位，这一时期要熟悉单位环境和工作流程等，在短期内缺乏建立职业目标的时间和可能。因此，职业目标意识不够强烈。

（2）现实冲击

现实冲击是指由新员工对其工作所怀有的期望与工作实际情况之间的差异所引起的新员工的心理冲击。在这一时期，新员工的较高工作期望所面对的却是枯燥无味和毫无挑战性的工作现实。

（3）兴趣

兴趣是激发人的内在意识进而影响行为的原动力。兴趣对人生事业的发展至关重要，所以兴趣自然是职业早期阶段员工选择职业的重要因素之一。因兴趣而作出的职业选择是职业早期的基础。受教育的程度对职业生涯早期阶段的影响是明显的。

2. 单位因素

（1）对年轻人的态度

单位对年轻人的态度上是保守的。因此，新员工在职业早期很可能只是一个"打杂"类型的员工，找不到自己的权利和义务；对于新员工来说，直接影响到其职业的兴趣和热情。

（2）用人制度

处在职业初期的员工都希望所到单位有比较灵活的用人制度，使自己通过努力可以实现短期的飞越，来实现自己的价值。但从单位角度来说，不可能在短期内给一个普通员工提供最有利的升迁通道，如果单位的用人制度不合理，则会给处在职业初期的员工带来负面的影响。

（3）领导者的素质和价值观

单位的管理风格和企业的领导者有着密切的联系，单位的经营哲学往往就是企业家的经营哲学。因此，在早期阶段，领导者的素质和价值观点影响着新员工的去向和成长。

3. 经济发展水平

经济发展的程度对员工的职业生涯的影响是通过对现实冲击的影响程度的大小来间接作用的。地区经济的发展水平比较高，员工在早期阶段可以得到的报酬也会相应的高，高报酬的现实会减少员工的"现实冲击"，使员工积极地调整自己的职业目标。

4. 价值观点

社会的价值观点通过国家、社会、组织等载体来宣传社会的主流价值形式，引导员工树立自己的职业目标，为他们开展职业生涯提供现实的可行性依据，使他们成为国家和社会价值引导下的有用人才。

三、职业生涯早期阶段的管理

离开大学校园前夕，大学生面临的主要问题是确立合适的职业生涯目标，选择合适的职业，并精心准备求职材料，积极参加应聘，签约理想的工作单位。离开大学校园工作后，关注的重心发生了转移，要从适应新环境、新工作、新岗位开始，通过接触和了解，判断该工作岗位是否是理想的岗位，该单位是否是理想的工作单位，并要判断已有的职业知识、技能、经验、能力是否适应新工作岗位的需要，如果有所欠缺，要尽量去弥补。

在职业生涯早期，最重要的是要判断自己未来的发展空间有多大，这比薪酬待遇和工作的舒适度更加重要。要有良好的发展空间，首先得了解和适应单位的文化和氛围，了解组织内职务晋升是重业绩还是重关系，重能力还是重文凭。如果组织强调团队协作，而你喜欢自扫门前雪，就会与组织要求格格不入；如果你看重工作业绩，而组织奉行关系网文化，你也很难在该组织中有所发展。如果员工发现自己的价值观与单位奉行的价值观产生摩擦，就需要进行自我调整和适应；一旦调适失败，则应该考虑离开组织或暂时离开组织。如果员工与组织的价值理念和行为准则一致，新员工就会很快地融入组织，获得良好的事业发展平台。

此外，大学毕业生还要耐得住寂寞，静下心来，刻苦钻研，勤奋工作。一开始工作时难度和挑战大一些，随着职业角色的转换和工作经验的积累，尤其是建立了和谐的人际关系后，情况就会逐步改观。切忌遇到不顺心的事情就放弃，甚至跳槽。相对稳定的职业和相对有延续性的职业生涯路径很重要，频繁跳槽不仅造成一次次的重新开始，而且对职业生涯也有负面影响。年轻人要沉得住气，耐心地等待机会，默默地准备着，机遇往往青睐那些时刻做好准备的人。

案例：赵同学毕业于985高校的计算机专业，在读期间学习刻苦，并积极参加实践活动，综合素质不错，大学期间他立下宏愿要做中国的比尔·盖茨。但是毕业后，他只找到某品牌手机配件厂的工作，主要是画电路图和调电路。"工作跟我想象的差别很大,觉得很无聊。"他刚到单位两天,就觉得不想工作。再加上他是新人,除了手边工作之外,上司还让他天天学习工作资料。他常常看着资料走神。"每天上班前都给自己鼓劲,但每天上班都是熬时间,又觉得今天没什么收获。真是郁闷!"他很无奈地说。

案例分析: "首先要能养活自己,其次才能谈理想抱负。"理想与现实之间的落差太大,让很多职场新人一时难以接受。当务之急是要把理想转化为职业目标,切合目前实际的职业目标,切忌好高骛远,同时结合自己的情况去选择一条最适合自己的途径,更快地实现职业目标,从而最终实现职业理想。

对于大多数刚刚走上工作岗位的大学生来说,除了工作能力之外,还要有实干精神。不但要完成好属于自己的每一项工作,还要做自己不愿做的事情。能否做好那些自己不愿意做的事情是一个人是否成熟的标志,也是一个人能否取得人生成功的重要因素。

总之,早期职业生涯是今后职业发展的基础,一定要一步一个脚印地走下去,只要方向正确,就一定能迈向成功。

附　录

1．MBTI 性格测评工具

对下列每项陈述，请你从 a、b 两个选项中圈出适合你的一个。任何选择都没有对错之分，因为无论你选择哪一个，总是有一半的人同意你的选择。

1. 电话铃响的时候,你会	a. 马上第一个去接	b. 希望别人去接
2. 你更倾向于	a. 敏锐而不内省	b. 内省而不敏锐
3. 对你来说哪种情况更糟糕	a. 想入非非	b. 循规蹈矩
4. 同别人在一起,你通常	a. 坚定而不随和	b. 随和而不坚定
5. 哪种事更使你感到惬意	a. 作出权威判断	b. 作出有价值的判断
6. 面对工作环境里的噪音,你会	a. 抽出时间整顿	b. 最大限度地忍耐
7. 你的做事方式	a. 果断	b. 某种程度的斟酌
8. 排队时,你常常	a. 与他人聊天	b. 仍考虑工作
9. 你更倾向于	a. 感知多于设想	b. 设想多于感知
10. 你对什么更感兴趣	a. 真实存在的东西	b. 潜在的东西
11. 你更有可能依据什么对事件作出判断	a. 事实	b. 愿望
12. 评价他人时,你易于	a. 客观,不讲人情	b. 友好,有人情味
13. 你希望通过什么方式制定合同	a. 签字、盖章、发送	b. 握手搞定
14. 你更愿意拥有	a. 工作成果	b. 不断进展的工作
15. 在一个聚会上,你倾向	a. 与许多人包括陌生人交流	b. 只与几个朋友交流
16. 你更倾向于	a. 务实而不空谈	b. 空谈而不务实
17. 你喜欢什么样的作者	a. 直述主题	b. 运用隐喻和象征手法
18. 什么更吸引你	a. 思想和谐	b. 关系和睦
19. 如果一定要使某人失望,你通常	a. 坦率、直言不讳	b. 温和、体谅他人
20. 工作中,你希望你的行动进度	a. 确定	b. 不确定
21. 你更经常提出	a. 最后、确定的意见	b. 暂时、初步的意见
22. 与陌生人交流	a. 使你更加自信	b. 使你伤脑筋
23. 事实	a. 只能说明事实	b. 是理论的例证
24. 你觉得幻想家和理论家	a. 有些讨厌	b. 非常有魅力
25. 在一场热烈的讨论中,你会	a. 坚持你的观点	b. 寻找共同之处

26. 哪一个更好	a. 公正	b. 宽容
27. 你觉得工作中什么更自然	a. 指出错误	b. 设法取悦他人
28. 什么时候你感觉更惬意	a. 作出决定之后	b. 作出决定之前
29. 你倾向于	a. 直接说出你的想法	b. 听别人发言
30. 常识	a. 通常是可靠的	b. 经常值得怀疑
31. 儿童往往不会	a. 做十分有用的事	b. 充分利用想象力
32. 管理他人时,你更倾向于	a. 坚定而严格	b. 宽厚仁慈
33. 你更倾向于作为一个	a. 头脑冷静的人	b. 热心肠的人
34. 你倾向于	a. 将事情办妥	b. 探究事物的各种潜质
35. 在多数情况下,你更	a. 做作而不自然	b. 自然而不做作
36. 你认为自己是一个	a. 外向的人	b. 自闭的人
37. 你更经常是一个	a. 讲求实际的人	b. 沉于幻想的人
38. 你说话时	a. 详细而不泛泛	b. 泛泛而不详细
39. 哪句话更像是赞美	a. 这是一个逻辑性强的人	b. 这是一个情感丰富的人
40. 你更易受什么支配	a. 你的思想	b. 你的体验
41. 当一个工作完成时,你喜欢	a. 把所有未了结的零星事务安排妥当	b. 继续干别的事
42. 你喜欢什么样的工作	a. 有最后期限	b. 随时进行
43. 你是那种	a. 很健谈的人	b. 认真聆听的人
44. 你更容易接受	a. 较直白的语言	b. 较有寓意的语言
45. 你更经常注意的是	a. 恰好在眼前的事物	b. 想象中的事物
46. 成为哪一种人更糟糕	a. 过分心软	b. 顽固
47. 在令人难堪的情况下,你有时表现得	a. 过于无动于衷	b. 过于同情怜悯
48. 你在作出选择时倾向于	a. 小心翼翼	b. 有些冲动
49. 你更喜欢	a. 紧张而不悠闲	b. 悠闲而不紧张
50. 工作中你倾向于	a. 热情地与同事交往	b. 保留更多的私人空间
51. 你更容易相信	a. 你的经验	b. 你的观念
52. 你更愿意感受	a. 脚踏实地	b. 有些动荡
53. 你认为你自己更是一个	a. 意志坚强的人	b. 心地温和的人
54. 你对自己哪种品格评价更高	a. 通情达理	b. 埋头苦干
55. 你通常希望事情	a. 已经被安排、确定	b. 只是暂时确定
56. 你认为自己更加	a. 严肃、坚定	b. 随和
57. 你觉得自己是个	a. 好的演说家	b. 好的聆听者
58. 你很满意自己能够	a. 有力地把握事实	b. 有丰富的想象力
59. 你更注重	a. 基本原理	b. 深层寓意
60. 什么错误看起来比较严重	a. 同情心过于丰富	b. 过于冷漠

续　表

61. 你更容易受什么影响	a. 有说服力的证据	b. 令人感动的陈述
62. 哪一种情况下你的感觉更好	a. 结束一件事	b. 保留各种选择
63. 较令人满意的是	a. 确定事情已经做好	b. 只是顺其自然
64. 你是一个	a. 容易接近的人	b. 有些矜持的人
65. 你喜欢什么样的故事	a. 刺激和冒险的	b. 幻想和豪勇的
66. 什么事对你来说更容易	a. 使他人各尽其用	b. 认同他人
67. 你更希望自己具备	a. 意志的力量	b. 情感的力量
68. 你认为自己基本上	a. 禁得住批评和侮辱	b. 禁不住批评和侮辱
69. 你常常注意到的是	a. 混乱	b. 变革的机会
70. 你比较喜欢	a. 按规章程序办事	b. 随机应变

题号	a	b	题号	a	b	题号	a	b	题号	a	b	题号	a	b	题号	a	b	题号	a	b
1			2			3			4			5			6			7		
8			9			10			11			12			13			14		
15			16			17			18			19			20			21		
22			23			24			25			26			27			28		
29			30			31			32			33			34			35		
36			37			38			39			40			41			42		
43			44			45			46			47			48			49		
50			51			52			53			54			55			56		
57			58			59			60			61			62			63		
64			65			66			67			68			69			70		
合计																				
类型	E 外向	I 内向		S 感知	N 直觉		S 感知	N 直觉		T 理性	F 感性		T 理性	F 感性		J 决断	P 熟思		J 决断	P 熟思

　　将以上测试结果的人格维度进行组合,可得到16种人格类型。根据相关资料,整理汇总下表,供自测者进一步了解各类型特点。

类型	特 点	职业倾向	角 色
ISTJ	严谨细致,注重事实逻辑,做事负责且重实效,有主见,能排除干扰,实现想法	执政管理、执法者、会计等对细节加以注意的职业	Inspector 稽查员
ISFJ	安静友好,有责任感和忠诚,对细节和常规工作有耐心,为他人着想,善于营造和谐有序的工作和家居环境	健康护理、教育等通过经验和亲和力来助人的职业	Protector 保护者
ESTJ	重实际的现实主义者,天生的商业头脑,果断决策,喜欢组织并管理,以强硬态度执行计划	管理者、行政管理等通过对现实的逻辑和组织完成任务的职业	Supervisor 督导
ESFJ	热心健谈,是天生的合作者。善待他人,营造和谐环境,在得到肯定时表现出色	家政专家、保险代理人等运用个人关怀为他人提供服务的职业	Provider/seller 供给者/销售员
ISTP	冷静的观察者,谨慎发表见解或发挥影响。重视事情的前因后果和客观规律、效率	熟练工种、技术领域、军人、农业等动手操作、分析数据和事情的职业	Operator/Instrumentor 操作者/演奏者
ISFP	敏感仁慈,不把个人意见和价值观强加于人,是忠诚的追随者,不过分勉力而为	艺术老师、执行秘书等,运用友善、专注于细节的相关服务的职业	Composer/Artist 作曲家/艺术家
ESTP	平和,随遇而安,擅长动手操作,在自然科学方面应付自如。专注即时效益,通过实践追求效果	航空工程师、审计员等偏市场、应用技术,利用行动关注必要细节的职业	Promotor 发起者/创设者
ESFP	外向随和,享受当下,容易接受新朋友和适应新环境,喜欢与他人共事	儿童保育、教学或教导、教练等利用外向天性和热情去助人的职业	Performer/Demonstrator 表演者/示范者
INFJ	沉静有力,有责任心,果断实践。常因坚定的原则和如何更好地服务大众的信念,获得敬仰与追随	宗教、咨询服务、艺术、教学等促进其情感、精神发展的职业	Counselor 咨询师
INFP	理想主义者,为人友善,关注对观念和语言的学习,有好奇心、适应力,忠于自己的价值观及所重视的人	咨询服务、写作、艺术等让其运用创造和集中价值观的职业	Healer/Tutor 治疗师/导师

续 表

类型	特 点	职业倾向	角 色
ENFJ	友善合群,关注他人的想法、需求和感受,有责任心,善于技巧性地提建议,在公众事务中表现活跃,乐于学习	社工人员、人力资源管理等	Teacher 教师
ENFP	热情洋溢,奇思妙想,通过创造性思维和好奇心,期待帮助他人解决问题而得到肯定,有即兴发挥的能力	人力资源管理、营销顾问、宣传策划人员等	Champion/ Advocate/ Motivator 倡导者/激发者
INTJ	具独创性和强烈的内驱力,对感兴趣的领域有良好的能力来组织并执行,对事物持怀疑态度,独立果断,有高水准的工作表现	科技领域,计算机、法律,适合从事运用智力创造和技术知识的职业	Mastermind/ Scientist 智多星/科学家
INTP	沉着、适应力强,在科学领域表现突出,重逻辑。有明确限定的兴趣爱好,喜欢理念思维多于社会活动	科技领域、适合基础专业技术背景独立、客观分析问题的职业	Architect/ Designer 建筑师/设计师
ENTJ	为人诚恳,直率果断,有学习能力,重视知识的积累,在推理和机智的对话中表现良好,是活动中的领导者,充满自信	公司首席执行官、管理咨询顾问、政治家、法官等	Field Marshall/ Mobilizer 统帅/调度者
ENTP	足智多谋、行动迅捷、特长多,应变力强,兴趣转移快,喜欢新事物,善于解决新出现和挑战性的问题	投资顾问、项目策划、公共关系、自我创业等,有创新性和挑战性的职业	Inventor 发明家

2. 霍兰德职业性向测量表

提示语:本测验共分六部分,第六部分为测试总得分。每部分测试都没有时限,但应尽快完成。完成后,请对照"测试结果——职业分类表"。

第一部分:你心目中的理想职业(专业)

对于未来的职业(或升学进修的专业)你也许早有考虑,它可能很抽象、朦

胧,也可能很具体、清晰。不管是哪种情况,现在都请你把最想从事的三种工作或最想就读的三种专业,按顺序写下来:

1. _____

2. _____

3. _____

第二部分:你所感兴趣的活动

下面列举了一些具体活动。注意活动无所谓好坏,如果你喜欢去参加(包括过去、现在或将来),就在序号上打√。答题时,请不必考虑你过去是否干过和是否擅长这种活动,根据你的兴趣作出判断即可。

R:实际型活动	A:艺术型活动
1. 装配修理电器或玩具	1. 素描/制图或绘画
2. 修理自行车	2. 参加话剧/戏剧
3. 用木头做东西	3. 设计家具/布置室内
4. 开汽车或摩托车	4. 练习乐器/参加乐队
5. 用机器做东西	5. 欣赏音乐或戏剧
6. 参加木工技术学习班	6. 看小说/读剧本
7. 参加制图描图学习班	7. 从事摄影创作
8. 驾驶卡车或拖拉机	8. 写诗或吟诗
9. 参加机械和电气学习班	9. 进艺术(美术/音乐)培训班
10. 装配修理机器	10. 练习书法
I:调查型活动	S:社会型活动
1. 读科技图书或杂志	1. 学校或单位组织的正式活动
2. 在实验室工作	2. 参加某个社会团体或俱乐部活动
3. 改良水果品种,培育新的水果	3. 帮助别人解决困难
4. 调查了解土和金属等物质的成分	4. 照顾儿童
5. 研究自己选择的特殊问题	5. 出席晚会、联欢会、茶话会
6. 解算术或数学游戏	6. 和大家一起出去郊游
7. 物理课	7. 想获得关于心理方面的知识
8. 化学课	8. 参加讲座会或辩论会
9. 几何课	9. 观看或参加体育比赛和运动会
10. 生物课	10. 结交新朋友

续　表

E：事业型活动	C：常规型（传统型）活动
1. 鼓动他人	1. 整理好桌面与房间
2. 卖东西	2. 抄写文件和信件
3. 谈论政治	3. 为领导写报告或公务信函
4. 制订计划、参加会议	4. 检查个人收支情况
5. 以自己的意志影响别人的行为	5. 打字培训班
6. 在社会团体中担任职务	6. 参加算盘、文秘等实务培训
7. 检查与评价别人的工作	7. 参加商业会计培训班
8. 结交名流	8. 参加情报处理培训班
9. 指导有某种目标的团体	9. 整理信件、报告、记录等
10. 参与政治活动	10. 写商业贸易信

第三部分：你所擅长或胜任的活动

回答时，只需考虑你过去或现在对所列活动是否擅长、胜任，不必考虑你是否喜欢这种活动。如果你认为你擅长从事某一活动，就请在序号上打√。

R：实际型能力	A：艺术型能力
1. 能使用电锯、电钻和锉刀等木工工具	1. 能演奏乐器
2. 知道万用电表的使用方法	2. 能参加二部或四部合唱
3. 能够修理自行车或其他机械	3. 独唱或独奏
4. 能够使用电钻、磨床或缝纫机	4. 扮演剧中角色
5. 能给家具和木制品刷漆	5. 能创作简单的乐曲
6. 能看建筑设计图	6. 会跳舞
7. 能够修理简单的电气用品	7. 能绘画、素描或书法
8. 能修理家具	8. 能雕刻、剪纸或泥塑
9. 能修理收录机	9. 能设计板报、服装或家具
10. 能简单地修理水管	10. 能写一手好文章
I：调研型能力	S：社会型能力
1. 懂得真空管或晶体管的作用	1. 有向各种人说明解释的能力
2. 能够列举三种蛋白质多的食品	2. 常参加社会福利活动
3. 理解铀的裂变	3. 能和大家一起友好相处和工作

4. 能用计算尺、计算器、对数表	4. 善于与年长者相处
5. 会使用显微镜	5. 会邀请人、招待人
6. 能找到三个星座	6. 能简单易懂地教育儿童
7. 能独立进行调查研究	7. 能安排会议等活动顺序
8. 能解释简单的化学	8. 善于体察人心和帮助他人
9. 能理解人造卫星为什么不落地	9. 帮助护理病人和伤员
10. 经常参加学术会议	10. 安排社团组织的各种事务
E：事业型能力	C：常规型能力
1. 担任过学生干部并且干得不错	1. 会熟练地打印中文
2. 工作上能指导和监督他人	2. 会用外文打字机或复印机
3. 做事充满活力和热情	3. 能快速记笔记和抄写文章
4. 有效利用自身的做法调动他人	4. 善于整理保管文件和资料
5. 销售能力强	5. 善于从事事务性的工作
6. 曾作为俱乐部或社团的负责人	6. 会用算盘
7. 向领导提出建议或反映意见	7. 能在短时间内分类和处理大量文件
8. 有开创事业的能力	8. 能使用计算机
9. 知道怎样做能成为一个优秀的领导者	9. 能搜集数据
10. 健谈善辩	10. 善于为自己或集体做财务预算表

第四部分：你所喜欢的职业

下面列举了多种职业，请选择你感兴趣的工作。

R：实际型职业	S：社会型职业
1. 飞机机械师	1. 街道、工会或妇联干部
2. 野生动物专家	2. 小学、中学教师
3. 汽车维修工	3. 精神病医生
4. 木匠	4. 婚姻介绍所工作人员
5. 测量工程师	5. 体育教练
6. 无线电报务员	6. 福利机构负责人
7. 园艺师	7. 心理咨询员
8. 长途公共汽车司机	8. 共青团干部
9. 电工	9. 导游
10. 火车司机	10. 国家机关工作人员

续 表

I：调研型职业	E：事业型职业
1. 气象学或天文学者	1. 厂长
2. 生物学者	2. 电视片编制人
3. 医学实验室的技术人员	3. 公司经理
4. 人类学者	4. 销售员
5. 动物学者	5. 不动产推销员
6. 化学者	6. 广告部部长
7. 数学学者	7. 体育活动主办者
8. 科学杂志的编辑或作家	8. 销售部部长
9. 地质学者	9. 个体工商业者
10. 物理学者	10. 企业管理咨询人员
A：艺术型职业	C：常规型职业
1. 乐队指挥	1. 会计师
2. 演奏家	2. 银行出纳员
3. 作家	3. 税收管理员
4. 摄影家	4. 计算机操作员
5. 记者	5. 簿记人员
6. 画家、书法家	6. 成本核算员
7. 歌唱家	7. 文书档案管理员
8. 作曲家	8. 打字员
9. 电影电视演员	9. 法庭书记员
10. 电视节目主持人	10. 人员普查登记员

第五部分：能力类型的自我评定

第五部分是你对六种职业能力方面的自我评分表。你可以先与同龄人比较一下自己在每一方面的能力，然后经斟酌对自己的能力作一评价。评分时请在表中适当的数字上画圈。数字越大表示你的能力越强。

注意：请不要全部圈画同样的数字，因为人的每项能力不可能完全一样。

	R型	I型	A型	S型	E型	C型
	机械操作能力	科学研究能力	艺术创作能力	解释表达能力	商业洽谈能力	事务执行能力
特高	7	7	7	7	7	7
高	6	6	6	6	6	6
较高	5	5	5	5	5	5
中等	4	4	4	4	4	4
较低	3	3	3	3	3	3
低	2	2	2	2	2	2
特低	1	1	1	1	1	1

	R型	I型	A型	S型	E型	C型
	体力技能	数学技能	音乐技能	交际技能	领导技能	办公技能
特高	7	7	7	7	7	7
高	6	6	6	6	6	6
较高	5	5	5	5	5	5
中等	4	4	4	4	4	4
较低	3	3	3	3	3	3
低	2	2	2	2	2	2
特低	1	1	1	1	1	1

第六部分：统计和确定你的职业倾向

请将全部测验分数按前面已统计好的六种职业倾向（R型、I型、A型、S型、E型和C型）得分填入下表，并作纵向累加。

测验项目	R型	I型	A型	S型	E型	C型
第二部分						
第三部分						
第四部分						

续　表

测验项目	R 型	I 型	A 型	S 型	E 型	C 型
第五部分 A						
第五部分 B						
总　分						

完成上述内容后,请将上表中的六种职业倾向的"总分"按大小顺序依次从左到右重新排列:

＿＿＿＿型、＿＿＿＿型、＿＿＿＿型、＿＿＿＿型、＿＿＿＿型、＿＿＿＿型,分数最高的是＿＿＿＿型,分数第二位的是＿＿＿＿型,分数第三位的是＿＿＿＿型。将得分前三项的顺序排列,就得出你的职业倾向性:＿＿＿＿型。

然后,将上述测验中得到的职业类型,对照以下相关内容,从而得出你所适合的职业。

我们还需要认识到:(1)同样的职业倾向类别会有不同的层次,适于不同能力水平的人从事;(2)职业内涵丰富,同一职业可能有许多吸引人的特征,故可能在不同类别中出现;(3)人具有相当强的可塑性,除了适应所测出的职业类型,也可以从事相接近的职业。以下根据资料,附上职业索引。

职业索引——职业兴趣代号与其相应的职业对照表:

下面介绍与你 3 个代号的职业兴趣类型一致的职业表,对照的方法如下:首先根据你的职业兴趣代号找出相应的职业。例如你的职业兴趣代号是 RIA,那么牙科技术人员、陶工等是适合你兴趣的职业。然后寻找与你职业兴趣代号相近的职业,如你的职业兴趣代号是 RIA,那么其他由这三个字母组合成的编号(如 IRA、IAR、ARI 等)对应的职业,也较适合你的兴趣。

RIA:牙科技术员、陶工、建筑设计员、模型工、细木工、制作链条人员。

RIS:厨师、林务员、跳水员、潜水员、染色员、电器修理、眼镜制作、电工、纺织机器装配工、服务员、装玻璃工人、发电厂工人、焊接工。

RIE:建筑和桥梁工程、环境工程、航空工程、公路工程、电力工程、信号工程、电话工程、一般机械工程、自动工程、矿业工程、海洋工程、交通工程技术人员、制图员、家政经济人员、计量员、农民、农场工人、农业机械操作、清洁工、无线电修理、汽车修理、手表修理、管工、线路装配工、工具仓库管理员。

RIC:船上工作人员、接待员、杂志保管员、牙医助手、制帽工、磨坊工、石匠、机器制造、机车(火车头)制造、农业机器装配、汽车装配工、缝纫机装配工、钟表装配和检验、电动器具装配、鞋匠、锁匠、货物检验员、电梯机修工、托儿所所长、钢琴调音员、装配工、印刷工、建筑钢铁工作、卡车司机。

　　RAI：手工雕刻、玻璃雕刻、制作模型人员、家具木工、制作皮革品、手工绣花、手工钩针纺织、排字工作、印刷工作、图画雕刻、装订工。

　　RSE：消防员、交通巡警、警察、门卫、理发师、房间清洁工、屠夫、锻工、开凿工人、管道安装工、出租汽车驾驶员、货物搬运工、送报员、勘探员、娱乐场所的服务员、起卸机操作工、灭害虫者、电梯操作工、厨房助手。

　　RSI：纺织工、编织工、农业学校教师、某些职业课程教师（诸如艺术、商业、技术、工艺课程）、雨衣上胶工。

　　REC：抄水表员、保姆、实验室动物饲养员、动物管理员。

　　REI：轮船船长、航海领航员、大副、试管实验员。

　　RES：旅馆服务员、家畜饲养员、渔民、渔网修补工、水手长、收割机操作工、搬运行李工人、公园服务员、救生员、登山导游、火车工程技术员、建筑工作、铺轨工人。

　　RCI：测量员、勘测员、仪表操作者、农业工程技术、化学工程技师、民用工程技师、石油工程技师、资料室管理员、探矿工、煅烧工、烧窑工、矿工、保养工、磨床工、取样工、样品检验员、纺纱工、炮手、漂洗工、电焊工、锯木工、刨床工、制帽工、手工缝纫工、油漆工、染色工、按摩工、木匠、农民建筑工作、电影放映员、勘测员助手。

　　RCS：公共汽车驾驶员、一等水手、游泳池服务员、裁缝、建筑工作、石匠、烟囱修建工、混凝土工、电话修理工、爆炸手、邮递员、矿工、裱糊工人、纺纱工。

　　RCE：打井工、吊车驾驶员、农场工人、邮件分类员、铲车司机、拖拉机司机。

　　IAS：普通经济学家、农场经济学家、财政经济学家、国际贸易经济学家、实验心理学家、工程心理学家、心理学家、哲学家、内科医生、数学家。

　　IAR：人类学家、天文学家、化学家、物理学家、医学病理、动物标本剥制者、化石修复者、艺术品管理者。

　　ISE：营养学家、饮食顾问、火灾检查员、邮政服务检查员。

　　ISC：侦察员、电视播音室修理员、电视修理服务员、验尸室人员、编目录者、医学实验定技师、调查研究者。

　　ISR：水生生物学者、昆虫学者、微生物学家、配镜师、矫正视力者、细菌学家、牙科医生、骨科医生。

　　ISA：实验心理学家、普通心理学家、发展心理学家、教育心理学家、社会心理学家、临床心理学家、目标学家、皮肤病学家、精神病学家、妇产科医师、眼科医生、五官科医生、医学实验室技术专家、民航医务人员、护士。

IES：细菌学家、生理学家、化学专家、地质专家、地理物理学专家、纺织技术专家、医院药剂师、工业药剂师、药房营业员。

IEC：档案保管员、保险统计员。

ICR：质量检验技术员、地质学技师、工程师、法官、图书馆技术辅导员、计算机操作员、医院听诊员、家禽检查员。

IRA：地理学家、地质学家、声学物理学家、矿物学家、古生物学家、石油学家、地震学家、声学物理学家、原子和分子物理学家、电学和磁学物理学家、气象学家、设计审核员、人口统计学家、数学统计学家、外科医生、城市规划家、气象员。

IRS：流体物理学家、物理海洋学家、等离子体物理学家、农业科学家、动物学家、食品科学家、园艺学家、植物学家、细菌学家、解剖学家、动物病理学家、作物病理学家、药物学家、生物化学家、生物物理学家、细胞生物学家、临床化学家、遗传学家、分子生物学家、质量控制工程师、地理学家、兽医、放射性治疗技师。

IRE：化验员、化学工程师、纺织工程师、食品技师、渔业技术专家、材料和测试工程师、电气工程师、土木工程师、航空工程师、行政官员、冶金专家、原子核工程师、陶瓷工程师、地质工程师、电力工程师、口腔科医生、牙科医生。

IRC：飞机领航员、飞行员、物理实验室技师、文献检查员、农业技术专家、动植物技术专家、生物技师、油管检查员、工商业规划者、矿藏安全检查员、纺织品检验员、照相机修理者、工程技术员、编计算程序者、工具设计者、仪器维修工。

CRI：簿记员、会计、记时员、铸造机操作工、打字员、按键操作工、复印机操作工。

CRS：仓库保管员、档案管理员、缝纫工、讲述员、收款人。

CRE：标价员、实验室工作者、广告管理员、自动打字机操作员、电动机装配工、缝纫机操作工。

CIS：记账员、顾客服务员、报刊发行员、土地测量员、保险公司职员、会计师、估价员、邮政检查员、外贸检查员。

CIE：打字员、统计员、支票记录员、订货员、校对员、办公室工作人员。

CIR：校对员、工程职员、海底电报员、检修计划员、发报员。

CSE：接待员、通讯员、电话接线员、卖票员、旅馆服务员、私人职员、商学教师、旅游办事员。

CSR：运货代理商、铁路职员、交通检查员、办公室通信员、簿记员、出纳员、银行财务职员。

CSA：秘书、图书管理员、办公室办事员。

CER：邮递员、数据处理员、办公室办事员。

CEI：推销员、经济分析家。

CES：银行会计、记账员、法人秘书、速记员、法院报告人。

ECI：银行行长、审计员、信用管理员、地产管理员、商业管理员。

ECS：信用办事员、保险人员、各类进货员、海关服务经理、售货员、购买员、会计。

ERI：建筑物管理员、工业工程师、农场管理员、护士长、农业经营管理人员。

ERS：仓库管理员、房屋管理员、货栈监督管理员。

ERC：邮政局局长、渔船船长、机械操作领班、木工领班、瓦工领班、驾驶员领班。

EIR：科学、技术和有关周期出版物的管理员。

EIC：专利代理人、鉴定人、运输服务检查员、安全检查员、废品收购人员。

EIS：警官、侦察员、交通检验员、安全咨询员、合同管理者、商人。

EAS：法官、律师、公证人。

EAR：展览室管理员、舞台管理员、播音员、驯兽员。

ESC：理发师、裁判员、政府行政管理员、财政管理员、工程管理员、职业病防治、售货员、商业经理、办公室主任、人事负责人、调度员。

ESR：家具售货员、书店售货员、公共汽车的驾驶员、日用品售货员、护士长、自然科学和工程的行政领导。

ESI：博物馆管理员、图书馆管理员、古迹管理员、饮食业经理、地区安全服务管理员、技术服务咨询者、超级市场管理员、零售商品店店员、批发商、出租汽车服务站调度。

ESA：博物馆馆长、报刊管理员、音乐器材售货员、广告商售画营业员、导游、(轮船或班机上的)事务长、飞机上的服务员、船员、法官、律师。

ASE：戏剧导演、舞蹈教师、广告撰稿人、报刊专栏作者、记者、演员、英语翻译。

ASI：音乐教师、乐器教师、美术教师、管弦乐指挥、合唱队指挥、歌星、演奏家、哲学家、作家、广告经理、时装模特。

AER：新闻摄影师、电视摄影师、艺术指导、录音指导、丑角演员、魔术师、木偶戏演员、骑士、跳水员。

AEI：音乐指挥、舞台指导、电影导演。

AES：流行歌手、舞蹈演员、电影导演、广播节目主持人、舞蹈教师、口技表演者、喜剧演员、模特。

AIS：画家、剧作家、编辑、评论家、时装艺术大师、新闻摄影师、演员、文学作者。

AIE：花匠、皮衣设计师、工业产品设计师、剪影艺术家、复制雕刻品大师。

AIR：建筑师、画家、摄影师、绘图员、环境美化工、雕刻家、包装设计师、陶器设计师、绣花工、漫画工。

SEC：社会活动家、退伍军人服务官员、工商会事务代表、教育咨询者、宿舍管理员、旅馆经理、饮食服务管理员。

SER：体育教练、游泳指导。

SEI：大学校长、学院院长、医院行政管理员、历史学家、家政经济学家、职业学校教师、资料员。

SEA：娱乐活动管理员、国外服务办事员、社会服务助理、一般咨询者、宗教教育工作者。

SCE：部长助理、福利机构职员、生产协调人、环境卫生管理人员、戏院经理、餐馆经理、售票员。

SRI：外科医师助手、医院服务员。

SRE：体育教师、职业病治疗者、体育教练、专业运动员、房管员、儿童家庭教师、警察、引座员、传达员、保姆。

SRC：护理员、护理助理、医院勤杂工、理发师、学校儿童服务人员。

SIA：社会学家、心理咨询者、学校心理学家、政治科学家、大学或学院的系主任、大学或学院的教育学教师、大学农业教师、大学工程和建筑课程的教师、大学法律教师、大学数学、医学、物理、社会科学和生命科学的教师、研究生助教、成人教育教师。

SIE：营养学家、饮食学家、海关检查员、安全检查员、税务稽查员、校长。

SIC：描图员、兽医助手、诊所助理、体检检查员、监督缓刑犯的工作者、娱乐指导者、咨询人员、社会科学教师。

SIR：理疗员、救护队工作人员、手足病医生、职业病治疗助手。

3. 大学生主要从事的职业
分类及其任职要求

本文将为大家呈现我国大学生主要从事行业的职业分类及其任职要求，为大学毕业生们提供一个直观的信息平台，让大家提前了解未来理想的职业的具体要求,提早开始正确的生涯规划。

1. 行政管理人员

行政管理人员一般是指在中央和地方各级党组织、各级人民代表大会常务委员会、人民政协、人民法院、人民检察院、国家行政机关、各民主党派、工会、共青团、妇联等人民团体,群众自治组织和其他社团组织及其工作结构,企业、事业单位中从事行政、管理等工作人员。此类工作人员的任职要求如下:

(1) 专业知识要求

应具备现代管理学、现代政治学、法学基础理论、社会学、行政学、公共政策、政策分析方法、当代中国政府与行政、行政法学、政治经济学、经济法、经济分析基础、社会调研方法、统计学、领导学、组织行为学、人力资源开发与管理、国家公务员制度、西方政治制度与思想、计算机应用基础、办公自动化、公文写作与处理、现代管理方法等基础知识。

(2) 职业素质要求

政治觉悟高、原则性强、有亲和力、具有创新精神;廉洁奉公,遵纪守法,具有为人民服务的精神;具有较高的智力素质;具有较强的表达能力、计划能力、组织协调能力和管理控制能力;具有基本的计算机和外语水平;能够根据国家和上级单位的有关法律法规、方针政策,结合实际情况,正确决策,尽职尽责、有效地开展工作。

2. 专业技术人员

专业技术人员一般指从事科学研究和专业技术工作的人员。如工程技术人员、农业技术人员、飞机和船舶技术人员、卫生专业技术人员、经济和金融业务人员、法律专业人员、教学人员、文学艺术工作人员、新闻出版和文化工作人员等。

(1) 电子信息工程技术人员的任职要求

① 专业知识要求

具备电路分析基础、高频电路、信号与系统、模拟电子技术、数字电子技术、通信原理、电视传输原理、电磁场与电磁波、数字信号处理、数字图像处理、数字语音处理、信息论基础、电子测量原理、自动控制原理、计算机原理与应用、微机原理与接口技术、电子电路的计算机辅助、数据通信与计算机网络等职业知识,以及数学、英语、物理、政治、管理、法律等公共基础知识。

② 职业素质要求

能从事各类电子与信息技术的系统研究、设计、制作、技术管理及其在国民经济各个部门中的应用与开发;实践、动手、适应能力强;肯钻研、善于学习;能够阅读英文技术资料,在本专业领域中计算机软硬件应用能力强;认真踏实、头脑敏捷,具有合作精神;综合素质高,可持续发展。

(2) 金融业务人员的任职要求

① 专业知识要求

具备货币银行学、国际金融学、国际结算、证券投资学、金融电算化、投资银行学、商业银行经营管理学、保险学原理、财政学、财务会计学、统计学、投资学、国际贸易、国际财务管理、市场营销学、经济学原理、西方经济学、民商法、微积分、线性代数、概率统计、数学建模、电子理财、商务英语等学科基础知识。

② 职业素质要求

掌握马克思主义经济学、西方经济学和金融学的基本理论与方法;具有较全面的金融保险、会计财务、营销管理等方面的专业基础理论知识和基本技能;具有较高的英语、计算机应用、数理分析、交流能力;熟悉各种现代金融工具的特征、功能并具有相应的操作能力;熟悉国家有关经济、金融的方针、政策和法规;熟悉国际上较先进的理论与操作惯例,具有较开阔的视野,较好的获得新知识的意识和能力及创新精神。

(3) 法律专业人员的任职要求

① 专业知识要求

具备法律学、法理学、宪法学、法制史、刑法、民法、商法、经济法、民事诉讼法、刑事诉讼法、行政法与行政诉讼法、知识产权法、公司法、国际私法、国际经济法、环境法等学科基础知识和从事相关工作的专门业务知识。

② 职业素质要求

具有坚实的法学理论基础,德智体全面发展;适应新时期国家经济建设需要、知识全面、基础扎实、系统掌握法学知识、熟悉我国法律和相关政策;具有较强的语言文字表达能力和一定的实际工作能力、科研能力,具有熟练的英语及计算机应用水平;思维敏捷、品德优良、公平公正,能独立从事一般的法律业务。

3. 商业、服务业人员

商业、服务业人员一般指从事商业、餐饮、娱乐、旅游、运输、医疗辅助及社会和居民生活等服务工作的人员。如购销人员、仓储物流人员、餐饮服务人员、旅游及健身娱乐场所服务人员、运输服务人员、医疗卫生辅助服务人员、社会服务和居民生活服务人员等。

(1) 物流人员的任职要求

① 专业知识要求

具备经济学、管理学、市场营销学、会计学、财务管理、经济法、统计学、运筹学、物流学概论、仓储学、运输学、生产运作管理、客户关系管理、物流战略运作管理、物流设施管理、物流信息系统分析与设计、供应链管理、国际物流学、电子商务与物流、跨国物流管理、电子商务技术基础、计算机基础、数据库及其应用、高级语言程序设计、专业英语等学科基础知识。

② 职业素质要求

具有系统的经济、管理、法学基础理论,综合掌握先进的物流管理和现代物流技术;熟悉国内外生产、流通活动中的物流业务;掌握现代物流技术中的信息技术,具有在物流信息系统的应用、管理、维护及现代物流服务方面的较强的实际工作能力;在规划现代物流设施、物流系统优化设计、现代物流发展决策方面具有初步能力。有良好的职业道德、身体和心理素质。

（2）旅游管理人员的任职要求

① 专业知识要求

具备管理学、西方经济学、统计学、会计学、管理信息系统、旅游学导论、旅游法学、旅游美学、旅游教育学、旅游路线设计原理与方法、旅游英语、旅游资源学、旅游规划与开发、旅行社经营与管理、旅游心理学、饭店管理、财务管理、旅游电子商务、导游学餐饮管理、礼仪学等学科基础知识。

②职业素质要求

具有旅游管理专业知识,熟悉国际有关旅游方针政策法规;具有良好的政治素养和思想道德素质,能够适应 21 世纪国际旅游业的发展,熟悉旅游市场的运行规则与机制,了解国内外旅游市场,掌握现代旅游企业经营管理的基本技术,热爱旅游行业,具有较高的英语水平和人际沟通能力。

（3）市场营销人员的任职要求

① 专业知识要求

具备市场营销学、经济学、管理学、会计学、统计学、财务管理、网络营销、现代市场营销学、国际市场营销学、零售学、采购学、消费心理学、市场调查与分析、产品推销与实践、营销企划实践、证券营销、新产品开发管理、电子商务基础等学科基础知识。

② 职业素质要求

能够适应当代社会发展需要,面向经济建设,德智体全面发展,掌握经济学基本原理,掌握企业管理学的基本理论和方法,熟练掌握现代市场营销理论以及足够的营销方法与技巧;通晓市场行情,熟悉消费心理;具有创新意识以及团队合作精神;熟悉计算机应用、英语沟通技巧,具有较强的公关能力和人际沟通能力。

4. 职业生涯规划书(模板)

第一部分　封面

　　职业生涯规划书

　　署名和年月日

第二部分　扉页

　　个人资料:

　　真实姓名:

　　性别:

　　出生年月:

　　所在学校、院系、专业:

　　联系方式:

第三部分　总论(引言)

　　第一章　认识自我

　　　　结合相关的人才测评报告对自己进行全方位、多角度的分析。

　　　　个人基本情况

　　　　职业兴趣

　　　　在我的职业测评报告中,职业兴趣前三项是××型(×分)、××型(×分)和××型(×分)。我的具体情况是……

　　　　职业能力

　　　　我的职业测评报告结果显示,××能力得分较高(×分),××能力得分较低(×分)。我的具体情况是……

　　　　职业人格

　　　　我的职业测评报告显示……我的具体情况是……

　　　　职业价值观

　　　　我的职业测评报告结果显示前三项是××取向(×分)、××取向(×分)和××取向(×分)。我的具体情况是……

　　　　自我分析报告

　　第二章　职业生涯条件分析

　　　　参考职业测评报告建议,对影响职业选择的相关外部环境进行较为系统的分析。

家庭环境分析

如经济状况、家人期望、家族文化等以及对本人的影响。

学校环境分析

如学校特色、专业学习、实践经验等。

社会环境分析

如就业形势、就业政策、竞争对手等。

职业环境分析

a. 行业分析,如××行业现状及发展趋势,人业匹配分析。

b. 职业分析,如××职业的工作内容、工作要求、发展前景,人岗匹配分析。

c. 企业分析,如××单位类型、企业文化、发展前景、发展阶段、产品服务、员工素质、工作氛围等,人职匹配。

d. 地域分析,如工作城市的发展前景、文化特点、气候水土、人际关系等,人城匹配分析。

职业生涯条件分析小结

第三章 职业目标定位及其分解组合

职业目标的确定

从综合自我分析及职业生涯条件分析的主要内容得出本人职业定位的 SWOT 分析。

结论:

职业目标——将来从事(××行业的)××职业

职业发展策略——进入××类型的组织(到××地区发展)

职业发展路径——走专家路线(管理路线等)

职业目标的分解与组合

把职业目标分为三个规划期,即:短期规划、中期规划和远期规划,并对各个规划期及其要实现的目标进行分解。

第四章 具体执行计划

短期目标的具体实施计划:本人现在就读大学×年级,我的大学计划分为四个阶段。

中期目标的具体实施计划。

长期目标的具体实施计划。

人生总目标的具体实施计划。

第五章 评估调整

职业生涯规划是一个动态的过程,必须根据实施结果的情况以及变化情况进行及时的评估与修正。

评估内容

职业目标评估:(是否需要重新选择职业)假如一直……那么我将……

职业路径评估:(是否需要调整发展方向)当出现……的时候,我就……

实施策略评估:(是否需要改变行动策略)如果……我就……

其他因素评估:身体、家庭、经济状况以及机遇、意外情况的及时评估

评估的时间

在一般情况下,我定期(半年或一年)评估规划;当出现特殊情况时,我会随时评估并进行相应的调整。

规划调整的原则

第四部分　结束语

参 考 文 献

邱美华、董华新:《生涯发展与辅导》,台北:台湾心理出版社,1997年。

吴芝怡:《生涯辅导与咨商——理论与实务》,台北:台湾涛石文化事业有限公司,2001年。

广西壮族自治区教育厅组编:《大学生就业指导》,南宁:广西人民出版社,2004年。

李仁山:《大学生就业指导与范例》,北京:首都经济贸易大学出版社,2004年。

蒋建荣、詹启生:《大学生生涯规划导论》,天津:南开大学出版社,2005年。

宣仲良:《专业学习与职业生涯》,北京:中国林业出版社;北京大学出版社,2006年。

赵北平、雷五明:《大学生涯规划与职业发展》,武汉:武汉大学出版社,2006年。

胡剑锋:《大学生职业指导——精彩人生从此开始》,北京:北京大学出版社,2006年。

肖川、胡乐乐:《论研究生学术能力的培养》,学位与研究生教育,2006年。

许玫、张生妹:《大学生如何进行生涯规划》,上海:复旦大学出版社,2006年。

何祥林、谢守成:《大学生职业生涯规划与就业指导》,武汉:华中师范大学出版社,2006年。

杜映梅:《职业生涯管理》,北京:中国发展出版社,2006年。

周坤:《我的人生我做主》,北京:北京大学出版社,2006年。

周明星:《现代职业生涯设计》,北京:清华大学出版社,2007年。

谢元锡:《大学生职业素质修养与就业指导》,北京:清华大学出版社,2007年。

程社明:《你的船 你的海——职业生涯规划》,北京:新华出版社,2007年。

刘志明:《职业锚》,北京:中国劳动社会保障出版社,2007年。

高桂娟：《对大学生职业生涯规划的分析与思考》，北京：高等教育出版社，2007 年。

黄天中：《生涯规划：理论与实践》，北京：高等教育出版社，2007 年。

高桥、王辉：《大学生职业发展与就业指导教学指南》，北京：现代教育出版社，2008 年。

鲁宇红：《大学生职业生涯规划与就业指导》，南京：东南大学出版社，2008 年。

王兆明、顾坤华：《大学生职业指导》，苏州：苏州大学出版社，2008 年。

彭萍：《未来的金钥匙——生涯规划》，北京：高等教育出版社，2008 年。

孙玉贤：《大学生职业生涯发展规划》，兰州：甘肃人民出版社，2008 年。

姜尔岚、吴成国：《大学生就业与创业指导》，北京：人民交通出版社，2008 年。

谢守成：《大学生职业生涯发展与规划》，武汉：华中师范大学出版社，2009 年。

张再生：《职业生涯规划》，天津：天津大学出版社，2009 年。

金延平：《大学生职业生涯规划》，沈阳：东北财经大学出版社，2009 年。

于祥成、彭萍：《大学生生涯规划与发展》，长沙：湖南大学出版社，2009 年。

宁佳英：《大学生职业生涯规划》，广州：华南理工大学出版社，2009 年。

高桥、葛海燕：《大学生就业指导》，北京：清华大学出版社，2009 年。

张武华、周琳：《大学生职业规划与就业指导》，广州：华南理工大学出版社，2009 年。

刘学景、丁木金：《大学生职业生涯规划》，济南：山东人民出版社，2010 年。

李特朗、侯剑译，哈里·莱文森著：《职业生涯的设计和管理》，北京：商务印书馆，2010 年。

王刚、秦自强：《大学生就业指导新编》，北京：北京大学出版社，2010 年。

赵沛、宇文宏等：《大学生职业生涯规划与就业指导》，北京：中国铁道出版社，2010 年。

黄俊毅、沈华玉等：《大学生职业生涯规划》，北京：清华大学出版社，2010 年。

林海波、武增光：《大学生就业指导》，济南：山东人民出版社，2010 年。

肖利哲、王雪原等：《大学生职业生涯规划理论与设计》，北京：科学出版社，2011 年。

王丽娟:《大学生职业生涯规划与发展》,南京:南京大学出版社,2011 年。

陈浩明、吕京宝:《大学生就业与创业指导教程(医学院校版)》,北京:中国传媒大学出版社,2011 年。

Doran, George T. , "There's a S. M. A. R. T. Way to Write Management's Goals and Objectives. " and Miller, Arthur F. & Cunningham, James A. , "How to Avoid Costly Job Mismatches", *Management Review*, Nov. , 1981, Volume 70, Issue 11.

杨鹏程、杨轲:《论当代大学生素养缺失及修补对策》,《湘潭师范学院学报(社科版)》2002 年第 24 卷第 1 期,第 106—110 页。

杨英、龙立荣:《SWOT 分析法在职业生涯决策中的运用》,《华东经济管理》2005 年第 19 卷第 2 期,第 81—84 页。

楼锡锦、周树红等:《大学生就业竞争力分析》,《教育发展研究》2005 年第 7 期,第 49—52 页。

钟一彪:《大学生就业素质与就业能力培养研究》,《中国青年研究》2006 年第 12 期,第 75—77 页。

周其洪:《大学生职业生涯规划的操作方法》,《中国大学生就业》2006 年第 9 期,第 46—47 页。

陈秀珍:《大学生职业生涯目标缺失的原因分析》,《科教文汇》2007 年第 3 期,第 44 页。

周瑜弘:《试谈大学生职业生涯规划的反馈修正与调整》,《现代农业科学》2008 年第 15 卷第 6 期,第 93—95 页。

孙烨、曾天一等:《对大学生职业生涯设计的思考》,《经济研究导刊》2009 年第 2 期,第 209—210 页。

苏丹、张慧等:《大学生职业生涯发展研究》,《教育与职业》2010 年第 35 期,第 106—107 页。

苏伟:《充分发挥大学生社团在就业中的积极作用》,《高教研究》2010 年第 8 期,第 157—158 页。

王东辉:《大学生就业中的心理问题与调适》,《人力资源管理》2010 年第 2 期,第 26—27 页。

王居红:《浅析职业生涯规划对大学生心理健康的影响》,《社会心理科学》2011 年第 4 期,第 107—110 页。

李毅昂:《大学生心理健康标准与教育策略探讨》,《中国报业》2011 年第 4 期,第 108—109 页。

李忠东：《诚实是金》，《食品与生活》2009 年第 3 期，第 5—6 页。

李慧：《如何适应大学生活》，http://www2. tsu. edu. cn/www/lsx/tzz/detail. asp? id＝30。

后　记

苍茫大海上，对于没有航向的船只来说，任何风向都是逆风，而对大学生而言，若没有科学的职业生涯规划，在人生旅途中，也恰如无灯塔之舟，迷失方向，缺乏前进的动力，随波漂浮。因此，我们都热切地期盼同学们能早日进行科学的职业生涯规划，了解职场，了解社会，分析自身的条件，确立自己的职业生涯目标，并围绕目标提升自身的知识、能力和素质。机遇青睐有准备的人，只有尽早做好职业生涯的规划与角色转变，才能实现自己的职业理想。

《大学生职业生涯规划》编写组的全体成员长期在一线从事职业生涯与就业指导的教学、管理、研究与咨询工作，具有较为丰富的理论修养与实践经验。在编写过程中，注重吸纳本学科的前沿理论与最新进展，力求将实践经验与理论阐述有机结合，并注重案例分析提高教材的实效性。

在所有编写人员的通力合作下，散着油墨馨香的教材，呈现于读者面前。本书编写工作的任务分工如下：刘怡，第一章、第二章；孙晓虹，第三章、第九章；朱佳，第四章；刘金华，第五章；吕京宝，第六章、第七章；葛锡颖，第八章；陈浩明，第十章。全书的统稿工作由陈浩明、孙晓虹和吕京宝完成。

感谢所有兄弟院校专家同仁在大学生生涯规划与就业指导教学领域的探索！相关成果对本书编写有重要的借鉴与参考意义，在此不逐一列出。本书的部分案例引用已经发表的成果，请相关作者和主编联系，以表谢意！在本书编写过程中，复旦大学学生职业发展教育服务中心的各位老师、人才工程队员同学也参与了酝酿和讨论等，并给予了大力的支持，在此表示感谢！同时，对复旦大学出版社孙晶、陈军、史立丽老师在本书出版过程中所给予的指导与帮助，也一并致谢。

本书可作为重点大学的大学生职业生涯规划课程的教科书，或相关研讨学习的参考书。

本书策划、编写、统稿工作历时一年有余,由于时间精力所限,难免有疏漏,恳请读者包容并指正,以期未来得以完善、提升。最后,也衷心预祝大学生们能淡定从容、知行合一,早日找到契合自己的职业生涯路,实现各自的生涯目标。

编　者

2012 年 7 月于复旦燕曦园

图书在版编目(CIP)数据

大学生职业生涯规划/陈浩明、孙晓虹、吕京宝主编.—上海:
复旦大学出版社,2012.7(2022.8 重印)
ISBN 978-7-309-09094-9

Ⅰ.大… Ⅱ.①陈…②孙…③吕… Ⅲ.大学生-职业选择-高等学校-教材 Ⅳ.G647.38

中国版本图书馆 CIP 数据核字(2012)第 162393 号

大学生职业生涯规划
陈浩明　孙晓虹　吕京宝　主编
责任编辑/史立丽

复旦大学出版社有限公司出版发行
上海市国权路 579 号　邮编:200433
网址: fupnet@ fudanpress. com　http://www.fudanpress.com
门市零售: 86-21-65102580　团体订购: 86-21-65104505
出版部电话: 86-21-65642845
常熟市华顺印刷有限公司

开本 787×960　1/16　印张 16.5　字数 281 千
2012 年 7 月第 1 版
2022 年 8 月第 1 版第 4 次印刷

ISBN 978-7-309-09094-9/G · 1113
定价: 30.00 元